本书由中共成都市委党校（成都行政学院）（成都市社会主义学院）资助出版

基于AMO理论人力资源管理
对个人学习影响的实证研究

陈雁翎　著

西南财经大学出版社

中国·成都

图书在版编目(CIP)数据

基于AMO理论的人力资源管理对个人学习影响的实证研究/陈雁翎著.
--成都:西南财经大学出版社,2024.7. --ISBN 978-7-5504-6284-7

Ⅰ.F243

中国国家版本馆CIP数据核字第2024V4Z716号

基于AMO理论的人力资源管理对个人学习影响的实证研究

JIYU AMO LILUN DE RENLI ZIYUAN GUANLI DUI GEREN XUEXI YINGXIANG DE SHIZHENG YANJIU

陈雁翎　著

责任编辑:肖　翀
责任校对:邓克虎
封面设计:墨创文化
责任印制:朱曼丽

出版发行	西南财经大学出版社(四川省成都市光华村街55号)
网　　址	http://cbs.swufe.edu.cn
电子邮件	bookcj@swufe.edu.cn
邮政编码	610074
电　　话	028-87353785
照　　排	四川胜翔数码印务设计有限公司
印　　刷	成都金龙印务有限责任公司
成品尺寸	170 mm×240 mm
印　　张	14.25
字　　数	225千字
版　　次	2024年7月第1版
印　　次	2024年7月第1次印刷
书　　号	ISBN 978-7-5504-6284-7
定　　价	82.00元

摘　要

　　人力资源管理的本质是要在企业运营的各个方面充分发挥人的能力和作用，使人的优势最终转换为组织的优势。而在挖掘人的潜力和发挥人的才能的过程中，高绩效人力资源管理系统的能力、动机、机会（AMO）理论所强调的个人的能力、动机以及获取的机会都是不可或缺的重要因素。

　　组织中个人发挥作用离不开团队合作，个人学习也离不开与他人的交流及合作。本研究提出基于 AMO 理论的合作型人力资源管理系统是组织为了在成员间建立良好的人际关系并有效推动团队合作，通过一系列提高合作能力、激发合作动机和提供合作机会的人力资源管理实践来促进组织内资源和信息的流动与利用的人力资源管理系统。

　　个人关键素质影响个人的学习行为。本研究选取了自我效能感、内外在动机和组织承诺作为基于 AMO 理论的合作型人力资源管理系统对个人学习产生作用的中介变量。这是因为感知到的分别以能力、动机和机会为主题的人力资源管理实践首先会对个人的自我认知和内在素质产生影响，进而才对其态度和行为产生作用。本研究还以工作自主权、任务复杂性、心理安全感和环境动态性为基于 AMO 理论的合作型人力资源管理系统对个人学习作用途径中的调节作用。本研究认为，工作本身、工作氛围和外部环境都是人力资源管理的重要边界条件。

　　因此，本研究分析了基于能力的、基于动机的和基于机会的合作型人力资源管理实践对个人学习的影响，自我效能感、内外在动机、组织承诺在其中的中介作用，以及工作自主权、任务复杂性、心理安全感和环境动态性对三个个人关键素质与个人学习之间关系的调节作用，并提出了相关的假设与理论模型。本研究使用问卷调查的方法收集了研究数据，并运用验证性因子分析、探索性因子分析、层次回归分析和调节回归分析等方法对理论模型中的研究假设进行了验证。

实证的结果表明：基于能力的、基于动机的和基于机会的合作型人力资源管理实践均对个人学习有显著的正向影响，自我效能感、内外在动机和组织承诺在该关系中起中介作用。自我效能感、内外在动机和组织承诺均对个人学习有显著的正向影响。任务复杂性负向调节内外在动机与个人学习间的正相关关系；心理安全感正向调节组织承诺与个人学习间的正相关关系；环境动态性负向调节内外在动机与个人学习间的正相关关系，正向调节组织承诺与个人学习间的正相关关系。

关键词：AMO 理论；合作型人力资源管理；基于 AMO 理论的合作型人力资源管理；个人学习

Abstract

The nature of human resource management is to transfer individual advantages into organizational advantages through effectively making use of people's ability and role in all the aspects of business operations. However, in the process of developing human potentials and using personal talents, individuals' ability, motivation, and given opportunity which are emphasized by the ability, motivation and opportunity (AMO) theory of high performance human resource management system are all indispensable factors.

Individuals cannot play an efficient role in organizations without teamwork. And individual learning is also related to communication and cooperation with others. The AMO theory-based collaboration human resource management system is the human resource management system raised by organizations to build good interpersonal relationships between their members and to effectively promote teamwork. Through using a series of human resource management practices with distinguished goals of improving the ability of collaboration, stimulating the motivation to collaborate and providing collaboration opportunities, the system helps to promote the flow and exploitation of resources and information within the organization.

Some crucial personal qualities influence individuals' learning behavior. In this study, we chose self-efficacy, intrinsic and extrinsic motivational orientations, and organizational commitment as mediators of the impact of AMO theory-based collaboration human resource management system on individual learning. This is because perceived human resource management practices with distinguished themes of ability, motivation and opportunity directly have an effect on individuals' self-recognition and inner qualities, thus influencing their attitudes and behaviors. We also chose job autonomy, task complexity, psychological safety, and environmental uncertainty as moderators in studying the impact of AMO theory-based collaboration human resource management system on individual learning.

Therefore, this study explored the influence of ability-based collaboration human resource management practices, motivation-based collaboration human resource management practices, and opportunity-based collaboration human resource management practices on individual learning, the mediating effect of self-efficacy, intrinsic and extrinsic motivational orientations, and organizational commitment, and the moderating effect of job autonomy, task complexity, psychological safety, and environmental uncertainty. We proposed related hypotheses and the theoretical model. We used questionnaires to collect the research data. We did the confirmatory factor analysis, exploratory factor analysis, hierarchical regression analysis and moderated regression analysis to test all the hypotheses in the theoretical model.

The results of the empirical analysis show that all of the ability-based, motivation-based, and opportunity-based collaboration HRM practices are significantly positively associated with individual learning, and self-efficacy, intrinsic and extrinsic motivational orientations, and organizational commitment mediate those relationships. All of the self-efficacy, intrinsic and extrinsic motivational orientations, and organizational commitment have a significant positive impact on individual learning. Task complexity negatively moderates the relationship between intrinsic and extrinsic motivational orientations and individual learning; psychological safety positively moderates the relationship between organizational commitment and individual learning; environmental un-certainty negatively moderates the relationship between intrinsic and extrinsic motivational orientations and individual learning, and positively moderates the relationship between organizational commitment and individual learning.

Key words: AMO theory; collaboration human resource manage-ment; AMO theory-based collaboration HRM; individual learning

目　录

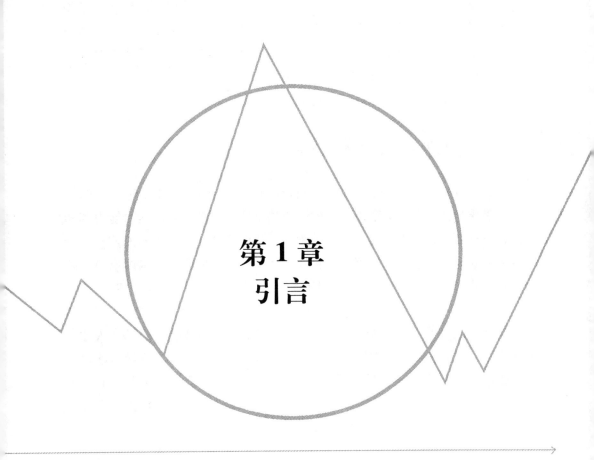

第 1 章
引言

本章将对高绩效人力资源管理系统的能力、动机和机会（AMO）理论及个人学习的相关研究进行简单回顾，并介绍自我效能感、内外在动机和组织承诺在人力资源管理系统提供的能力、动机和机会对个人学习作用路径中扮演的角色，以及论述工作本身、工作氛围和外部环境各要素对这一作用路径产生的影响。在此基础上，提出研究问题，建立研究模型，并对本研究的理论意义与实践意义进行阐述。

1.1　研究背景与问题的提出

21 世纪是知识经济的时代。随着经济全球化的进一步推进，人的能力、素质与知识在全球竞争中显得越来越重要。由于个人的学习能力和知识积累逐渐成为各类组织和国家的竞争优势的重要来源，培养人才和充分发挥人才的作用也成为国家战略布局的重要环节。面对国际国内形势的新变化，我国在 2000 年首次提出制定和实施"人才兴国"战略，倡导"科学技术是第一生产力，人才资源是第一资源""国以才兴，业以才旺"。后来又逐步提出了"人才强国"战略，并认为该战略的工作重心是"人才资源强国"，强调充分发挥人才的作用，明确了大力开发人力资源，建设一支既能满足经济和社会发展需要，又能参与国际竞争的人才大军的重要性，从而加快中国从人口大国向人才资源强国转变的进程，以推动全面建成小康社会和实现中华民族的伟大复兴。

在管理学研究中，人力资源如何以及为谁创造价值是关键性的问题（Ehrnrooth and Björkman，2012）。作为企业战略规划的重要环节，人力资源管理的本质是要在企业运营的各个方面充分发挥人的能力和作用，使人的优势最终转换为组织的优势。而在挖掘人的潜力和发挥人的才能的过程中，个人的能力（ability）、动机（motivation）以及获取的机会（opportunity）都是不可或缺的重要因素（Blumberg and Pringle，1982；Bailey，1993）。足够的能力使人有可能完成被分配的任务，解决了发挥人的作用的前提问题；正确的动机使人愿意投入资源和付出努力去完成任务，解决了发挥人的作用的激励问题；合适的机会给人提供了完成任务的平台，解决了发挥人的作用的保障问题。三者缺一不可，相互作用，都是个人在组织中充分发挥作用，将个体的资源转化成组织的资源，从而提升组织的学习能力、创新能力和竞争能力的重要条件。

在战略人力资源管理研究中，人力资源管理系统怎样影响组织绩效，特别是高绩效工作系统对绩效的作用机制一度被认为是一个神秘莫测的黑箱（Becker and Gerhar，1996；Boselie，Dietz，and Boon，2005；Becker and Huselid，2006；Savaneviciene and Stankeviciute，2010）。在诸多尝试打开这一黑箱的学者中，Blumberg 与 Pringle（1982）在探讨为什么当时已有的对人力资源管理—个人绩效关系的研究结论不一致时，首次提出了影响人力资源管理产生作用的不容忽视的新的维度：工作机会。强调高绩效工作系统除了解决能力和意愿这两个对绩效产生重要影响的个人机制外，还需要重视为个人提供施展能力和激发动机的机会和平台，这种符合直觉的简约思想后来被发展成为严整和经典的 AMO 理论。AMO 理论的出现和发展经过了一个较长的过程，1982 年，Blumberg 与 Pringle 首次提出工作绩效是组织中的个人能力、意愿和机会的交互作用的结果。然而这种思想开始并未受到学术界的重视，在此后的关于人力资源管理与个人绩效或与组织绩效关系的相关研究中，学者们还是选择性忽视了工作中的机会对于人力资源管理发挥作用的重要性（Arthur，1992；Wright and McMahan，1992；Nordhaug，1992）。1993 年，Bailey 从战略人力资源管理的角度再次强调了工作中机会的重要性，明确提出员工能力（高技能化）、动机（受到充分激励）和工作机会（员工参与和员工承诺）同时贡献于组织绩效的提升，并通过对服装行业企业的实证研究，发现不当的工作组织方式（员工的自由度和参与概率较小）会妨碍高技能化和受到充分激励的劳动力对企业的贡献。至此，个人的能力、动机和机会已经被明确认为是同时影响人力资源管理对于个人或组织层面绩效作用的三大重要机制，这时 AMO 理论已经具备了完整的理论模型框架和实证检验的基础。2000 年，Appelbaum 延续 Blumberg 与 Pringle（1982）和 Bailey（1993）的研究思路，通过对钢铁、服装及医疗电子和成像行业的高绩效工作实践的效果进行检验，完成并出版了《制造业优势：为什么高绩效工作系统能取得成功》一书，再次强调了个人和组织绩效是能力、动机和机会三者的作用函数这一观点，标志着 AMO 理论的正式出现。次年，Bailey、Berg 与 Sandy（2001）也在他们的研究中使用了 1995—1997 年钢铁、服装及电子医疗和成像行业的 45 家工厂的管理者和员工的访谈和问卷数据，再次对高绩效工作系统的 AMO 理论进行了探讨，肯定了具备一定技能水平和受到充分激励且得到参与决策机会的劳动力作为人力资源的宝贵价值（Bailey，Berg，and Sandy，2001）。该研究进一步配合和支持了 AMO 理论。自此，AMO 理论逐渐成为 21 世纪初战略人力资源管理研究领域堪称经典的思想和经久不衰的模型，其后的许多人力资源管理相关研究都或多或少受到其影响（Huselid，1995；Lepak et al.，2006；Kaufman，2010；Jiang et al.，2012）。

然而，无论是在理论本身的发展历程中还是众多研究者的后续跟进中，大多相关和类似研究都存在两点局限。一是停留在检验人力资源管理系统或具体人力资源实践与各层面绩效之间的关系中，组织的人力资源战略通过作用于个人的能力、动机和机会而影响员工绩效，进而影响组织绩效（Blumberg and Pringle，1982；Bailey，1993；Appelbaum，2000；Bailey，Berg，and Sandy，2001；Delery and Shaw，2001；Lepak et al.，2006；Jiang et al.，2012）。许多检验或应用 AMO 理论的研究所选取的结果变量也较为单一，除了绩效，主要考虑其对组织层面结果的作用，例如组织内和组织间的知识转移（Minbaeva et al.，2003；Chen et al.，2010）；而考量其对个人层面的行为和态度所起的改变作用的研究很少，仅有几篇研究对个体创新、组织承诺和工作满意度给予了少量关注（Appelbaum，2000；Savaneviciene and Stankeviciute，2011；Shin，Jeong，and Bae，2016）。当然，这可能是由于 AMO 理论模型产生的初衷是为了打开高绩效人力资源管理系统的工作黑箱，但不能否定理论出现后一直局限于战略人力资源管理领域对人力资源管理与绩效间关系的检验中。二是已有研究的重点都放在将 AMO 理论作为人力资源管理与绩效关系的中间变量和作用机制上（王朝晖、罗新星，2008），AMO 理论的三个方面问题仍然主要被认为是人力资源系统作用于绩效的三条路径（Jiang et al.，2012）。事实上，Blumberg 与 Pringle（1982）在最早强调机会——使任务绩效成为可能的工作场所的资源，并认为个人绩效是能力、动机和机会这三个关键要素的作用函数时，并未将其具体局限为对人力资源管理与绩效间关系的中间作用机制，但后来理论的发展和相关实证研究则都选择性地把个人的能力、动机和机会作为一种解释机制，而不是具体变量来进行研究，认为高绩效工作实践通过解决这三个方面的要素从而在组织中产生作用（Bailey，1993；Appelbaum，2000；Bailey，Berg，and Sandy，2001；Gerhart，2005；Savaneviciene and

Stankeviciute, 2011；Bainbridge, 2015)。因而，在已有文献中，AMO 机制或 AMO 结果的地位十分显著，但其重要性主要是通过作为人力资源管理的影响路径来体现的（Gerhart, 2005）。目前，已有学者明确提出人力资源系统是由分别以能力、动机和机会为主题的不同人力资源政策组成的，而三种主题的机制又是由一些基本的人力资源实践构成的（Jiang et al., 2012）。然而，还没有研究者更进一步明确提出将 AMO 理论或其思想运用于各类变量的选取和检验中，例如使用能力、动力和机会本身作为自变量开展研究。战略人力资源管理研究者们的思维定式和约定俗成的研究范式限制了 AMO 理论的使用范围，使其丧失了其他的可能性和在其他研究领域展现光芒的机会。这种局限可能是由于理论在提出和发展的过程中一直被用于解释高绩效人力资源管理系统的作用路径，并且在其正式出现后的短短十几年中，学者们对其的关注和运用也缺乏了一些大胆的想象力。

目前，学术界对人力资源管理的研究多采用自上而下的组织视角，考察既定的人力资源政策和实践对组织中的个人和组织结果的影响（MacDuffie, 1995；Wright and Boswell, 2002；Combs et al., 2006）。但这种统一的视角往往忽视了组织中不同部门的具体人力资源实践并非完全一致的情况，并且每个员工个体对同样施行的人力资源实践的感知和理解也不尽相同（张剑、徐金梧、王维才，2009；Kehoe and Wright, 2013）。在探讨人力资源管理的最佳实践时，Boxall 与 Macky（2009）提出更好的实践路径存在于当组织管理层追求员工的高参与度，并且员工感知到的人力资源实践过程进行更深层次检验的情况下。因此，员工对人力资源实践的感知是不容忽视的另一个人力资源管理研究的出发点。这种自下而上的个体视角弥补了统一的组织视角带来的对人力资源实践的理解和测量的误差，其已经在近年来得到了一些研究者的重视（张瑞娟、孙健敏，2011；Boxall, Ang, and Bartram, 2011；Kehoe and Wright, 2013），可以用于将 AMO 理论中的三种机制进一步细化为具体的人力资源实践和工作流程。

在企业环境中，个人发挥作用离不开团队的力量。组织中的个人完成工作任务的过程不是孤立的，需要与他人的互动和协作才能达成目标。旨在提升绩效的人力资源管理系统有很多（Arthur, 1992, 1994；Hill et al., 2008；Chow, Teo, and Chew, 2013；Zhou, Hong, and Liu, 2013；Chiva, 2014），其中就有通过采取特定的人力资源实践来鼓励员工个人间实现合作，从而推进工作任务的完成，进而提升个人绩效和组织绩效的人力资源管理系统，此种类型的人力资源管理系统被称为合作型人力资源管理（王红椿、刘学、刘善仕，2015）。合作型人力资源管理实践又可以被分为旨在提升合作能力、激发合作动机及提升合作机会这三个方面的实践（王红椿、刘学、刘善仕，2015），这种分类方式虽然在无形中运用了 AMO 理论的经典思想来解决人力资源作用于组织绩效的三大问题，却没有明确提及 AMO 理论，再一次验证了 AMO 理论的直觉化、简约和经典。然而，还没有人探讨人力资源管理系统是如何通过 AMO 理论来影响组织中的个人学习的；或者说对于人力资源管理与个人学习间关系的检验，还没有人从 AMO 理论的角度来进行思考和对关键变量进行梳理。

员工个人学习能力的提升有助于个人更好地持续地在组织中发挥作用。在当前复杂变化的环境中，组织学习（organizational learning）和学习型组织（learning organization）越来越受到学术界和企业界的重视。已经有学者从组织学习自身、影响组织学习的前因变量、组织学习影响的结果变量等多个角度强调了组织学习的重要性（Slater and Narver, 1995; Popper and Lipshitz, 1998; 陈国权，2004; 陈国权、周为，2009）。然而，组织学习的主体是人，如何在组织当中调动各种资源来提升成员学习的主动性、积极性和创造性，从而提升个人学习、团队学习和组织学习成效的问题的重要性是显而易见的。学习是在组织中发生的，一定会受到组织内部各项因素和管理措施的影响，因而组织的人力资源管理战略和措施毫无疑问会对组织中的个人学习能力和行为产生重大影响。本研究将从探讨人力资源管理实践提供的能力、动机和机会如何对个人学习产生影响出发，将 AMO 理论应用于个人层面的学习，拓展 AMO 理论的使用范围，并致力于为组织学习的相关研究贡献理论创新。

具体来说，个人学习的发生也需要合作。首先，无论是对过去发生的事情进行反思、总结经验和教训，还是向他人或外部探索和吸取已有的经验或知识，都需要个体间的通力协作，如果组织的成员间、成员与组织间具有一致的合作性目标，那么每个个体都愿意帮助他人总结已经发生的事情，并且不吝惜将自己的经验教训和知识拿出来分享，这将有助于个人的知识增长和能力提升；其次，回顾、总结和分析以前的工作，以及向他人或组织外部寻求意见和指导、引进已有的经验或知识、革新现有的技术和工作流程，都需要较为积极和宽松的组织氛围来为每个个体提供心理安全感，只有组织成员之间相互信任，才能为彼此提供这种心理安全感，成员才更愿意向他人请教并将自己总结的好的经验进行分享，更愿意对涉及责任和利益的事件进行回顾和发表意见，从而营造有利于个人学习的组织氛围；最后，要认清过去发生的事情的来龙去脉，或要有效率地发现、识别和引进先进的技术、知识并尽快用于生产或管理，都需要不同的部门提供全面的信息和意见，需要人们从不同的角度进行分析和反思，这时候个人间的合作将变得极为重要，将直接作用于每个个体的知识增长和知识管理，增强个人在碰到类似问题时的解决能力。然而，无论是建立合作性目标、提供心理安全感，还是提供分析问题的不同视角，都受到个人的能力、动机和所获得机会的制约，而组织中的人力资源管理实践可以解决这些问题，因此，合作型人力资源管理系统对于个人学习的促进作用不言而喻。本研究将考察合作型人力资源管理在能力、动机和机会三个方面的不同主题的实践对于个人学习的具体影响。

在个人的学习过程中，为了发现、发明、总结、保存特殊的经验和教训用以指导未来实践、提升个人工作效率，除了需要个人具备特定的能力、充足的心理动力和抓住学习进步的机会外，还需要个人具备特定的素质：自信，即较强的自我效能感，有助于个人在工作中更有针对性和有效率地开展学习；对工作的足够重视，即充足的将工作做好的内在和外在动机，有助于个人主动学习和积累与工作相关的知识；对所在组织的热爱，即对组织的情感性、持续性和规范性的依赖，有助于个人为了促进组织发展而有意识地去探索和总结工作相关的知识、经验和技巧。有了这些基于个人的前提条件，还需要对工作本身、工作氛围、工作的外部环境提出特定的要求。在组织情境中，工作设计、工作氛围和组织所处的环境特征都会通过个人产生作用，影响个人的学习。因此对应这三个层次的影响因素，本研究选取了工作自主权、任务复杂性、心理安全感和环境动态性作为调节变量来考察它们对合作型人力资源管理与个人学习间关系的影响。

综上所述，本研究提出四个研究问题。

第一，基于 AMO 理论探讨感知到的合作型人力资源管理提供的能力、动机和机会是否会对个人学习产生影响。具体来说：基于能力的合作型人力资源实践是否会影响个人学习；基于动机的合作型人力资源实践是否会影响个人学习；基于机会的合作型人力资源实践是否会影响个人学习。

第二，将自我效能感、内外在动机和组织承诺这些影响工作绩效的个人素质同时引入对员工个人学习的研究中，考察其对个人学习是否具有影响作用。具体来说：自我效能感是否会对个人学习产生正向的影响作用；内外在动机是否会对个人学习产生正向的影响作用；组织承诺是否会对个人学习产生正向的影响作用。

第三，探讨 AMO 理论涉及的各个方面通过怎样的心理过程机制影响工作中的员工个人学习，检验自我效能、内外在动机和组织承诺这些个人素质作为中介变量在能力、动机和机会与个人学习关系中所起的作用。具体来说：基于能力的、基于动机的和基于机会的合作型人力资源管理实践是否会影响个人的自我效能，进而影响个人学习；基于能力的、基于动机的和基于机会的合作型人力资源管理实践是否会影响个人的内外在工作动机，进而影响个人学习；基于能力的、基于动机的和基于机会的合作型人力资源管理实践是否会影响个人的组织承诺，进而影响个人学习。

第四，探讨影响个人学习的重要个人素质产生作用的边界条件，检验工作设计、工作氛围和外部环境三个层面的要素对自我效能感、内外在动机和组织承诺三个方面的关键个人素质影响个人学习的调节作用。具体来说：工作自主权、任务复杂性是否会正向调节个人自我效能感、内外在动机和组织承诺对个人学习的正向影响；心理安全感是否会正向调节个人自我效能感、内外在动机和组织承诺对个人学习的正向影响；环境动态性是否会正向调节个人自我效能感、内外在动机和组织承诺对个人学习的正向影响。

总的来说，本研究将基于 AMO 理论，探讨个人感知到的基于能力、基于动机和基于机会的合作型人力资源管理实践对于个人学习的不同影响，考察个人的自我效能感、内外在动机和组织承诺在其中所起的中介作用，并介绍工作自主权、任务复杂性、心理安全感和环境动态性对这些关系的调节作用。本研究认为，企业可以通过采取特定的人力资源管理措施以帮助员工提高能力，激发动机和提供机会来促进个人在组织中的合作。例如，采用师父带徒弟或导师制的方式帮助员工成长，考核员工在团队中的合作态度和行为，鼓励员工使用团队方式解决问题等，从而提升组织中个人的自我效能感、内外在工作动机和组织承诺，进而促进员工个人学习的开展。并且在此过程中，企业可以通过工作任务特征设计，重视工作场所氛围建设和融入外部行业环境来把控和调节自我效能感、内外在动机和组织承诺等个人关键素质对开展个人学习的影响。

本研究旨在拓宽经典的 AMO 理论的使用范围，使其不再局限于仅仅作为人力资源管理对绩效作用的解释机制而存在，而是创新性地运用 AMO 理论思想对同一主题的人力资源管理实践进行分类，并创新性地将能力、动机和机会本身作为自变量考察其对从前被忽视的个人层面的微观行为——个人学习，这一创新性运用的结果变量的影响。除了揭示基于 AMO 理论的合作型人力资源管理如何在组织中的个人层面发生作用外，本研究将再次强调人力资源管理研究中常常被忽视的个人感知视角的重要性。此外，本研究还将同时贡献于战略人力资源管理理论和组织学习理论的发展和推进。

1.2　研究意义

1.2.1　理论意义

1.2.1.1　对能力、动机、机会（AMO）理论研究领域的意义

高绩效人力资源管理系统的 AMO 理论是为了打开人力资源管理如何提升绩效的"黑箱"而产生的，因其理论模型的简约和严整逐渐得到战略人力资源管理研究领域的学者们的广泛关注和高度认可，成为被大量人力资源管理研究参考和借鉴的经典理论和思想。然而，已有的与 AMO 理论相关的研究都难以跳出两点局限：一是其应用局限于检验人力资源管理系统或具体人力资源管理实践与各层面绩效之间的关系，结果变量的选取较为单一，几乎都以研究高绩效工作系统对个人绩效、组织绩效或其他的组织层结果的影响为主题；二是几乎所有相关研究都将 AMO 理论作为研究中的一种作用或解释机制，强调 AMO 机制或 AMO 结果的重要性，还没有学者提出直接将能力、动机、机会三者本身作为变量进行研究，考察其对个人和组织结果的影响。此外，目前只有很少的研究考察了 AMO 机制对于个人层面和团队层面变量的影响（Batt，2002；Savaneviciene and Stankeviciute，2011；Shin，Jeong，and Bae，2016），尽管有许多学者已经开

始关注动态的组织内和组织间知识转移的 AMO 机制（Minbaeva，2008；Minbaeva et al.，2003；Chen et al.，2010），但还没有人致力于探讨 AMO 机制如何作用于静态的组织学习，尤其是个人层面的学习的发生和推进。

本研究尝试打破已有研究的局限性，首次将高绩效人力资源管理系统的 AMO 理论用于人力资源管理绩效以外的关系检验，选取对于组织保持活力和竞争优势十分重要的个人学习作为结果变量，并依据 AMO 理论将人力资源管理实践本身分为基于能力的、基于动机的和基于机会的三个方面，直接考察能力、动机和机会本身对个人层面的学习行为的影响。这种创新的做法有助于拓展 AMO 理论的应用范围，弥补了 AMO 理论用于解释人力资源管理与绩效间关系，并总是作为作用路径或中介机制而存在的单一性，有利于推动 AMO 理论的跨研究领域应用，促进其简约、严整、经典思想的进一步发扬光大。

1.2.1.2　对组织学习研究领域的意义

自组织学习这一概念被明确提出以来，学术界主要从认知改变和行为改变两个角度来对其进行定义。国外对组织学习较为经典的定义包括 Schön 与 Argyris 在 1978 年提出的组织学习是组织成员在回应环境变化的实践过程之中，对自身的失误或异常加以纠正，并对组织的根本信念、行动理论、结构安排所进行的一系列调整活动。Senge（1990）在其著作《第五项修炼：学习型组织的艺术与实务》中对组织学习和学习型组织进行描述，认为组织学习是人们在组织中一起学习，不断培养新的思考方式，激发集体的愿望，获取需要的组织结果的过程。Huber（1991）认为组织学习是组织对信息进行加工并通过该行为来改变潜在的行为的一个过程。国内的于海波、方俐洛和凌文辁（2003）定义组织学习为"组织为了实现自己的愿景或适应环境的变化，在个体、小组、组织层和组织间进行的一种社会互动过程"。本研究采用陈国权（2006，2009）对组织学习的定义："组织学习是组织成员不断获取知识、改善自身的行为、优化组织的体系，以在不断变化的内外环境中使组织保持可持续生存和健康和谐发展的过程。组织的学习能力包含发现、发明、选择、执行、推广、反思、获取知识、输出知识、建立知识库九大能力。"本研究将组织学习的概念和模型推广到个人层面，提出个人学习是指"个人不断获取知识、改善行为、提升其他素质，以在不断变化环境中使自己保持良好生存和健康和谐发展的过程"（陈国权，2008）。个人的学习能力也包含"发现、发明、选择、执行、推广、反思、获取知识、输出知识、建立知识库"这九大能力（陈国权，2008）。

从组织的资源基础观（resource-based view）出发可以发现，组织学习已经成为组织提高效率，获取竞争优势的重要推动资源（Barney，1991）。组织学习还可以帮助实现组织的技术创新和管理创新（谢洪明、刘常勇、陈春辉，2006）。但以往的研究并未对个人层面的学习给予足够的强调和重视（Kessler，Bierly，and Gopalakrishnan，2000；于海波、方俐洛、凌文辁，2003；陈国权，2006；Lin and Kuo，2007）。"组织学习的最小单位是个人"，个人是学习型组织的重要主体（陈国权，2008）。组织中普通员工、管理者和领导者的学习行为和学习能力除了与个人绩效呈显著正相关外，也会对组织整体的知识积累、知识流动以及组织绩效产生影响（陈国权，2008）。

人力资源管理系统既可以激发也可能阻碍组织学习（Lado and Wilson，1994）。人力资源管理的一个重要分析层次也是个人（张一弛、李书玲，2008），组织中的个人是人力资源管理实践最先影响到的主体，人力资源管理实践活动可以向员工传达一些重要的信息和强化因子，从而影响个人与组织的绩效表现（Schuler and Jackson，1988）。如果组织采取的人力资源战略与人力资源管理实践都能更好地激发和促进组织中个人的学习，那么两者在个人层面的协同既有助于强化和提升组织中个人的学习行为和学习能力，也能提高员工的工作满意度、强化组织承诺，进而在团队层面和组织层面影响知识积累和知识流动、提高生产效率（减少员工离职倾向），最终对组织绩效产生正向的影响。反之，如果组织中的人力资源管理模式阻碍组织学习，即组织中的个人学习行为得不到人力资源实践的鼓励和支持，那么组织可能因为墨守成规而被瞬息万变的竞争市场淘汰，最终获得不理想的组织结果。

近年来，尽管已经有研究者对人力资源管理与组织学习之间的关系进行探讨，但只有很少的研究关注了人力资源管理对组织中的个人学习产生的影响（陈国权，2007；Kang and Snell，2009），还没人运用高绩效人力资源管理系统的 AMO 理论来考察人力资源管理与个人学习间的关系。本研究首次运用 AMO 理论的思想来考察和分析推动个人学习的组织因素和前提条件，认为人力资源管理实践提供的能力、动机和机会能够通过一定的心理机制对员工的个人学习产生影响。这种全新的研究视角对丰富组织学习，尤其是个人学习的相关理论有重大的意义。

1.2.1.3　对战略人力资源管理研究领域的意义

人力资源管理从早期的人事管理发展而来，其概念已在企业界被广泛运用，定义也较为宽泛（Guest，1987）。Devanna、Fombrun 与 Tichy（1982）提出从战略的角度看待人力资源管理，成为战略人力资源管理的开端。Guest（1987，1997）认为可以从战略、描述和规范三个角度对人力资源管理进行定义，并提出人力资源管理是由一系列设计用于最大化组织整合、员工承诺、工作灵活性和工作质量的组织政策组成的。人力资源管理实践包括人力资源计划、遴选、培训、绩效评估与管理、内部劳动力市场、生涯管理等方面的旨在提高与员工和组织相关的绩效的实践活动（Delery and Doty，1996；蒋春燕、赵曙明，2004；张正堂，2006）。

从战略角度出发，学术界提出人力资源管理实践应与组织的需求一致，充分考虑企业战略、组织发展阶段和组织文化等因素，并且应当注意实践活动自身的互相补充、支持及整合，这样才能形成有效帮助实现组织目标的人力资源管理系统结构（MacDuffie，1995；Becker and Gerhart，1996；Guest，1997；刘得格、时勘、王永丽，2009）。从功能角度出发，西方很多学者用实证研究证明了人力资源管理实践与组织的绩效呈显著正相关（Becker and Gerhart，1996；Guest，1997；刘得格、时勘、王永丽，2009），但中国情境下的实证研究的结果则是混合的（蒋春燕、赵曙明，2004；张正堂，2006；刘得格、时勘、王永丽，2009）。

综合上述分析可以发现，以往对于人力资源管理的研究多局限于检验人力资源管理与企业绩效之间的关系，对组织结果的关注也以绩效和创新为主，较少关注组织学习和组织中的知识流动过程（刘得格、时勘、王永丽，2009）。少量的考察人力资源管理与组织学习间关系的研究也以学习型组织的人力资源开发与管理为着眼点，从组织学习的视角分析人力资源管理对企业绩效产生的影响（孟晓飞、刘洪，2001；陈国权，2007；安智宇、程金林，2009）。本研究将考察合作型人力资源管理实践对于个人学习的作用和影响机制，不仅引入了具体的人力资源管理模式，还不再局限于对人力资源管理引起的组织层结果的改变，而是着眼于人力资源管理对个人层面行为和态度的改变，从新的研究层面拓展人力资源管理效用的相关研究，丰富人力资源管理研究理论。

此外，由于对人力资源管理的研究多采用自上而下的组织视角，忽视了不同个人对同一人力资源管理战略或具体实践的不同理解（张剑、徐金梧、王维才，2009；Kehoe and Wright，2013），因此，本研究将基于自下而上的个体视角对人力资源管理进行研究以弥补这一研究缺口。具体来说，现有研究中的人力资源管理这一变量多由组织中的领导层或人力资源管理人员进行评估，而本研究将从个体感知的角度对具体的人力资源管理实践进行定义和测量，由员工个人根据自己的感受和理解评估企业所施行的人力资源管理实践。这种充分考虑个体差异的研究设计将有助于丰富战略人力资源管理研究理论的细节，排除以往常用的统一的研究视角带来的误差的干扰，并弥补可能的研究精确度损失。

1.2.2　实践意义

1.2.2.1　对组织层面实践的意义

本研究考察人力资源管理与个人学习间的关系，认为合作型人力资源管理能够正向促进个人学习，而个人学习对于企业的生存和发展意义重大。因此企业应当有意识地制定和实施能促进组织成员间相互合作的人力资源管理政策和措施，鼓励各种工作团队的建立和运行。例如制定强调团队合作的聘用和考核标准，在企业中以团队为单位分配工作任务，开展团队训练营、户外拓展等活动以鼓励和引导员工间的合作。

由于本研究具体考察了人力资源管理实践在提高能力、激发动机和提供机会三个方面对个人学习的影响，认为组织在为个人能力提升、动机改善和提供机会中所做的努力会有助于个人学习的开展，而个人学习对于企业保持活力和长远发展也至关重要。因此企业应当有针对性地从这三个方面入手进行人力资源管理，为员工提升个人学习能力创造条件和提供平台，解决其积累知识的能力、动机和机会的问题，从而为企业创新和效率提升提供助力。例如，邀请外部专家定期到企业进行交流并为员工提供培训，调整员工的工资组成结构，对考取相关专业证书的员工采取奖励或工资调级的措施，设置员工间定期交流和分享的学习沙龙等。

在考察人力资源管理提供的能力、动机和机会通过个人素质对个人学习产生正向影响时，本研究强调工作本身、工作氛围和外部环境的调节作用。因此为了更好地提升员工与工作相关的个人素质、促进员工的个人学习，企业还应当从工作设计本身、工作氛围建设和外部环境适应等方面着手，采取有效的措施，使个人可以更好地贡献于组织发展。例如，在工作任务和工作自主权的分配方面，可以适当地调整某些岗位的任务分配，使工作内容更为丰富和更富挑战性，也可以给予员工更大的自主安排工作内容、方式和进度的自由；在企业当中培养活泼的、轻松的氛围，建立团结友爱、互相帮助的组织文化，以帮助员工建立在工作中的心理安全感，更加开诚布公地与他人讨论在工作中遇到的问题和真实感受，以更好地开展工作；在适应外部环境方面，企业可以采用行业通用的标准来安排自身的一些制度，例如发放不低于行业平均水平的薪资、对员工在研发或技术上的创新给予奖励等，以更好地应对外部环境的变化、更为灵活地满足市场需求。

此外，组织中领导的行为、风格等会对组织工作氛围的建立起关键性的作用。在企业中，员工会观察并模仿领导的行为，因此领导作为员工效仿的行为榜样，其行事风格会对整体的工作氛围产生巨大的影响。因此组织可以选拔和任用一些有助于营造某种特定氛围的领导，由他来带动组织氛围的转变。例如，一个重视合作、喜欢倾听他人意见的部门领导有助于带动部门普通员工虚心听取他人意见，乐于并擅长使用合作的方式完成被分配的工作任务。

1.2.2.2 对团队层面实践的意义

本研究选取并强调了合作型人力资源管理对于提升个人学习的重要性，合作的开展需要在团队中进行，因此企业应当重视各类团队的组织和建设。企业中的各类团队在成立和运行过程中应当注重培养成员的合作技能、合作意识，并为员工开展有效的合作提供各种机会。在企业中，团队的组成方式是多种多样的，可能是由于企业特定的组织结构而形成的部门，可能是因为特定工作项目而成立的临时小组，可能是因为地域的关系而组成的工作团队，可能是因为拥有共同的兴趣爱好而走到一起的兴趣小组，也可能是为了互相鼓励和打气而聚在一起的友情分队，还可能是为了增长知识和见闻而约定好定期分享的阅读小组，无论是何种类型的团队，队员间的合作和互相支持都是必不可少的，并且在以团队为单位行动的过程中，团队成员间无意的信息交流也会在一定程度上促进组织中的知识分享和流动，有助于个人知识的积累和学习能力的提升。对于企业中的各类自发或非自发的、有形或无形的团队来说，定期组织正式或非正式的交流活动能够有效地增加成员间的默契，促进他们通过合作的方式提升工作效率；并且有利于组织中的知识流动，使个人更好地积累和保存与工作相关的知识，进而提升工作绩效。

1.2.2.3　对个人层面实践的意义

本研究创新性地运用高绩效人力资源管理系统的 AMO 理论，考察特定人力资源管理实践支持下的能力、动机和机会本身对个人学习的影响。从个人角度来说，除了企业本身所设计和施行的人力资源管理政策可以帮助其解决个人学习的能力、动机和机会问题，还需要个人主动和有针对性地提升自己合作的能力，端正与人合作的动机，并抓住合作的机会，在工作开展的过程中有效率地与他人完成合作，从而更好地提升和改善自己的学习状态，在每一次合作中锻炼自己"发现、发明、选择、执行、推广、反思、获取知识、输出知识和建立知识库"的九大学习能力（陈国权，2008）。

在合作的能力、动机和机会正向影响个人学习的过程中，个人的自信程度、工作动机及对组织的认可和依赖扮演了重要的心理中介机制的角色，充足的合作能力、正确的合作动机和可行的合作机会需要通过调动个人学习的信心、保障个人参与学习的内外部动力和激发个人为了更好地贡献于组织而学习的动力而促进个人开展学习和积累并运用知识。因此，个人应当主动地在生活中有意识地锻炼和提升自己的自信心，通过心理暗示等方式积累和助长自我效能感；在工作中通过及时处理问题、帮助他人和积极争取奖金等方式积累成就感，不断熟悉和理解工作任务的分配，培养对工作本身的热爱；在工作中和企业安排的每次培训中了解企业的发展历史和成功业绩，树立主人翁精神和自豪感，增强个人与企业间的情感联系，主动为企业的长远发展做贡献。

本研究再次强调了个人学习的重要性。个人的"发现、发明、选择、执行、推广、反思、获取知识、输出知识和建立知识库的能力"不仅有助于工作的顺利开展，也有利于个人长远的能力、素质的提升及职业生涯的规划和发展，还有利于个人更好地看待和管理自己生活的各个方面（陈国权，2008）。古人云，"活到老，学到老"，"三人行必有我师焉"，"学而不思则罔，思而不学则殆"，"学而优则仕"。可以说，学习能力对一个人一生的发展都是至关重要的。从个体的角度出发，每个人都应当在工作和生活中抓住各种机会学习新的知识，吸收他人的好的经验，以开阔自己的眼界并提升自己在遇到类似问题时的处理能力。在工作中，我们应当积极地与同事交流，学习他们的好的工作方法以提升自己的工作效率；多与单位中的资深同事和优秀员工沟通，向他们求教如何更好地开展自己的工作；请德高望重的领导或前辈多指点，借鉴他们的经验更好地规划自己的工作和人生发展。在生活中，我们应当培养阅读的好习惯，保证相关专业书籍的阅读量，以保证知识的不断更新，另外，阅读与专业无关的书籍可以帮助我们开阔眼界，总结指导工作和生活的规律和技巧；积极参加单位组织的各类培训活动，与业内领先的知名人士和一线工作人员保持沟通，了解本领域最前沿的知识和技术革新；挖掘自身的兴趣点，参与各种各样的集体活动，与优秀的人交流，观看优秀的文艺作品等，这既有助于陶冶情操，也能培养自己的鉴别和学习能力。

1.3　研究方法和结构

1.3.1　研究方法

本研究符合管理学研究领域的实证研究的典型范式，将在详细回顾和综述已有文献的基础上提出研究模型并发展相关的假设。本研究采用实证分析对研究假设进行一一检验。具体来说，在实证研究部分，首先采用问卷调查法，根据研究模型涉及的变量选取国际国内经典的测量量表进行翻译和改编，并设计和制作调研问卷；联系和选取北京市三家规模和所有制不同的企业现场发放问卷并指导填写。其次对回收的问卷数据进行筛选，去掉不完整和明显填写不认真的问卷并整理数据。再次，使用分析软件对回收的问卷数据进行描述性统计和信度、效度的检验，并排除共同方法偏差的影响，对变量间的相关性进行检验和解释，为数据回归和假设检验做准备。最后，使用层次回归分析的方法对概念模型中的假设一一进行检验，并在此基础上得出研究结论。

1.3.2 研究思路

本研究首先对现有文献进行梳理，详细介绍 AMO 理论的来龙去脉和在已有研究中的运用，发现很少有研究者将 AMO 理论用于人力资源管理绩效以外的研究领域，以及 AMO 理论总是被用作人力资源管理产生作用的解释或中介机制这两个研究局限。其次对人力资源管理及其模式的分类进行探讨，选取较为重要的合作型人力资源管理模式，并应用 AMO 理论对其主要实践进行分类。又根据文章提出的研究问题，对合作型人力资源管理、自我效能感、内外在动机、组织承诺、工作自主权、任务复杂性、心理安全感、环境动态性和个人学习进行文献回顾，明确各个变量的定义、研究现状和主流的测量方式。再次，梳理各个变量之间的关系，并根据能力、动机和机会对个人学习的不同作用路径发展出一系列的研究假设，建立本研究的理论模型。然后，设计调查问卷并在企业中收集数据以开展实证分析，通过对数据的整理和处理——检验研究假设，在此基础上对模型进行进一步的分析和解释说明。同时，基于对模型的检验，提出一系列的理论和实践的建议，以推动相关理论的发展和企业的管理实践，尤其是人力资源管理方面的实践。最后，对本研究的不足之处进行分析、展望未来的相关研究并提供研究建议。本研究的主体研究思路和框架如图 1.1 所示，详细的理论模型框架如图 1.2 所示。

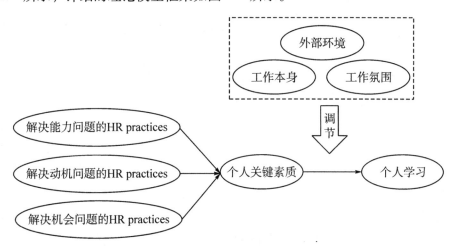

图 1.1 主体研究思路和研究框架

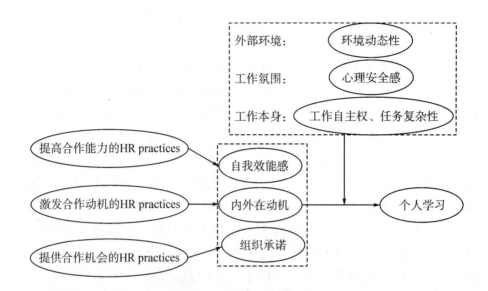

图 1.2　基于 AMO 理论的合作型人力资源管理对个人学习影响的理论模型

（说明：图中的箭头代表变量间的作用关系。按照每个自变量都作用于三个中介变量、每个中介变量都作用于因变量、每个调节变量都作用于中介变量与因变量之间的关系来算，应该有 24 个箭头。但为了不使本图看起来太复杂，作者只画出了其中 5 个箭头，并使用虚线长方形代表这些关系的整体作用过程）

1.3.2　研究结构

本研究主要包括六个方面。一是研究背景的介绍，二是相关理论的综述，三是研究模型的推演，四是研究方法的介绍，五是实证研究的开展，六是文章结论的得出和理论应用及研究局限的探讨。

第一章，引言部分。本章首先根据对 AMO 理论的简单介绍和相关研究局限的梳理引出研究的背景，在介绍了已有研究的局限之后，提出研究问题，介绍研究的理论模型，并对研究的理论创新和实践创新进行初步分析。最后再次梳理本研究的主体思路和研究框架，并对本研究的结构安排进行详细介绍。

第二章，文献综述部分。本章首先对指导本研究理论模型发展的高绩效人力资源管理系统的 AMO 理论的出现、发展、研究现状及研究局限进行了介绍，并对战略人力资源管理研究领域的不同的人力资源管理系统的分类进行了简单总结，着重回顾了合作型人力资源管理的相关理论和研究。其次分别对自我效能感、内外在动机、组织承诺、工作自主权、任务复杂性、心理安全感和环境动态性开展文献回顾和综述，并梳理了各个变量的主要测量方式。最后对个人学习的概念、重要性、国内外研究现状和主要测量方式进行了梳理。

第三章，研究假设与理论模型部分。在第二章详尽的文献综述的基础上，本章对各个变量之间的关系进行了更加深入的挖掘和梳理，并建立了基于能力、基于动机和基于机会的合作型人力资源管理实践分别通过影响个人与工作相关的核心素质而影响个人学习的心理机制，还分析了工作本身、工作氛围和外部环境对于这一关系产生影响的调节作用的机理。发展出了具体的主效应的研究假设、中介效应的研究假设和调节效应的研究假设。

第四章，研究方法部分。本章详细地介绍了实证研究所使用问卷的设计和数据的分析方法。分别罗列了每个变量所使用的测量问卷、问卷数据的收集和整理过程。介绍了测量各变量问卷的信度和效度的方法，使用因子分析法（CFA）检验可能的共同方法偏差的详细步骤，为下一章的实证研究部分做准备。

第五章，实证研究部分。本章首先对各变量的测量条目进行了信度和效度检验，然后对实证研究模型进行了拟合度检验，接着使用验证性因子分析（CFA）和探索性因子分析（EFA）对研究数据可能存在的共同方法偏差进行检验。在此基础上对研究数据进行初步的描述性统计分析，并使用层次回归分析方法对第三章提出的研究假设一一进行检验和分析。分析各个研究假设得到实证研究支持或未得到支持的原因，并统计概念模型中被实证研究支持的研究假设的数量。

第六章，研究总结部分。本章基于前两章的实证研究，结合第三章的研究假设与理论模型，对整个研究进行总结并得出研究的结论，再次肯定了 AMO 理论的经典性以及理论模型的合理性和前瞻性，对本研究的理论贡献进行探讨和分析。此外，还介绍了本研究能为企业中的管理实践者提供的启示。对本研究的不足之处和局限性进行了讨论，展望了未来的相关研究，并提出相关改进建议。

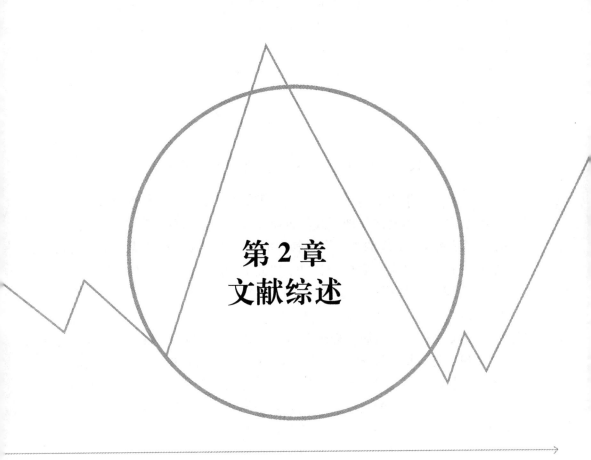

第 2 章
文献综述

本章将首先对高绩效人力资源管理系统的能力、动机和机会（AMO）理论的产生、发展、研究现状和研究局限进行回顾和详细分析；其次对合作型人力资源管理的相关理论和现有研究进行总结和分析；最后介绍自我效能感、内外在动机、组织承诺、工作自主权、任务复杂性、心理安全感、环境动态性和个人学习的定义、研究现状和主要测量方式。

2.1　能力、动机、机会（AMO）理论

2.1.1　能力、动机、机会（AMO）理论产生的背景

从 20 世纪 90 年代中期起，"人力资源管理研究最令人兴奋和增长最快的领域就是对人力资源管理实践与企业绩效间关系的研究"（Kaufman，2010），这形成了一个新的人力资源管理的子研究领域，被称为战略人力资源管理。其中，最有代表性的、单个研究引用率最高的是 Mark Huselid 在 1995 年发表的一篇提出通过使用较好配置的一系列"高绩效"人力资源管理实践，所有企业都可以提高自己的运营水平和财务绩效的文章。该研究被认为是战略人力资源管理研究领域最有影响力的先驱研究，得到了后续许多研究的支持（Combs et al.，2006）。例如，Boselie、Dietz 与 Boon（2005）综述了 1994 年到 2003 年发表在国际顶级学术期刊上的关于人力资源管理与绩效间关系的实证研究，发现高绩效工作实践确实显著影响员工结果（离职率和生产率）这一中间变量，并对短期和长期的企业财务绩效产生显著影响。但 Kaufman（2010）对这种由 Huselid（1995）所引领的、认为高绩效工作实践能正向影响所有企业的绩效的战略人力资源管理的主流研究范式提出了批评，并认可 Delery 与 Doty（1996）在其研究中提出的解释从人力资源管理实践到组织绩效的关系的方法是多样化的观点，认为至少可以通过通用的、权变的和构型的这三种分类方法对该关系进行不同角度的探究。

在战略人力资源管理研究领域，这种对于从高绩效工作系统或实践到绩效的关系的认识的争论一直存在，这是因为人们对人力资源管理影响绩效的机制知之甚少，更不要说形成共识，甚至认为两者之间存在一个神秘的"黑箱"（Savaneviciene and Stankeviciute，2010）。对人力资源管理与企业绩效之间的"黑箱"进行更清楚的陈述，是战略人力资源管理研究面临

的最迫切的理论和实践的挑战（Becker and Huselid，2006）。

　　已经有许多学者对人力资源管理与绩效之间的"黑箱"进行描述与探讨。例如，Becker 与 Gerhart（1996）提出，我们对于人力资源管理怎样和为什么创造组织价值及提升绩效的过程还缺乏足够的理解。Boselie、Dietz 与 Boon（2005）在回顾和分析了 104 篇探讨人力资源管理与组织绩效间关系的实证研究后提出，人力资源管理与绩效之间的连接机制，以及其中的关键变量的中介效应在大部分的研究中都被忽略了。在投入（即某些形式的人力资源管理干涉）和产出（即某些绩效指标）之间，存在着人力资源管理怎样和为什么这样来提高绩效的阶段，而 1994 年至 2003 年期间的战略人力资源研究者们对这个阶段发生了什么一无所知，因此其内容仍然保留着一定程度的神秘性，这种现有的解释这一关系的缺口被认为是一个"黑箱"（Boselie，Dietz，and Boon，2005）。Savaneviciene 与 Stankeviciute（2010）也在其研究中提出人力资源实践通过怎样的机制被转化为竞争成功仍然是未知的，并且大部分对"黑箱"的解释模型都基于一种线性的因果关系，但他们认为，"黑箱"的数量和每个箱子的内容也是不一样的，并基于此论述和对比了四种不同的黑箱理论。Boxall、Ang 与 Bartram（2011）从特定情境出发，详细分析了澳大利亚的连锁电影院的人力资源管理的"黑箱"，发现人力资源管理意味着什么，以及绩效是怎样构思、实现的这两个问题需要基本的参与角色——管理者、员工和不同的阶段来回答，认为探讨对人的管理的目标、中间变量和结果，有助于揭示人力资源目标和绩效结果间的一系列的黑暗连接，即人力资源管理的"黑箱"（Boxall，Ang，and Bartram，2011）。

　　"黑箱"是作为人力资源管理实践与绩效间的中介机制而存在的（Savaneviciene and Stankeviciute，2010）。为了更好地理解和打开"黑箱"，我们需要对组织中的具体的人力资源系统的目标、中介变量和结果进行更深入的探讨（Boxall，Ang，and Bartram，2011）。在现有研究中，一些试图打开"黑箱"的研究"将员工的感知和经验概念化为最基础的中介变量，把人力资源管理的'信号'效应理解为打造雇主与员工间的心理合同并协助员工形成相关感知和经验的过程"（Boselie，Dietz，and Boon，2005）。这也是"黑箱"这一解释模型在很长一段时间内受到研究者欢迎的原因，其充分强调了人力资源管理对于组织成员的重要性这一常常被现有文献忽视的观点（Boselie，Dietz，and Boon，2005）。Boxall 等（2011）的综述研究总结了战略人力资源管理研究领域已经达成的一些共识，包括对人力资源政策对组织结果作用过程的解释：主要是通过它们影响个体员工的能力、动机和工作机会的方式来实现转化。可以说，AMO 理论模型的出现和得到广泛认可就是为了解释高绩效工作系统的作用机制，从而打开这一机制中的"黑箱"。

2.1.2　能力、动机、机会（AMO）理论出现的过程

早在 1982 年，Blumberg 和 Pringle 就提出已有的组织研究文献不能强烈和一致地预测个人的工作绩效是因为研究者忽视了另外一个重要维度：工作机会。他们基于这一思路提出了一个三维度的工作绩效交互模型：个人绩效 = f（机会×能力×意愿）。即认为个人的工作绩效是个人能力（capacity）、意愿（willingness）和机会（opportunity）这三个关键要素的作用函数（Blumberg and Pringle，1982）。其中，能力是指使个人能够有效执行任务的心理和认知能力；工作能力包括一个人完成任务所需的能力、年龄、健康、知识、技能、智力、教育水平、耐力、毅力、能量水平和运动技能等变量。意愿是指影响个人倾向于去执行任务的程度的心理和情感特征；工作意愿包括激励、工作满意度、工作状态、焦虑程度、参与的合法性、态度、感知到的任务特征、工作参与、自我参与、自我形象、人格、规范、价值观、感知到的角色期望、公平感等变量。机会是围绕个人及其任务的一系列允许或限制个人的任务绩效的超出个人直接掌控的力量领域的特定配置；工作机会包括工具、设备、材料、供给、工作条件、同事的行为、领导行为、导师制度、组织政策、规则和流程、信息、时间、报酬等变量（Blumberg and Pringle，1982）。机会与能力和意愿交互，从而使绩效更为可能，但是，"和意愿、能力一样，单独的机会并不能保证绩效"（Blumberg and Pringle，1982）。尽管该模型并未直接使用"能力、动机和机会"的确切字眼，但其思想可以说是能力、动机与机会理论的雏形。然而这一模型被提出以后并未引起当时的组织研究者们的关注和重视，在很长一段时间，机会这一要素仍然在人力资源管理与绩效间关系的相关研究中被忽略，该研究对于能力、意愿和机会这三者的同时关注可以说是孤立于其他研究的（Arthur，1992；Wright and McMahan，1992；Nordhaug，1992）。

　　直到 1993 年，Bailey 通过对当时的服装行业企业进行调研和分析，从企业战略的角度提出工作如何组织非常重要，呼吁更好的员工参与和员工承诺。工作机会的重要性再次明确被提出：Bailey（1993）意识到如果比任何人都了解自己工作的员工不具备如何计划和运用自身技能的机会和工作环境，那么高技能化和受到充分激励的劳动力对企业的贡献也是有限的。其后，一些学者开始在研究中关注和考虑工作机会这一要素对于绩效的影响（Delery and Shaw，2001；Batt，2002）。

　　2000 年，Appelbaum 再次对人力资源管理系统和企业绩效的关系进行探究，意图打开高绩效工作系统的"黑箱"，通过对钢铁、服装及医疗电子和成像行业的高绩效工作实践的效果进行研究分析，完成了《制造业优势：为什么高绩效工作系统能取得成功》一书，标志着 AMO 理论的正式提出。Appelbaum（2000）在书中指出，员工的可自由支配的努力能够对企业绩效产生正向影响，在人力资源管理工作系统与绩效之间的关系中起到中介的作用。可自由支配的努力是指员工付出的高于或超出工作描述所要求的努力和贡献。为了引出可自由支配的努力，企业的工作系统必须包括技能、激励和参与的机会这三个相互独立的基本要素。高绩效工作系统实践重视技能、激励和参与机会，能够保证可自由支配的努力的前提条件，从而为员工和企业带来回报（Appelbaum，2000）。在高绩效工作系统下，员工被看作一项资源而不是商品，机会即工作的组织，参与的机会意味着组织信任和认可员工投入的价值（Harrell-Cook，2001）。招聘和选用高质量的劳动力，并激励员工使用他们可自由支配的努力，且提供给他们参与组织决策和流程的机会（Harrell-Cook，2001）的工作系统，有助于提升员工的信任度和内部回报，降低工作压力，进而强化组织承诺和提升工作满意度（Appelbaum，2000），高绩效工作实践通过提高个体员工的工作有效性和提供新的组织学习机会，进而提升企业的生产力（Harrell-Cook，2001）。

　　紧接着，Bailey、Berg 与 Sandy（2001）在研究中也使用了 1995 年至 1997 年钢铁、服装及电子医疗和成像行业的 45 家工厂的管理者和员工的访谈和问卷数据，再次对高绩效工作实践的作用机制进行了探讨。他们发现在钢铁和服装行业中，高绩效工作实践与员工收入存在正向的关系；而在电子医疗和成像行业，当控制正式教育程度后，高绩效工作实践与员工的收入间不存在显著的关系。他们再次强调了高绩效工作系统是可以提供给员工参与决策机会的工作组织形式，以及其鼓励员工参与的激励和保证适合的技能化的劳动力的人力资源实践的特性（Bailey，Berg，and Sandy，2001）。该研究再次确立了工作机会这一要素在人力资源管理与绩效关系中的不可或缺的重要地位，进一步配合和支持了 AMO 理论。

具体来说，在 AMO 理论中，能力、动机和机会三者相辅相成、不可分割。在对绩效和其他组织结果产生影响时，AMO 理论的三个维度之间相互作用，并且当三者都处于最高水平时，可以最好地服务于组织利益。三者间的三维交互关系已经得到了一些实证研究的检验和支持。例如，能力、动机和机会三者交互，一起推动知识获取和提供水平，影响组织中的知识共享（Reinholt，Pedersen，and Foss，2011）；能力、动机和机会三者交互，对个人绩效产生影响（Ehrnrooth and Björkman，2012）；国际人力资本的能力、动机、机会三者交互，一起正向影响企业绩效（Kim，Pathak，and Werner，2015）；一线经理实施人力资源管理的能力与其人力资源管理绩效间的关系受到机会的正向调节（Bos-Nehles，van Riemsdijk，and Kees Looise，2013）。

AMO 理论自出现以后，逐渐成为 21 世纪初战略人力资源管理研究领域堪称经典的思想和经久不衰的模型。

2.1.3 能力、动机、机会（AMO）理论在现有研究中的应用

2.1.3.1 对个人绩效和组织绩效的关注

AMO 理论的出现是为了解释高绩效工作系统的作用机制，打开人力资源管理作用于绩效的"黑箱"。战略人力资源管理相关研究主要关注的是人力资源管理系统及其实践对于各层面绩效的影响。因此 AMO 模型作为战略人力资源管理的经典理论，其本身也主要对各层面的绩效进行关注。在模型的发展历程中，Blumberg 与 Pringle（1982）主要关注高绩效工作系统通过同时解决能力、意愿和机会这三大问题而对个人工作绩效产生的影响；Bailey（1993）则主要关注员工能力、动机和工作机会对组织绩效的提升作用；Appelbaum（2000）的《制造业优势：为什么高绩效工作系统能取得成功》一书同时强调了个人和组织绩效是能力、动机和机会三者的作用函数；Bailey、Berg 与 Sandy（2001）则将研究重点放在高绩效工作实践对以收入为代表的个人层面绩效变量的影响之上。

　　AMO 模型和理论得到了后续战略人力资源管理实证研究的支持，许多研究者的工作都体现了绩效是员工能力、动机和参与机会的作用函数这一思想。Boselie、Dietz 与 Boon（2005）总结了 1994 年到 2003 年的在国际顶级期刊上发表的关于人力资源管理和绩效间关系的实证研究论文，提出研究者们对于人力资源管理行动与其结果之间的作用过程的不同理解，或者说对高绩效或高参与工作系统作用机制的不同理解都可以被聚类为 AMO 理论，强调满足员工利益，即他们通过基于技能要求、动机和工作质量的人力资源系统可以更好地服务于组织利益。Boselie 等（2005）还发现，自 AMO 理论提出以来，其已经在战略人力资源管理研究领域获得了超过同时期其他理论的引用率（在总的 42 篇文献中发现了 27 篇引用 AMO 理论）。Jiang 等（2012）在其研究中明确提出员工绩效可以被视作能力、动机和机会三者的函数。此外，尽管一些研究并未明确提及 AMO 理论，但其采用的类似研究思路，可以说是对 AMO 理论的有力完善和补充。例如，Delery 与 Shaw（2001）在解释从人力资源实践到绩效的作用机制时，强调了劳动力特征中的授权的重要性，这可以说是对员工参与机会的同意表述和强调；Lepak 等（2006）提出战略人力资源管理系统必须通过影响员工的知识、技能和能力（KSA），员工的动机和努力，员工做贡献的机会来对个人和组织绩效产生作用，对工作结构以及员工参与和授权的程度给予了和工作能力、工作动机一致的关注；Gardner、Wright 与 Moynihan（2011）在其研究中检验了 Lepak 等（2006）提出的上述人力资源系统模型，对 20 位高层人力资源管理人员和来自 93 个不同工作小组的 1 748 名员工的问卷数据进行实证分析，发现动机和授权与整体的自愿离职率呈负相关，提升知识、技能和能力（KSA）的人力资源作用实践与自愿离职率呈正相关。

　　高绩效工作系统和绩效间的关系是战略人力资源管理研究的一个核心主题，Rasool 与 Shah（2015）分析了 33 篇从 1994 年到 2013 年的相关研究论文，发现尽管研究界对于高绩效工作系统和组织绩效的关系还存在争议，但许多研究已经得出了基于 AMO 理论的人力资源管理实践显著影响个人层面和组织层面绩效的结论。高绩效人力资源管理系统的 AMO 既能对个人层面的绩效产生影响，也能对组织层面绩效产生影响（Bainbridge，2015）。表 2.1 对 AMO 理论发展过程中的主要研究及后续的代表性研究所影响的绩效的层次进行了梳理和总结。

表 2.1　AMO 理论对个人层面和组织层面绩效影响的文献梳理和总结

结果变量	个人层面绩效	组织层面绩效
主要文献	Blumberg and Pringle, 1982; Appelbaum, 2000; Bailey, Berg, and Sandy, 2001; Ehrnrooth and Björkman, 2012; Bos-Nehles, Van Riemsdijk, and Kees Looise, 2013	Bailey, 1993; Appelbaum, 2000; Collins and Smith, 2006; Katou, 2008; Katou and Budhwar, 2009; Minbaeva, 2013; Kim, Pathak, and Werner, 2015; Ogunyomi and Bruning, 2015

2.1.3.2　对知识转移的影响

除了传统地关注人力资源管理对各层面绩效的影响，目前 AMO 理论及其模型还主要应用于对组织中的知识转移过程和机制的考察。在知识转移这一具体情境中，研究者们将能力、动机和机会这三个要素具体化并考察它们对于组织中的知识获取、分享和流动所起的作用。

Minbaeva 等人（2003）率先基于 169 家在美国、俄罗斯和芬兰运营的跨国企业的子公司的样本数据，实证分析发现能力和动机在知识转移的过程中十分必要。尽管该研究并未引入机会这一 AMO 理论的第三个要素，但其在定义员工的吸收能力时，对能力和动机的强调可以说是 AMO 理论思想在知识转移研究领域运用的开端（Minbaeva et al., 2003）。2003 年，《管理科学》杂志的"组织里的知识管理：创造、保留和转移知识"这一研究专题的结题文章明确提出，如同优异的个人绩效同时依赖于个人能力、动机和机会那样，知识管理情境的特性也能同时影响个人的创造、保存和转移知识的能力、动机和机会，从而影响知识管理的结果（Argote, McEvily, and Reagans, 2003）。

近年来，组织知识转移研究学者倾向于将 AMO 理论中的各个要素进一步具体化。例如，Chen 等（2010）提出在跨文化知识转移这一具体情境中，知识分享的机会是通过员工的网络位置来衡量的。Reinholt、Pedersen 和 Foss（2011）进一步提出，在知识共享背景下，员工已有知识的广泛性和多样性形成共享能力，员工自主的高水平努力和努力持续性构成共享动机，员工在现有网络中拥有的直接连接数量，即网络中心度则是共享的机会；动机和能力能够解决不平等的机会破坏知识共享过程中的信任和互惠的问题，当员工的能力、动机和机会三者水平都最高时，他们的知识获取和提供的水平也最高。Chang、Gong 和 Peng（2012）整合了AMO 框架并基于吸收能力的视角，明确提出知识转移的能力有三个维度：能力、动机和机会寻找。

Minbaeva（2013）又回到理论的起点，从战略人力资源管理的角度将其与知识分享行为相连接，以帮助深入理解组织知识流动影响绩效的潜力，使用 AMO 理论探讨了战略人力资源管理实践与基于知识的组织绩效之间关系的微观基础。Shin、Jeong 与 Bae（2016）则将 AMO 理论应用于高参与人力资源管理实践对员工的创新行为产生影响的机制的解释。

2.1.3.3　在中国情境中的相关研究

在中国，学者们对高绩效人力资源管理系统的 AMO 理论的使用还停留在理论介绍和情境分析上，有的学者在其研究中不知不觉使用了类似的分类思想，但尚没有明确的基于 AMO 理论发展的人力资源管理实践效用的相关实证研究。表 2.2 分析和总结了具有代表性的中国情境中的与 AMO理论相关的研究。

表 2.2　中国情境中的 AMO 理论相关研究梳理和总结

文献	研究归类	主要结论或贡献
王丽敏（2012）	理论介绍和分析	构建房地产行业的基于 AMO 模式的高绩效工作系统通用模型，从实践的角度说明其思想中三个方面的重要性
施文捷（2013）	理论介绍和分析	分析、探讨人力资源管理实践与组织外部绩效（财务、客户绩效）之间的关系，对中国情境中一些激励能力、动机和机会的人力资源政策简单介绍并罗列
王朝晖（2014）	理论拓展分析概念模型的建立	把 AMO 理论的三个方面作为人力资源管理产生作用的机制，探讨其对组织探索式学习和利用式学习的影响，分析了从人力资源管理到能力、动机和机会以及情境双元性的完整作用过程，提出情境双元性下的 AMO 框架，将能力、动机、机会分别具体化为知识整合能力、自主性动机和网络中心度，并建立了相应的概念模型

表2.2(续)

文献	研究归类	主要结论或贡献
刘善仕、刘小浪、陈放（2015）	与理论相关的分析	针对不同的员工归类，在员工能力来源、动机激励、参与机会上呈现差序式的特点。并未明确提及 AMO 理论，有这种分类意识，只是从类似的角度来关注人力资源管理实践，并使用扎根理论总结实践发现，进行理论提升。说明中国研究者不知不觉在研究中代入了这种经典的分类思想
陈星汶、张义明（2015）	理论应用的分析	强调员工参与的重要性，从 AMO 理论的角度剖析员工参与，利用 AMO 理论细化了人力资源管理实践的某一方面
彭程、郭丽芳（2015）	理论应用的分析	分别在提升技能、动机和授权的三大人力资源实践模块提出相应的人力资源管理对策，以应对组织管理新生代员工面临的多方挑战。同样验证了在分段分类的人力资源管理中的 AMO 思想
李珲、丁刚（2015）	理论思想的运用	对影响员工创新行为的心理因素进行整合，指出员工创新行为受到"我有创新能力""我有创新动机"及"我有创新机会"三种心态的综合影响

2.1.4 能力、动机、机会（AMO）理论研究的局限

经过对高绩效人力资源管理系统的 AMO 理论的产生背景、发展历程和研究现状的回顾和梳理，我们发现无论是 AMO 理论本身的发展历程还是运用理论开展的后续研究都存在两点局限：一是对理论的使用仍然停留在战略人力资源管理研究领域对不同人力资源系统与绩效之间关系的关注上，对绩效以外的其他结果变量或对其他层面的影响考察较少；二是已有研究几乎都把 AMO 理论用作对人力资源管理产生作用的中间变量和解释机制，理论的三个要素仍然主要被认为是人力资源系统作用于绩效的三条路径。

对于 AMO 理论的探讨或与 AMO 理论相关的研究仍然停留在检验人力资源管理系统或具体人力资源实践与各层面绩效之间的关系上，发现组织的人力资源战略通过作用于个人的能力、动机和机会而影响员工绩效，进而影响组织绩效（Blumberg and Pringle, 1982；Bailey, 1993；Appelbaum, 2000；Bailey, Berg, and Sandy, 2001；Delery and Shaw, 2001；Lepak et al.,

2006；Jiang et al.，2012）。这种将绩效作为唯一关注的结果变量的研究局限可能是由于理论产生的初衷就是为了打开高绩效人力资源管理系统的工作"黑箱"。但许多检验或应用 AMO 理论的研究所选取的结果变量确实较为单一，仅将个人绩效和组织绩效作为影响结果进行探讨，还缺乏对团队层面绩效的关注。此外，相关研究对 AMO 理论如何影响个人层面的行为和态度的探讨极少，仅有几篇研究论文对个体创新、组织承诺和工作满意度给予了少量关注（Appelbaum，2000；Savaneviciene and Stankeviciute，2011；Shin，Jeong，and Bae，2016）。这种对 AMO 理论的保守使用限制了其在战略人力资源管理以外的研究领域发挥作用。

　　同时，已有研究几乎都将 AMO 理论作为人力资源管理系统产生作用的中介或解释机制，将研究重点放在对能力、动机和机会三个方面的作用路径的探讨上。Gerhart（2005）认为，AMO 模型的原始理论强调人力资源实践通过 AMO 的机制或者通过影响 AMO 结果而对绩效产生影响。然而，在 Blumberg 与 Pringle（1982）最早强调机会——使任务绩效成为可能的工作场所的资源，并认为个人绩效是能力、意愿和机会这三个关键要素的作用函数时，并未将其具体局限为对人力资源管理与绩效间关系的中间作用机制。但后来理论的发展和相关实证研究则都选择性地把个人的能力、动机和机会作为一种解释机制，而不是具体变量来进行研究，认为高绩效工作实践通过解决这三个方面的问题从而在组织中产生作用（Bailey，1993；Appelbaum，2000；Bailey，Berg，and Sandy，2001；Gerhart，2005；王朝晖、罗新星，2008；Savaneviciene and Stankeviciute，2011；Jiang et al.，2012；Bainbridge，2015）。因而，在已有文献中，AMO 机制或 AMO 结果的地位十分显著，但其重要性主要是通过作为人力资源管理的影响路径来体现的（Gerhart，2005；Jiang et al.，2012）。最近的一些研究者开始关注 AMO 机制或 AMO 结果以外的理论本身的三个方面，Savaneviciene 与 Stankeviciute（2011）基于 AMO 理论框架，实证研究发现技能优化、动机优化和参与优化的人力资源管理实践与员工的组织承诺、工作满意度正向相关，然而该研究仍然将 AMO 理论的三个要素作为中介机制来使用，并未跳出 AMO 理论作为中间变量或解释机制的局限。王朝晖（2014）在将能力、动机和机会具体化为特定能力、自主性和网络中心度的基础上，提出了相应的概念模型，然而在该模型中，AMO 理论的三个要素仍然被作为中介机制发挥其作用。只有 Subramony（2009）在其实证研究中将能力、动机和机会细化成不同的三个方面的人力资源实践束，检验了其对组织层面结果变量的影响。然而遗憾的是，尽管这篇文献明确体现了 AMO 理论的思想和逻辑，却并未引用或提及该理论。

目前，还没有人在研究中明确提出将 AMO 理论或其思想运用于自变量的选取和界定，从而考察能力、动机和机会本身对于个人绩效和组织绩效以外的个人、团队和组织层面行为和态度的改变。可以说，研究者们对 AMO 理论的关注和运用缺乏了一些大胆的设想和突破。战略人力资源管理研究者们的思维定式和经典的研究范式限制了 AMO 理论的使用范围，使其丧失了其他的可能性和在其他研究领域发光的机会。

2.2 人力资源管理

2.2.1 战略人力资源管理的特征

2.2.1.1 关注绩效

对绩效结果的关注是战略人力资源管理的一个明显特征，本书前面论述 AMO 理论产生背景的章节，已经对战略人力资源管理的这一主要特征进行了详细介绍：从 20 世纪 90 年代中期起，"人力资源管理研究的最令人兴奋和增长最快的领域就是对人力资源管理实践与企业绩效间关系的研究"（Kaufman，2010），这形成了一个新的人力资源管理的子研究领域，被称为战略人力资源管理。其中，最有代表性的、单个研究引用率最高的是 Mark Huselid 在 1995 年发表的一篇提出通过使用较好配置的一系列"高绩效"人力资源管理实践，所有企业都可以提高自己的运营和财务绩效的文章。该研究被认为是战略人力资源管理研究领域最有影响力的先驱研究，得到了后续许多研究的支持（Combs et al.，2006）。

战略人力资源管理重点关注为什么人力资源管理对于组织有效性很关键。人力资源管理之所以能够在组织中扮演重要的角色，是因为其包含的如何吸引和激励员工、如何发展员工的关键和稀缺的能力，以及如何发展有效的工作组织等过程，对于组织提升绩效和参与竞争具有重大的意义（Boxall and Purcell，2000）。战略人力资源管理理论还认为存在一种对于组织中的核心员工来说可以从某种方式上带来更好绩效的高绩效工作实践系统（Boxall and Macky，2009）。

Rasool 与 Shah（2015）回顾了 33 篇从 1994 年到 2013 年的关于高绩效工作系统和企业绩效间关系的研究，发现关于高绩效工作系统和组织绩效间的研究还存在争议，这是因为不同研究对变量进行操作的差异很大，研究方法和理论框架也各有不同，只有在对不同行业进行研究时采用类似的方法，才能够更加准确地定义两者间的关系。他们还简单提出了一个基于通用的、权变的和资源基础观的新的测量高绩效工作系统的模型：总战略资源方法（Rasool and Shah，2015）。

2.2.1.2　强调协同

在战略人力资源管理研究兴起以前，研究界多将人力资源简单定义为人力资源实践，但这类实践是作为一种单一的管理回应而存在的（Bainbridge，2015）。后来人力资源管理研究者发现了人力资源战略（Dyer，1984）和人力资源系统（Huselid，1995）这两个高于个体人力资源实践层次运行的构念的重要性，从而使这两个构念逐渐成为战略人力资源管理领域的核心，且该领域的一个重要分析焦点就是关注人力资源实践是以何种方式在人力资源系统中组合的（Boxall，Ang，and Bartram，2011）。因此，战略人力资源管理的另一个显著特征是人力资源实践的分类和协同效应，人力资源实践不再是单一的管理回应，而是各个实践项之间相互协同，实践与组织的其他要素之间协同产生作用，该特征已经得到了研究者的广泛重视（Dyer and Reeves，1995；Wright and Boswell，2002）。

20 世纪 90 年代中期，MacDuffie（1995）率先提出在预测组织绩效时，人力资源实践是以"束"（bundle）的形式一起发生作用的，且还与特定的组织逻辑和灵活的生产系统的制造业政策产生整合效应。人力资源管理实践应与组织的需求一致，充分考虑企业战略、组织发展阶段和组织文化等因素，并且应当注意实践活动自身的互相补充、支持及整合，这样才能形成有效帮助实现组织目标的人力资源管理系统结构（MacDuffie，1995；Becker，and Gerhart，1996；Guest，1997；刘得格、时勘、王永丽，2009；Boxall，Ang，and Bartram，2011）。Guest（1997）在综述与人力资源管理和组织绩效相关的实证研究时，明确提出了人力资源的匹配模型，认为人力资源管理实践作为一个集中的体系，其自身各部分之间以及各部分与组织情境进行匹配时，可分为内部匹配、外部匹配和结构匹配。内部匹配是指人力资源管理作为理想的一系列实践产生作用的过程；外部匹配是指人力资源管理作为战略整合产生作用的过程；结构匹配是指人力资源管理作为"束"产生作用的过程（Guest，1997）。

内部匹配和结构匹配强调了不同的人力资源管理实践之间存在协同效应（Guest，1997）。人力资源管理研究的系统视角提出具体的人力资源实践系统显著作用于个人和组织层面绩效，尽管对于人力资源系统中不同工作实践如何实现内部协同还存在争议，但人力资源实践是以相互协同的"束"的方式产生作用这一观点已经得到学术界的认同（刘善仕、周巧笑，2004；Jiang et al.，2012）。这是因为所有的雇佣关系都至少依赖于一些最低程度的人力资源实践的"束"，这种捆绑效应体现在当有人获得一个职位并开始工作时，至少 4 个方面的人力资源实践已经被合并进了一个"束"：招聘和选拔的实践、协商薪酬的实践、工作任务分配的实践和管理监督的实践（Boxall，Ang，and Bartram，2011）。已有研究发现，在检验高绩效工作系统实践与组织绩效间关系时，相对于使用单个人力资源管理实践开展研究，使用成系统的人力资源管理实践开展研究更为有效（Combs et al.，2006）。并且有学者明确提出人力资源系统由人力资源政策构成，而人力资源政策又是由不同的人力资源实践构成的，这三个层面的人力资源管理构成了系统，且其中单独的人力资源实践不是孤立地产生作用，而是通过协作来产生作用的（Jiang et al.，2012）。此外，人力资源实践束和内部匹配的理论常常假设这种管理系统倾向于一个单一的目标，从而主张通过人力资源系统传递给员工的信号具有高度一致性（Boxall，Ang，and Bartram，2011）。然而，现实中，企业提出的一系列旨在传递单一信号的人力资源系统并不能很好地落地实施，这可能是由于人力资源系统不止需要实现提升企业绩效这一目标，企业的不同的目标间存在一定程度的资源紧张，因此，我们需要理解不同的系统或"束"的成分可能会朝着相反的方向产生作用（Boxall and Purcell，2008；Boxall，Ang，and Bartram，2011）。

外部匹配强调了人力资源管理实践及其系统与组织各项战略之间的协同效应（Guest，1997）。战略人力资源管理研究的一个重要组成部分就是企业竞争策略与其人力资源管理系统的匹配（Savaneviciene and Stankeviciute，2010）。20 世纪 80 年代，研究者主要关注人力资源管理系统与企业的外部战略，即企业被产品市场要素变化和为了获取市场竞争优势驱动而选择的战略对企业绩效产生的作用；20 世纪 90 年代，研究者将目光更多地聚焦于揭示人力资源管理系统与内部驱动的企业战略之间的匹配效应（Savaneviciene and Stankeviciute，2010）。近年来，Toh、Morgeson 与 Campion（2008）对 661 个美国组织进行研究，识别出几种主要的人力资源系统或"束"（详见 2.2.2.2 节），并得出人力资源实践束的采用是与组织所处情境相适应的这一将外部匹配进一步延伸的结论。人力资源管理实践需要与组织情境（组织战略、组织文化、组织氛围等）相匹配，从而为组织带来积极的结果（Snell，1992；Dyer and Reeves，1995）。有实证研究采用日本企业在美国分部的数据，验证了人力资源策略与商业战略的匹配对绩效的影响，结论是两者匹配的分部在与人力资源管理相关的绩效衡量（如升值率与离职率）上表现更好，并且商业绩效也更好（Bird and Beechler，1995）。

总之，内部匹配的观点认为，采用一个内部一致的高绩效工作实践系统可以带来更好的企业绩效，在其他条件不变的情况下，存在一些最佳的人力资源管理实践，可以为企业带来价值。外部匹配的观点认为，最佳人力资源实践的存在或其有效性局限于特定的企业战略和环境变动情境，企业绩效的提升会依赖于人力资源管理实践与竞争策略的匹配程度（Huselid，1995）。内部匹配与外部匹配的观点并不完全冲突，当其他条件都一致时，对高绩效工作实践的使用和较好的内部匹配可以为所有类型的企业带来积极的结果；而从边际上来说，那些根据自身战略和环境变动而调整人力资源实践的企业，有能力实现额外的绩效增长（Huselid，1995）。并且 Huselid（1995）的实证研究只发现了较少对内部匹配可以带来更好企业绩效这一观点的支持，未发现对外部匹配作用于绩效观点的支持。

2.2.2　战略人力资源管理的分类

2.2.2.1　几种主要的分类思想

20 世纪 90 年代，人力资源管理研究界已达成共识：正确配置的人力资源政策能够为企业绩效做出贡献（Huselid，1995）。然而，战略人力资源管理实践与绩效间的关系可能是直接的，也可能是间接的（Savaneviciene and Stankeviciute，2010）。对于两者间直接作用路径的研究，现有文献中主要存在三种不同的观点：通用的（universalistic）、权变的（contigency）和构型的（configurational）观点（Delery and Doty，1996；Katou and Budhwar，2007）。对于两者间接作用路径的研究，主要基于战略权变理论、资源基础观（RBV）和 AMO 理论（Boselie et al.，2005；Paauwe，2009；Savaneviciene and Stankeviciute，2010；施文捷，2013）。这三种理论体现了人力资源管理研究的不同层面和不同传统：权变理论和资源基础观适用于组织层面的分析，主要从商业视角对人力资源管理的绩效效应进行考察；而 AMO 理论关注和重点考察的是个体层面的一些要素，AMO 框架更多代表和提供人力资源管理产生作用的工业或组织心理学根基（Paauwe，2009）。

通用的观点认为，成功施行了的具体的人力资源管理实践总是并且无论在哪里都能贡献更高的组织绩效（Delery and Doty，1996）。Pfeffer（1998）在此基础上提出有七种人力资源管理实践是对组织绩效有利的实践，包括雇佣保障、选拔性雇佣、自我管理团队或分散决策、绩效工资、广泛的培训、较少状态差异和广泛的信息分享。

权变的观点坚持人力资源管理实践与组织绩效间的关系取决于不同的企业外部和内部情境因素，并受到其调节（Delery and Doty，1996）。一个例子就是采取成本最小化的商业策略的企业，可以从控制型人力资源管理中获取更高的绩效（Arthur，1992）。

构型的观点则提出人力资源管理实践对绩效的影响受到单独人力资源管理实践变量间的相互作用的调节，即一些人力资源实践之间是互补的，相互匹配从而形成优化绩效的合力（Delery and Doty，1996）。在企业中，若这些互补关系的传播范围足够广泛，那么企业使用的是旨在创造不同作用的人力资源管理系统而混合和匹配的人力资源管理实践，这些实践一起形成企业的人力资源管理架构（HRM architectures）和就业系统（employment systems）（Kaufman，2010）。

通用的、权变的和构型的这三种观点因为考虑了战略人力资源管理研究的中心变量——战略，而提供了一种有用的分类思想（Kaufman，2010）。战略人力资源管理的一个核心假设就是当人力资源管理实践与组织的商业战略、外部环境及内部资源和能力一致，且在一个互补和协同方案中相互一致时，就可以更好地产生作用，这与上一节（2.2.1.2）介绍的外部匹配和内部匹配相对应，这两种人力资源管理战略的特征也被称为垂直匹配和横向匹配（Kaufman，2010）。内部匹配与通用观点都认为存在一系列的人力资源管理的**最佳实践**（best practice），这些实践总是可以带来更好的组织绩效。这意味着，高绩效工作实践大体上与优化的通用模型的实践同义，例如员工参与、集中培训和自我管理团队等实践都有助于提升所有企业的绩效（Boxall and Macky，2009；Kaufman，2010）。与最佳实践对应的是**最佳匹配**（best fit），不同于最佳实践的观点，最佳匹配模型的核心假设是，表现最佳的一系列的人力资源管理实践是随着不同的情境而改变的，这种重视内部和外部权变的模型同时包含了权变和构型的观点，几乎与战略人力资源管理分类思想中的权变理论是等同的（Boxall and Purcell，2008；Kaufman，2010）。

权变理论与考察人力资源管理与组织绩效间直接关系的权变的观点是一致的，它们都认为随着不同的组织内外部情境的改变，能有效提升绩效的人力资源管理实践也在不断变化。

资源基础观（RBV）是战略人力资源管理研究者聚焦于内部驱动的企业战略的一个重要关注点（Barney，1991；Savaneviciene and Stankeviciute，2010）。从资源基础观出发，战略人力资源管理研究提出了两个重要假设：一是企业可以通过发展、利用有价值的、稀缺的、不可复制的和不可替代的组织内部资源来获取竞争优势；二是传统的如规模经济、新技术和差异化产品等竞争优势的来源正在逐渐失去它们的有效性，并且企业的人力资本代表着最近和最好的一种持续性的竞争优势（Savaneviciene and Stankeviciute，2010）。因此，资源基础观为人力资源管理到企业绩效关系提供了一个较为通用的基础：由于知识及其应用是企业价值创造的基础，所以所有企业都可以通过提升和强化员工的能力和动机来提升绩效，也因此企业中的人力资源管理职能部门是企业获取商业成功的最重要的驱动力之一（Savaneviciene and Stankeviciute，2010）。资源基础观具体化了人力资源管理到绩效的因果路径，随后 AMO 理论对该路径进行了补充（Savaneviciene and Stankeviciute，2010）。

AMO 理论认为，战略人力资源管理的最佳实践可以带来更好的企业绩效，这是因为其可以增强和使用企业中人力资本的能力、动机和机会。这些属性通常指"知识、技能和能力"（KSAs）或者更广泛的能力（Lepak et al.，2006），它们可以被转化成所需的中间变量，例如更高的生产力、更好的产品质量和员工服务，进而转化为更理想的最终结果，例如利润和股东回报（Savaneviciene and Stankeviciute，2010）。

尽管有这么多的对战略人力资源管理的主流研究的理论模型的分类，但是也有学者对这些分类思想提出批评，并通过分析指出人力资源管理变量对企业绩效的正向作用在竞争经济下是不正确的（Kaufman，2010）。Becker 与 Huselid（2006）在其实证研究中将人力资源管理这一变量对绩效影响的回归分析作为"主效应"来衡量最佳实践的成分，其他调节变量代表最佳匹配的权变要素，结果强烈地证实了战略人力资源管理理论的最佳实践部分，但最佳匹配部分只得到了较弱的支持。因此他们得出这种在观察不同企业中的人力资源管理实践时的横截面的差异并"不是一个高绩效对于低绩效人力资源系统的问题，而是哪一种高绩效系统更合适的问题"（Becker and Huselid，2006）。总体来说，资源基础观和 AMO 理论为人力资源管理与绩效间的正向的"主效应"提供了理论基石，而权变理论是对现实的人力资源管理最佳实践差异的解释。

2.2.2.2　几种主要的人力资源管理系统

Toh、Morgeson 与 Campion（2008）在一项对 661 个包含各行业和各规模的美国组织的两阶段研究中，通过对企业人力资源管理的招聘、选拔、培训、监督、授权、绩效评估、薪酬体系、福利等主要环节的实践的聚类分析，识别出以下五种主题的人力资源实践结构：成本最小化、或有激励、竞争激励、资源制造者和承诺最大化，并提出组织所选择的人力资源政策是与其运行的情境密切相关的。事实上，在这之前，人力资源管理研究者已经从企业战略的角度提出了相当数量的战略人力资源管理结构、模式或系统，如承诺型、控制型、内部发展型、市场导向型、学习导向型等（张一弛、李书玲，2008；刘得格、时勘、王永丽，2009）。不同的人力资源管理系统对组织绩效的影响程度不同（Delery and Doty，1996），创新的、承诺的和灵活的人力资源管理系统可以为组织带来积极的作用（Dyer and Reeves，1995）。下面简单介绍几种得到较多关注的战略人力资源管理系统。

（1）承诺型人力资源管理系统（commitment HRM system）**与控制型人力资源管理系统**（control HRM system）

Arthur（1992）对美国 30 家小型钢铁企业的人力资源管理实践特征进行聚类分析，从战略选择的角度，总结出控制型和承诺型人力资源管理系统。两者分别强调以可能的最低成本大量生产有限品种的产品的策略，以及灵活地生产市场需求的产品而并非只注重成本控制的策略（类似于差异化策略）。控制型人力资源管理系统在管理目的、管理方式、对员工行为和态度衡量等方面都与承诺型人力资源管理系统截然相反，两者之间存在对立的关系（Arthur，1992，1994）。结合已有研究的描述和定义可以发现，控制型人力资源管理系统是组织要求员工严格遵守管理制度，依据可测量的产出来激励员工，以达到降低成本、提高效率的目的；承诺型人力资源管理系统是指组织不断强化员工与组织之间的感情联系，从而使员工的自主行为与组织目标高度一致，进而强化员工对组织的承诺并激发组织公民行为，以产生积极的组织结果的人力资源管理系统。

在战略人力资源管理研究中，类似承诺型人力资源管理系统与控制型人力资源管理系统的表述还有很多。例如高承诺工作系统（high commitment work system），这是基于 Walton（1985）的工作实践，例如分红、雇佣保障和员工参与可以改善员工的承诺水平，从而提升组织绩效的核心思想，提出的人力资源管理实践是旨在引起员工对组织承诺的一套工作系统（Xiao and Björkman，2006）。高承诺工作系统可以优化员工的承诺，也强调了员工自我计划和自我管理的特征，并且可以带来更好的绩效（Xiao and Björkman，2006）。又例如，承诺倾向的人力资源管理系统（commitment-oriented HRM system），其逻辑由传统的战略人力资源管理研究发展而来，是由一系列的肯定员工价值，并建立员工向组织承诺的关系环境的人力资源管理实践构成的系统（Zhou，Hong，and Liu，2013）。承诺倾向的人力资源管理系统强调组织内部凝聚，认为高投入或高绩效的一套方法可以增加组织内部的特殊的知识、技能，培育员工动机，授权给员工一定的表现自由度；可以通过选择性招聘、集中培训、绩效评估、绩效工资、职务充实、团队协作、内部职业生涯机会、信息共享、雇佣保障和轮岗等实践来贡献于企业创新，从而提升底线绩效（Zhou，Hong，and Liu，2013）。而基于控制的人力资源管理系统（control-based HRM system）则与传统的人力资源管理系统类似，是由降低劳动力成本的成本最小化策略，或者是对人员低投资的家长式的人力资源管理实践，建立起来的一套人力资源系统（Kim, Bae, and Yu, 2013）。

Arthur（1994）还发现承诺型人力资源管理系统可以带来更好的生产绩效。有学者区分了基于承诺的和与之对立的人力资源管理系统，他们对 2 967 个组织进行研究，发现承诺型人力资源管理系统更能显著提高组织绩效（Chadwick and Cappelli, 2000）。因此，也有研究者认为，承诺型人力资源管理系统实际上是一种高绩效工作系统（high performance work systems），基于承诺的人力资源管理实践也属于最佳人力资源管理实践（Paré and Tremblay, 2007）。

近年来，许多企业的人力资源系统的发展经历了从基于控制的人力资源管理系统（control-based HRM system）到高绩效人力资源管理系统（high-performing HRM system）的转变（Kim, Bae, and Yu, 2013）。高绩效人力资源管理系统与高绩效工作系统类似，聚焦于增加员工的知识、技能和能力，通过基于信任、互惠或者激励的人力资源管理实践来最大化员工的承诺或激励，其中包含伴随着集中培训的投资型人力资源管理实践或伴随着金钱激励的诱因型人力资源管理实践（Kim, Bae, and Yu, 2013）。在日本，类似的人力资源管理系统被称为基于绩效的人力资源管理系统（performance-based HRM system），是 20 世纪 90 年代出现的明显区别于传统人力资源管理实践、有助于个人短期绩效和福利提升，且已经被广泛采用的一系列人力资源管理实践（Sekiguchi, 2013）。在日本社会中，这一系列的人力资源管理实践强调了对个人结果和绩效进行严格且精准的评估，将工资与个人绩效挂钩，逐渐削弱了职场中论资排辈的传统，建立了新的基于能力的员工等级和具有补偿措施的人力资源管理结构（Sekiguchi, 2013）。可以说，这种基于绩效的人力资源管理系统是控制型人力资源管理实践向高绩效工作系统发展的一个过渡形态。还有学者根据内容导向型方法和过程导向型方法将人力资源管理研究分类，在介绍过程导向型的研究中专门强调人力资源管理系统从控制型向承诺型再向高绩效人力资源管理系统发展的历程（Alewell and Hansen, 2012）。Alewell 与 Hansen（2012）还对比了 Walton（1985）、Arthur（1992, 1994）和 Huselid（1995）在研究中主要关注的人力资源问题、分析层次、不同的有效机制和人力资源系统的强度，认为 Walton（1985）所描述的承诺型人力资源策略是组织为了尝试解决已有的人力资源问题（例如较高的劳动力成本和缺席率，以及满意度较低和未被充分激励的劳动力群体）而提出的，为所有企业追求更高水平的绩效标准和实施承诺型的人力资源系统提供了规范性的支持；Arthur（1992，1994）则间接地通过讨论两种相对立的人力资源系统，解决了员工形成不同工作态度和方法需要不同方式这一基本的人力资源问题；而 Huselid（1995）提出的综合性的高绩效工作实践的实施是为了提升和强化员工的技能和动机，可以被理解成是对将企业的激励和技巧作为禀赋的人力资源问题提出的解决方案。大量的战略人力资源管理研究都认为，使用高绩效工作系统，或者使用设计用于提升员工能力、动机和绩效的人力资源实践系统可以带来较低的员工离职率、更高的劳动力生产效率、更低的工伤率、更好的安全绩效，以及更好的企业绩效（Liao et al.，2009）。

（2）共同福利人力资源管理系统（the common welfare HRM system）

有学者在控制型人力资源管理系统和承诺型人力资源管理系统的基础上又提出了一种新的人力资源管理系统：共同福利人力资源管理系统，并采用个体的自我意识水平这一概念将三者放进同一框架进行探究和讨论（Chiva，2014）。共同福利人力资源管理系统是为了围绕组织培养渐进和激进的创新，与一种全新的、更加发达的社会和组织范式相联系的，强调组织情境中的绝对信任和民主，由鼓励员工进行自我管理，并关注其他主体福利的一系列的人力资源管理政策和实践组成（Chiva，2014）。共同福利人力资源管理系统有助于我们理解一些观念如信任、正念、同情或利他主义等的重要性的增长（Chiva，2014）。这种新的人力资源管理系统的出现是基于自我意识水平这一已经在一系列不同的准则（如哲学、心理学或医学）中被分析和发展，但仍然在长期建设中的一个概念。意识是指人们认识自己的内部和外部世界，从精神上察觉和感知到他们存在的不可分割的整体性的程度，较高的意识水平体现的是人们保持关注自身的内在和外在世界，清醒而富有正念的一种状态的能力（Chiva，2014）。自我意识可以帮助组织成员理解他们工作的意义，感觉到自己对家庭、社会和环境做出的贡献，有助于强调自我意识的组织均衡市场需求、社会需求和自然环境。三种通用的人力资源管理系统有着不同水平的个体意识：控制型人力资源管理系统与低水平的意识相联系，承诺型人力资源管理系统与中等水平的意识相联系，共同福利人力资源管理系统与最高水平的自我意识相联系（Chiva，2014）。因此，共同福利人力资源管理系统中包含了许多与控制型和承诺型人力资源管理系统不同的具体的人力资源管理实践。共同福利人力资源管理系统使组织情境中的民主更为直接，这与代表民主是不一样的。在共同福利人力资源管理政策下，人们可能直接参与选举或参加政策制定，因为人们被假设是负责任的、可以控制自己（自控）的个体，且人们是相互信任并且信任组织的：组织当中存在无条件的信任（Chiva，2014）。在招聘员工时，共同福利人力资源管理系统选取创新的、动态的、协作的、独立的和负责任的个人，并且要求他们渴望学习，渴望挑战自己及别人的想法；组织中的培训是通过员工毫无保留地分享经验和知识来进行的；组织不看重对员工个人和工作团队的工作成效的考察，而是采用自我评估和同行评审的方式来看谁对组织做出了最大的贡献；共同福利人力资源管理系统中的员工工资水平也不高，并且该系统不为员工提供加班工资（Chiva，2014）。

（3）合作倾向的人力资源管理系统（collaboration-oriented HRM system）

有学者提出，与承诺倾向的人力资源管理系统相对应的是合作倾向的人力资源管理系统（Zhou，Hong，and Liu，2013）。基于"联盟雇佣模式""合作雇佣关系"和"协同人力资源配置"的原始理论，合作倾向的人力资源管理系统采用向外的视角，强调建立和发展与外部利益相关者、伙伴的联系和高质量关系（Zhou，Hong，and Liu，2013）。这种人力资源管理系统和对与组织建立了正式雇佣关系的个人的管理不同，其强调建立外部联系，反映了一种更为宽泛的人力资源的定义，因为其不仅包含了内部的人力资本，还充分考虑了可以为组织创造价值的外部的人力资本，从而有助于企业创新和底线绩效的提升（Zhou，Hong，and Liu，2013）。外部人力资本来源于不同的外部实体，包含那些可能与组织共享利益的如联盟，或与其他的建立了学习伙伴关系的专家、企业及学术机构（Zhou，Hong，and Liu，2013）。值得注意的是，这种人力资源管理系统的定义与其他研究不同，其他研究都将重视合作的人力资源系统作为为了发展团队协作和跨职能的协作技能而对内部人力资本进行管理的系统（Lopez-Cabrales，Pérez-

Luño，and Cabrera，2009）。

（4）合作型人力资源管理系统（collaboration HRM system）

合作型人力资源管理系统是为了解释高绩效工作系统中的团队合作及其人际信任关系，由我国学者王红椿、刘学和刘善仕（2015）从社会资本理论的视角提出的。人力资源管理系统有助于个体员工的人力资本的增加，但忽视了个体竞争优势转化为集体竞争优势的过程（王红椿、刘学、刘善仕，2015）。合作型人力资源管理系统重视在组织中构建正式或非正式的互动关系，通过建立员工之间的互动模式和社会关系网络来对组织内部的社会资本进行管理，将企业资源配置于那些能够促进合作有效开展所需的员工的知识、技能和态度上，从而有助于组织内资源和信息的流动与利用，进而提升组织的创新能力和竞争优势（王红椿、刘学、刘善仕，2015）。

（5）灵活型人力资源管理系统（flexibility HRM system）与灵活倾向的人力资源管理系统（flexibility-oriented HRM system）

与灵活性或灵活度（flexibility）相关的人力资源管理系统有两种，分别从员工层面和企业层面对灵活性进行强调。其中，灵活型人力资源管理系统关注的是员工在工作场所中的灵活性，包括员工选择在什么时候工作，在哪里工作，以及进行多长时间的工作的能力（Hill et al.，2008）。灵活型人力资源管理被定义为组织提供给员工做关于什么时候工作和怎样工作的决定的机会的人力资源管理系统，且其设计是为了实现工作职责与私人职责之间的平衡，以此使员工保留敬业的态度（Hill et al.，2008；Bal and De Lange，2015）。并且，员工对灵活型人力资源管理的可用性的感知和对其的使用是不一样的，分别代表着员工意识到他们能够接触到灵活型的人力资源管理和他们在实际上可能使用或利用这一类的人力资源管理实践（Bal and De Lange，2015）。灵活型人力资源管理系统还可以分为非常规性的和常规性的，非常规性的人力资源管理系统的灵活性与其他人力资源管理系统所涉及的宽松的实践类似，例如允许员工增加额外的假期或者免除加班，这是组织在基本不改变工作方式的情况下的最低程度的调整；而常规性人力资源管理系统的灵活性则关心员工在工作日程、开始和结束工作的时间选择上的自由度，更加注重日常基础上的工作分享（Hill et al.，2008；Bal and De Lange，2015）。员工的敬业程度可以中介灵活型人力资源管理与工作绩效间的关系，而员工的年龄可以部分调节两者间的关系：对于年轻工人来说，灵活型人力资源管理系统可以提升其敬业程度；对于较年长的工人来说，灵活型人力资源管理系统可以提高其工作绩效。

灵活倾向的人力资源管理系统则是人力资源管理研究者从战略灵活性和人力资源灵活性的角度提出的，强调的是企业在产品发展中的资源灵活性和协调灵活性这两种战略上的侧重点（Chang et al., 2013）。灵活倾向的人力资源管理系统是可以使一家企业获取并发展有多种用途的人力资本，以及重新快速有效地部署这些资源的内部一致的一系列的人力资源管理实践（Chang et al., 2013）。该系统包含两个子成分：资源的灵活倾向的人力资源管理子系统和协调的灵活倾向的人力资源管理子系统，分别对应的是对企业获取和发展有多种用途的人力资本和重新快速有效地部署这些资源的人力资源管理实践（Chang et al., 2013）。灵活倾向的人力资源管理系统与企业层面的潜在的和已经实现的吸收能力正向相关，并且通过吸收能力影响产品的市场响应和企业创新（Chang et al., 2013）。

（6）诱导型人力资源管理系统（inducement HRM system）、参与型人力资源管理系统（involvement HRM system）与投资型人力资源管理系统（investment HRM system）

基于 Dyer 与 Holder（1988）在其人力资源管理相关研究中识别出的三种不同的人力资源管理战略，Chow、Teo 与 Chew（2013）梳理了三种强调不同实践方面的人力资源管理系统：诱导型人力资源管理系统、参与型人力资源管理系统及投资型人力资源管理系统。其中，诱导型人力资源管理系统强调员工的工作努力程度与其薪酬间的关系，是由一系列的基于绩效的工作来对员工的绩效进行监督和控制的人力资源实践构成。诱导型人力资源管理实践带来的激励有助于提升企业的生产力和盈利能力，同时降低员工流动率并提升企业绩效。参与型人力资源管理系统是基于工业化民主和自我管理工作团队，由要求更多自主权、更多样的任务及更有效的对知识和技能的使用的一系列人力资源管理实践构成的。参与型人力资源管理围绕相对较高比例的专业人士，在工作安排中提供最大程度的挑战、参与和自制，包含基于绩效的工资、高工资水平等有助于创造高承诺水平的工作环境的一些人力资源实践。投资型人力资源管理系统则强调对人力资本的优化和高水平的绩效，从人力资本的视角突出集中培训和持续学习等有助于员工拓展的人力资源实践。投资型人力资源管理系统致力于通过鼓励和支持内部人员发展自己的能力来有效发展人力资源，为了吸引高质量的员工，其包含的一些职业管理和资源项目都聚焦于员工和企业长远的发展，还通过使用选拔性招聘、浮动绩效和培训等一系列实践来提升员工的能力、动机和机会（Chow，Teo，and Chew，2013）。已有的实证研究发现，诱导型和投资型人力资源管理与企业绩效间的关系还受到企业战略定位的中介（Chow，Teo，and Chew，2013）

（7）多元化的人力资源管理系统（Pluralistic HRM system）

除一些通用的人力资源管理系统外，近年来，有学者开始关注适用于不同具体情境的人力资源管理系统。在全球化进程进一步推进和国内经济转型的背景下，中国企业面临着具有多样且杂乱特征的人力资源管理实践。Zhou、Liu 与 Hong（2012）率先提出使用情境化的方式，将西方的经典人力资源管理实践与中国情境相结合，验证了中国的人力资源管理系统的多元化结构，提出各包含两个判别维度的四种经典的西方人力资源管理模型可以合并成一个人力资源管理系统，这在更高的水平上聚合出了人力资源管理的高级系统——多元化人力资源管理系统。根据中国企业的管理情境，选取基于承诺的人力资源管理模型（commitment-based HRM model）、基于协作的人力资源管理模型（collaboration-based HRM model）、基于控制的人力资源管理模型（control-based HRM model）以及基于合同的人力资源管理模型（contract-based HRM model）的一些概念成分进行分析和整合。每个模型强调和侧重人力资源管理系统中的不同主题的实践。其中，前三种人力资源管理模型已经在前面被介绍过，第四种基于合同的人力资源管理模型指的是企业为了使雇佣关系更加弹性和灵活，将一些周期性的或者不重要的工作任务承包或外包给那些未被企业正式雇佣的个人的一系列人力资源管理实践，其与合作倾向的人力资源管理系统有相似之处。该系统包含的人力资源实践包括外包辅助工作、基于任务的集中培训、监控和低于市场水平的工资等，这些实践不仅可以帮助企业提升短期生产力，还能保留其适应未来市场需求的周期性变动的能力（Zhou，Liu，and Hong，2012）。多元化的人力资源管理系统包括基于承诺的人力资源管理的关系依赖（affiliation dependency）和绩效改进（merit enhancement）这两个维度、基于协作的人力资源管理的关系建立（network building）和关系利用（network exploitation）这两个维度、基于控制的人力资源管理的基于工作的规定（job-based regulation）和交易型雇佣（transactional employment）这两个维度、基于合同的人力资源管理的合同合法性（contract legitimacy）和低投入（low investment）这两个维度。每个维度下又各有许多相应的实践。可以说，这四种人力资源管理模型里的八个人力资源管理维度及其所包含的多个人力资源实践，覆盖了中国情境中的企业人力资源管理所涉及的方方面面，但这种多元化的人力资源管理模型中的各个维度对企业创新、成本缩减和底线绩效的影响也是不一样的（Zhou，Liu，and Hong，2012）。

（8）基于期权的人力资源管理系统（options-based HRM system）

除了不同情境中会发展出不同的具体人力资源管理系统外，在一些特定的行业和领域，人力资源管理研究的范围扩展到提供专业服务的公司，逐渐出现了一些特殊的人力资源管理系统。美国的律师事务所之间建立了一种独特的人力资源管理系统，被称为律师模型，强调"非升即走"的严格的升职规则，但是随着环境的迅速变化，一些美国律师事务所也在改变其人力资源管理系统。这些人力资源管理战略上的变化带来了一种新的人力资源管理结构，即基于期权的人力资源管理系统。基于期权的人力资源管理系统是指为了支持雇佣高级员工，以及为了获取员工的未来合作潜力而投入期权资源的一系列人力资源管理实践（Kang，Snell，and Swart，2012）。这与基于项目的人力资源管理系统是相对应的，基于项目的人力资源管理系统主要是指当律师事务所需要一种特殊的专业知识时，可以通过"购买"律师来寻求竞争优势，但其强调的是律师的项目价值或者其短期的生产能力（Kang，Snell，and Swart，2012）。而基于期权的人力资源管理系统则相反，其致力于获取、保留和发展人力资本的期权以满足未来的企业绩效的需求，这属于一种双倍租赁的策略。通俗来说，基于期权的人力资源管理系统倾向于推迟补偿高级员工，即高级员工当前只被支付其劳动产出收入的一部分，剩余的部分将被保留下来作为公司的盈余。其强调的是通过内部人员和有针对性的升职实践，在企业内部最大化地调动人力资本的期权（Kang，Snell，and Swart，2012）。员工对未来可能的合伙关系的预期是有价值的，高级员工会因为他们长期的贡献和所有权而获得回报，因此基于期权的人力资源管理系统并不重视员工现在的价值或其短期的生产力（Kang, Snell, and Swart, 2012）。相应地，人力资源管理的一系列实践也符合并诠释了这种政策：美国的法律事务所一般都具有相对较低的起薪和平等薪酬结构，即职位工资、压缩支付差距和最小化的个人激励都是其薪酬结构的特征，且重视对人力资本期权的投资，包括致力于开发企业实践所需的专业知识，维护与合作伙伴或客户的关系，以及企业声誉（Kang, Snell, and Swart, 2012）。基于期权的人力资源管理系统可以通过通才人力资本、内部社会资本和机制组织资本三个智力资本的维度作用于企业的探索式学习和利用式学习（Kang, Snell, and Swart, 2012）。

（9）可持续的人力资源管理方法（sustainable HRM approach）

除了一些传统的人力资源管理系统的分类，学术界还从更为宏观的角度看待和探讨人力资源管理的方法论。近年来，一些人力资源管理研究者开始关注一种新的人力管理方法，这种方法致力于将人力资源管理与可持续性联系起来，因此也被称为可持续的人力资源管理方法（Kramar, 2014）。与战略人力资源管理的研究重点不同，这种方法明显认可了组织实践，特别是人力资源管理实践在为组织获取一系列较为宽泛的结果时的合法性，例如明确肯定一系列的人力资源政策可以对组织的人力和财务结果同时产生影响（Kramar, 2014）。对可持续的人力资源管理方法或思想的表述有很多种，这是因为对不同的特定内部或外部结果的强调产生了很多种的术语。例如：当可持续的人力资源管理是指可以贡献于组织在长期中存续的社会的和人力的结果时的管理实践时，采取这些实践的组织可以被称为可持续的组织；当可持续的人力资源管理指那些可以增强积极的环境结果的人力资源管理实践时，其被称为绿色人力资源管理（Kramar, 2014）。总的来说，可持续的人力资源管理强调了比财务结果更广泛的一系列组织结果，包括组织中的管理实践对个人或团队的影响（人力结果），各类实践对团队中的人员和人员之间的关系的影响（社会结果）（Kramar, 2014）。在可持续的人力资源管理框架中，人力资源管理不仅作为战略和财务结果间的中介要素存在，而且积极地去对组织中的人力和社会结果产生影响（Kramar, 2014）。此外，可持续的人力资源管理还明显承认了人力资源管理的阴暗面，即人力资源管理政策可能会为一系列利益相关者的人力的、社会的和生态/环境的结果带来负面的影响。同时，其也对实施人力资源政策时调和竞争性的组织要求中存在的紧张关系给予了更多的关注

（Kramar，2014）。

学术界尚未形成对可持续的人力资源管理方法的精准的定义，并且不同研究对其关注点也不尽相同，但是可持续的人力资源管理方法与其他战略人力资源管理系统或方法的不同之处就在于，其对人力资源管理"阴暗面"的承认和关注（Mariappanadar and Kramar，2014）。有学者采用一系列的灵活的高绩效工作安排和实践来具体化可持续的人力资源管理框架。研究发现，框架中的远程办公、压缩工作周等人力资源管理实践会对组织绩效带来负面影响；员工福利和工会等框架中的其他人力资源实践则可以调节这些实践对提升组织盈利能力和减少员工损害的作用（Mariappanadar and Kramar，2014）。可持续的人力资源管理方法使用合成效应，拓展了高绩效工作系统对组织和员工产生影响的同步效应，即组织可以在使用高绩效工作系统提升组织绩效的同时尝试减少对员工福利的损害，因为提升组织绩效和减小对员工损害不是相互排斥的，而是相辅相成的（Mariappanadar and Kramar，2014）。在可持续的人力资源管理方法的思想的指导下，组织既可以使用一系列的高绩效工作实践去达成财务结果，也可以同时减少其可能对员工的损害（Mariappanadar and Kramar，2014）。

有学者对那些检验人力资源系统与结果变量间关系的中介机制的研究进行总结分析，分别从个人的、单位的、多层的这三个层次理解不同的中介机制，也梳理出多种多样的人力资源管理系统（Jiang，Takeuchi，and Lepak，2013）。以上介绍的这些人力资源管理系统都是其中的主要的和较为经典的人力资源管理系统，在人力资源管理研究领域得到了较多的关注和进展（Jiang，Takeuchi，and Lepak，2013）。

（10）其他人力资源管理系统

除了以上这些人力资源管理系统，还有学者根据组织政治理论，从不同程度的组织政治和员工的利益关注点的角度对人力资源管理系统进行了分类（Drory and Vigoda-Gadot，2010）。在管理学研究中，组织政治是工作场所的人际关系中一个较为独特的领域，体现在人们努力使用权力来影响他人，保护个人或集体利益，或为了避免组织内部出现负面结果（Drory and Vigoda-Gadot，2010）。组织政治通常都与狡猾、操纵、垫付、互相侵蚀或以不正当的方式实现目标等相关联，因此提到组织政治，许多研究者就会认为这是一个负面的概念（Drory and Vigoda-Gadot，2010）。但组织政治是那些想要把事情做成的管理者的必备技能，也能带来一些有意义的积极的结果（Drory and Vigoda-Gadot，2010）。领导行为中一些好的方面，在一般的管理决策和人力资源过程中也可能同时为雇主、雇员和组织带来积极的结果（Drory and Vigoda-Gadot，2010）。组织政治的一些积极方面可以为人力资源管理结构提供支持和授权等（Drory and Vigoda-Gadot，2010）。因此，当存在较高水平的组织政治和更多员工个人对组织利益的考虑时，就能形成积极的或者建设性的人力资源管理系统；而当组织中的个人更多关注个人利益时，较高水平的组织政治带来的则是消极的或者破坏性的人力资源管理系统。人力资源管理系统的分类如表 2.3 所示（Drory and Vigoda-Gadot，2010）。

表 2.3　组织政治、员工利益和人力资源管理

	高水平组织政治	低水平组织政治
组织利益	积极的/建设性的人力资源管理系统	无效的人力资源管理系统
个人利益	消极的/破坏性的人力资源管理系统	虚拟的人力资源管理系统

2.3　基于 AMO 理论的合作型人力资源管理系统

在战略人力资源管理领域，已有许多学者提出和关注合作型人力资源管理这一概念。合作型人力资源管理系统注重培养员工与他人合作、参与团队合作的能力。在职位设计、选拔过程、培训活动、绩效评估和薪酬/奖励等各个人力资源环节中都包含了引导员工建立与他人合作的人际关系及进行团队建设的一系列实践活动（Lepak and Snell，2002）。合作型人力资源管理系统是为了发展团队合作和提升跨职能的协作技能而对内部人力资本进行的管理，这种人力资源管理具有明显的团队工作和团队合作倾向，能够促进组织中的知识流动，从而有助于实现组织创新（Lopez-Cabrales，Pérez-Luño，and Cabrera，2009）。在我国，王红椿、刘学和刘善仕（2015）也结合中国企业的具体管理情境，强调高绩效工作系统中的团队合作及人际关系，从社会资本理论的认知、情感和关系三个维度提出了合作型人力资源管理系统并开发出相应的人力资源管理实践测量量表。

具体来说，合作型人力资源管理实践要求员工参与跨职能的团队和社

交网络，并在其中完成工作任务；在选拔过程中关注团队合作的技能；员工需要参与企业中的轮岗；培训活动聚焦于团队建设和训练员工的人际关系技巧；绩效评估多基于团队绩效，注重员工与他人一起工作的能力；薪酬和奖励制度的设计也是基于对团队工作的激励（Lepak and Snell，2002；Lopez-Cabrales，Pérez-Luño，and Cabrera，2009；王红椿、刘学、刘善仕，2015）。此外，员工个体的知识、技能和态度也有助于促进组织中的团队合作的有效开展（王红椿、刘学、刘善仕，2015）。因此，在选拔过程及薪酬结构中，也应当注重员工的行业知识和经验（Lepak and Snell，2002）。

尽管合作型人力资源管理系统意识到个体员工的人力资本的增加需要通过个体间的合作才能有效转化为集体的人力资本的增加，但已有的对合作型人力资源管理系统作用机制的研究在个体层面的分析仍然局限于对个体原本的知识和经验等素质方面的强调（Lepak and Snell，2002；Lopez-Cabrales，Pérez-Luño，and Cabrera，2009）。王红椿、刘学和刘善仕（2015）通过梳理和总结文献，率先开发出"提高合作能力""激发合作动机""提供合作机会"三个测量维度的合作型人力资源管理实践量表，将以往研究者们提出的能有效促进组织中员工间开展合作的人力资源管理实践纳入这三个维度的框架中。但他们明确提出这是"从社会资本理论的视角"提出的，强调"社会资本的认知、情感和关系 3 个维度"（王红椿、刘学、刘善仕，2015）。然而，他们可能没有意识到这三个测量维度的提出是受到了战略人力资源管理的 AMO 理论的影响，从而自然而然地强调了合作的能力、动机和机会这三个方面。这也是现有人力资源管理系统研究和测量的较为普遍的局限——由于 AMO 理论的经典性，其思想也许已经渗透到每个战略人力资源管理研究者的研究逻辑中，使得他们在开展研究时常常不再对其进行单独而明确的引用和参照，因而目前还没有学者基于 AMO 理论提出特定的人力资源管理系统。

近年来，高绩效人力资源管理系统的研究逐渐提出 AMO 理论的三个机制应当对应不同的人力资源实践。人力资源系统在其基本组成上应当有共同的构造，这样才能通过内部契合的一系列实践来影响员工的能力、动机和机会，而员工绩效可以被视作能力、动机和机会这三条作用路径的函数（刘善仕、周巧笑，2004；Jiang et al.，2012）。不同的人力资源管理实践能够通过添加、替代或协同的关系构成能力、动机和机会这三种不同主题的人力资源政策，而人力资源系统则由这些人力资源政策构成，并对员工绩效产生影响。具体的人力资源管理系统结构如图 2.1 所示（Jiang et al., 2012）。根据特定的人力资源管理政策的主题来选取相应的实践，对于考察人力资源管理系统与企业绩效间的关系非常重要。一些人力资源管理研究虽然并未明确提及 AMO 理论，却强调高参与工作系统大都包含以下三个方面的实践：相对较高的技能要求、提升动机和承诺的激励结构（如相对较高的工资水平和雇佣保障）、员工参与决策和团队工作（如与他人协作的自主性和机会）（Batt, 2002）。Subramony（2009）在其研究中分别选取一系列实践来测量人力资源管理所涉及的能力、动机和机会。刘善仕等（2013）在其研究中将"能力""动机""机会"三方面的不同人力资源策略分别定义为"内部化/外部化""激励/保健""承诺/控制"的三个维度，对应每个策略又相应选取了不同的人力资源实践。例如，"'保健'因素指的是组织为其成员提供工作环境改善、员工福利、员工薪酬、工作保障等基本生活和工作方面的保障；'激励'因素指的是为员工提供职业发展规划、培训等，促进员工个人成长、发展方面的激励"（刘善仕等，2013）。这是基于 AMO 理论的人力资源管理系统研究的一个重大的进步，但其对能力、动机、机会的具体化定义只是用于识别不同的人力资源构型系统，并未进一步发展出相应的测量方式并开展实证研究。目前，一些实证研究已经开始采用分别对应能力、动机和机会的人力资源实践束来考察人力资源管理与员工态度之间的一些关系，并通过对比发现，使用不同主题的实践束进行实证分析的效应相对于使用独立的人力资源实践更为显著（Innocenti，Pilati，and Peluso，2011）。

本研究在王红椿、刘学和刘善仕（2015）提出的合作型人力资源管理的构念及测量方式的基础上，提出基于 AMO 理论的合作型人力资源管理系统。该系统是组织为了在成员间建立良好的人际关系并有效推动团队合作，通过一系列的提高合作能力、激发合作动机和提供合作机会的方法和措施来促进组织内资源和信息的流动与利用的人力资源管理系统。这种基于 AMO 理论的合作型人力资源管理系统重视组织内开展合作所需的成员的知识和技能，为成员提供主动合作的激励，搭建有助于成员合作的平台，能够有效促进组织中正式和非正式的互动关系的建立，推动成员采用团队的方式完成工作任务，有助于将组织中成员个体的人力资本集中为团队和组织的人力资本，从而将个体优势转化为集体优势，贡献于组织的动态能力和竞争优势。

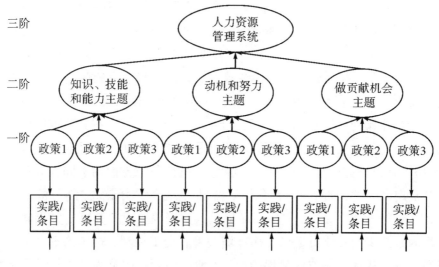

图 2.1　人力资源管理系统结构

2.4　自我效能感

自我效能感（perceived self-efficacy or sense of self efficacy）是由美国心理学家 Bandura 提出的社会心理学的一个核心概念，已经逐渐被用于教育、人格和临床等心理学的分支（Bandura，1977；王才康、胡中锋、刘勇，2001）。近年来，组织行为学研究者也开始关注和运用自我效能感这一概念，这是因为个人对自己能力的判断在个人自我调节系统中起主要作用，人们判断自己的能力以及这种判断对个人动机和行为的影响极为重要（Bandura，1977；张鼎昆、方俐洛、凌文辁，1999）。自我效能感是指一个人对自己能够完成一项任务的能力的信念，影响着个人的行为努力、毅力、表现出来的兴趣，以及其所选择执行的目标的难度（Bandura，1977；Gist，1987；Sadri and Robertson，1993）。

2.4.1　自我效能感的定义

自我效能感是个人的一种综合性、整体性的自觉能力，是人们面对环境中的挑战，对自己掌握可以完成具体任务所需的技能和资源，以及实现特定领域的行为目标所需能力的信心或信念（Bandura，1977；王才康、胡中锋、刘勇，2001；Brown，Jones，and Leigh，2007）。自我效能感在水平、强度和广度这三个维度上存在的差异，分别影响着人们选择任务的难度水平，是否在受到外部影响时保持坚定，以及是否可以在广泛的情境中维持稳定的自我效能感（Bandura，1977；张鼎昆、方俐洛、凌文辁，1999）。

　　人们对个人效能的预期决定着个人是否采取应对行为、在多大程度上努力，以及遇到困难时能否继续付出努力。自我效能感不仅能带来个人在感觉、思维和行动上的不同，也影响着员工在工作场合察觉和处理事件的方式，与个人的工作相关的态度和情绪紧密联系（Bandura，1977；张鼎昆、方俐洛、凌文辁，1999；陆昌勤、方俐洛、凌文辁，2001）。自我效能感水平高的个人相信自己能处理好各种事情，这种自信体现了个人对周围环境和压力的控制感，这类人在生活中会更积极主动，因而倾向于为自己确立较高的目标，选择更富挑战性的任务，并且付出更多的努力、坚持更长的时间，同时在遇到挫折时能够更快地恢复（Bandura，1977；王才康、胡中锋、刘勇，2001）。在工作中，一项关于自我效能感与绩效间关系的元分析研究基于 114 项研究、157 个变量和 21 616 个样本，分析发现自我效能感及与工作相关的绩效间存在显著的关系（Stajkovic and Luthans，1998）。自我效能感还会影响个体的职业选择、职业追求等人力方面的结果。此外，自我效能感已经被广泛运用于教育学和医学等相关的研究：自我效能感影响人们的学习习惯和压力管理，进而影响学习效能和健康状况（Jex and Gudanowski，1992；Stajkovic and Luthans，1998；Arnold et al.，2005；Sarkar and Whooley，2007）。但值得注意的是，自我效能感都是通过人们的心理预期在这些方面产生作用的，自我效能感强调的是能力的信念，并非个人的真实能力状况（张鼎昆、方俐洛、凌文辁，1999）。

　　自我效能感受到四个方面的基本信息来源的影响：个体自身行为的结果、来自他人的间接经验、他人的评价和劝说以及个体自身的情绪和生理状态（Bandura，1977）。信息来源的途径越可靠，对自我效能感的影响越大，因此，在大部分情况下，个体行为最容易对认知过程产生影响，从而对自我效能感带来最大程度的改变（Bandura，1977）。

　　在组织行为研究领域，已经有许多研究者对自我效能感进行了实证分析。他们发现，那些认为自己能够在特定任务上表现更好的人比那些认为自己会失败的人能够取得更好的结果。不同的自我效能感水平与实际的技能水平的差异相关（Gist, 1992）。同时，个体的人格个性、激励水平和任务本身的差异也会对自我效能感产生影响。Gist（1992）在 Bandura（1977）提出的影响自我效能感的四个基本信息来源的基础上，从组织行为的角度提出了影响自我效能感的要素模型，如图 2.2 所示。

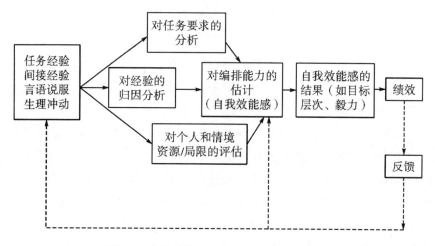

图 2.2　自我效能感—绩效关系的一个模型

在该模型中，自我效能感是在特定的任务情境中，经过对具体情境中的任务要求、个人和情境资源及局限的综合评估而形成的，并且受到绩效反馈的影响（Gist, 1992）。这种对能力的识别和衡量的过程是主观的，并且随着任务经验的增长，个人会更加依赖于将过去表现和现在激励作为自我效能的决定因素的归因分析，而不再对任务要求、个人和情境资源及限制进行综合的分析（Gist, 1992）。一些设计用于提升自我效能感的干预措施的有效性还依赖于任务的属性和绩效的标准（例如，对能力的感知以及任务复杂性），因此频繁的反馈有助于自我效能感和激励的精准增加（Gist, 1992）。

Bandura（1997）定义自我效能感时认为，这是个人在某种特定的情境下的心理状态，因此在不同的领域和情境中，个人的自信心水平是不一样的。德国的临床和健康心理学家 Ralf Schwarzer 进一步发展和推广了自我效能感的概念，他提出存在一种可以在不同的情境中应对挑战和完成任务的总体上的自信心，即一般自我效能感（Schwarzer et al., 1997）。

Schwarzer 等（1997）致力于编制一般自我效能感量表（general self efficacy scale, GSES），后来这种量表被翻译成了多种语言，并且在国际上被研究者广泛使用，证明了一般自我效能感在不同文化中的普遍性（王才康、胡中锋、刘勇，2001）。

自我效能感与自尊、自我概念、结果期望、控制点和情绪稳定性等核心自我评价素质的概念在心理测量学上是不一样的，尽管它们都会对个人的工作满意度和工作绩效产生影响，但产生作用的机制和程度是不一样的（Zimmerman，2000；Judge and Bono，2001）。例如，自我效能感与个体归因是基于不同的理论的，自我效能感会影响人们的归因模式——在解决那些更为困难的问题时，拥有高自我效能感水平的个人更有可能将失败归因于自己的努力不够，而拥有低自我效能感水平的个人则倾向于归因于自己的能力不足。事实上，自我效能感和归因之间还存在互为因果的关系，如果将较低的绩效归因为个人能力或素质的不足，那么这个过程也会反过来削弱个体的自我效能感（Chipperfield and Segall，1996；张鼎昆、方俐洛、凌文轮，1999）。

2.4.2　自我效能感的测量

原始的自我效能感的理论思想认为不存在对自我效能感的通用的测量，而是应该根据具体情境中的不同角色发展对个人自我效能感的测量，即对于运动员和对于学生的自我效能感的测量内容和重点是完全不同的（Bandura，2006）。研究者需要在研究中围绕具体的情境开发出可以多方位体现测量对象对于完成任务的信念的一些条目（Bandura，2006）。例如，测量士兵的自我效能感的量表应包含被测量者评估自己作为一名士兵，在以下四个方面的能力：作为士兵的能力、执行军事任务的能力、作为士兵的必备技能，以及成为一个士兵所需的心理素质（Hannah，Schaubroeck，and Peng，2015）。

此外，另一些学者认为存在通用的一般自我效能感的测量。Schwarzer 等（1997）编制的一般自我效能感量表（GSES）是目前在国际上使用最为广泛的测量方式，已经在多种语言和文化中得到了信度和效度的验证（王才康、胡中锋、刘勇，2001）。Chen、Gully 与 Eden（2001）提出的新一般自我效能感量表也逐渐得到了研究者们的关注。这两种较为经典的一般自我效能感量表的具体条目分别如表 2.4、表 2.5 所示。

表 2.4　一般自我效能测量量表

序号	一般自我效能感
1	如果我尽力去做的话，我总是能够解决难题的
2	即时别人反对我，我仍有办法取得我所要的
3	对我来说，坚持理想和达成目标是轻而易举的
4	我自信能有效地应付任何突如其来的事情
5	以我的才智，我定能应付意料之外的情况
6	如果我付出必要的努力，我一定能解决大多数的难题
7	我能冷静地面对困难，因为我信赖自己处理问题的能力
8	面对一个难题时，我通常能找到几种解决方法
9	有麻烦的时候，我通常能想到一些应付的方法
10	无论什么事在我身上发生，我都能应付自如

表 2.5　新一般自我效能测量量表

序号	新一般自我效能感
1	我能够实现我为自己设定的大多数目标
2	面对困难的任务时，我确信自己能够完成它
3	总的来说，我认为自己能够取得对我来说重要的结果
4	我相信自己下决心努力去做的事情大多都能成功
5	我能够成功地应对很多挑战
6	我相信自己能够有效地完成许多不同类型的任务
7	与其他人相比，我能够很好地完成大多数任务
8	即便遇到困难的事情，我也能很好地完成它

2.4.3　自我效能感的相关研究

自我效能感的概念已经在许多领域得到了进一步的延伸，例如，在教育、职业与组织（预测绩效）、身心健康等领域，自我效能已经得到了广泛的运用和探讨（张鼎昆、方俐洛、凌文轻，1999）。

在教育学中，自我效能感主要通过认知、激励、情感和选择这四个过程影响认知的发展和运行（Bandura，1993）。自我效能感在三个层面上贡献于学业发展：学生对可以控制自己学习和掌控学习活动的效能感决定了他们的志向、被激励水平和学习结果；教师对他们可以激励和促进学生学习行为的个人效能感影响他们创造的学习环境的类型和他们推动学生取得的学习进展的水平；全体教员对他们的集体教学的效能感影响学校的学术成就水平（Bandura，1993）。其中，对于学生这一主体，自我效能感已经成为其学习动机和学习行为的一个高效预测指标，影响着学生的行为选择、努力、毅力和情感反应（Zimmerman，2000）。自我效能感在培训学习、学生的学习方法提升（尤其是更好的自控能力）及学业成绩中扮演着重要的中介变量的角色（Zimmerman，2000），并且学生这一主体的特征更多通过改变全体教员的集体效能感的信念来影响学校层面的成就，而不是直接对学校层面产生影响（Bandura，1993）。

在人力资源管理和组织行为研究领域，已有学者提出自我效能感会对一系列的人力资源实践和组织管理实践产生影响（Gist，1987）。例如，组织需要选拔具有高绩效表现的个人，而自我效能感是重要的绩效预测变量，因此自我效能感会影响人员选拔；由于个人较低的自我效能感水平会带来一些问题，需要对拥有较低自我效能感的个人进行培训，因此自我效能感会影响组织的培训和就业咨询；由于较低的自我效能感既会成为升职的内部障碍，又会影响个人的自尊水平和对外部障碍的掌控，因此自我效能感会影响平等就业机会；由于及时和频繁的信息反馈会影响个人的受激励水平和目标设置，因此反馈是效能感提升的重要投入，自我效能感也影响着组织的绩效评估、目标和激励（Gist，1987）。此外，由于较高的自我效能感水平与一些关键性的管理能力密切相关，甚至可以说管理能力是一种一般自我效能感，因此自我效能感也影响着组织中的领导力发展；自我效能感会与个人的控制点交互——积极的行为与内部控制点挂钩，因此拥有控制环境的内部控制点的个人只需要较低的自我效能感水平来提升绩效，相反拥有外部控制点的个人倾向于认为成功的控制经验是一种幸运，此时自我效能感的干预非常重要；在个人与工作相关的行为方面，自我效能感还影响着与工作相关的绩效、与工作相关的行为选择、绩效预测的普遍性以及团队和组织绩效（Gist，1987；Sadri and Robertson，1993；Stajkovic and Luthans，1998）。

在身心健康的研究领域，已有研究发现自我效能感对各个年龄阶段的健康个人或心血管疾病患者的健康行为和健康状况有着确定和有益的影响，提升自我效能感的干预水平能够提升个人的身心健康状况。Grembowski 等（1993）收集了 2 524 位参与者的基线自我效能数据并分析发现，自我效能感水平较高的老年人在运动、膳食脂肪摄入、体重控制、饮酒和吸烟五项行为领域中具有更低的健康风险和更好的健康水平。自我效能感能够解释一部分社会经济状况和居民健康状况间的联系。对于冠心病患者，较低的心脏自我效能感与较差的症状负担、物理限制、生活质量等健康状况相关（Sarkar，Ali，and Whooley，2007）。Clark 与 Dodge（1999）对 570 名老年妇女心脏病患者的数据进行研究，分析发现自我效能感可以预测患者的按规定用药、充足锻炼、压力管理和遵循推荐的饮食等疾病管理行为。Arnold 等（2005）在其研究中通过回归分析发现，除了诊断和疾病严重程度能够影响慢性阻塞性肺部疾病和慢性心力衰竭患者自我汇报的物理功能外，自我效能感还能够解释物理功能的主要部分。因此，对于该类患者，不仅应当重视对其身体机能的改善，也应当采取有效的措施增强其自我效能感（Arnold et al.，2005）。在心理健康方面，已有研究发现，自我效能感通过影响个人对工作压力的应对和管理策略而保持积极的情绪和状态（Jex and Gudanowski，1992；Schaubroeck and Merritt，1997）。Schaubroeck 与 Merritt（1997）的研究发现，工作中的自我效能感决定着工作控制是正向还是负向作用于个人对工作压力的处理，工作需求、工作控制和自我效能感之间的交互能够预测血压，提升工作效能感水平能够有效减少工作压力对个人心血管方面的影响。

2.4.4　小结

在个人层面上，自我效能感对个人与工作相关的态度和行为的影响的重要性已经得到了广泛认可。有学者提出工作需求—控制—支持这一经典的工作设计和个人压力管理模型的作用链是以自我效能感为中心的（Clegg and Spencer，2007）。Schaubroeck 与 Merritt（1997）总结了自我效能和社会支持在个人工作压力管理中的交互效应：对于那些本身对所执行的工作任务具有较高信念水平的高自我效能者，在缺乏社会支持时，其面临的工作需求导致的压力症状也相对轻微。可以说，面对较高需求的工作负荷时，那些感觉他们拥有成功实现这些需求的能力的个人可以更好地利用工作控制和社会支持而获得更好的压力管理和结果（Siu，Lu，and Spector，2007）。

人力资源管理领域的文献提出，具体的人力资源管理实践可以帮助员工获取从事他们工作的能力和自信，即提升个人的自我效能感水平。最近的一项研究建立了以角色和自我效能定义的角色控制的研究模型，该模型发现，通过训练员工间的支持性关系可以提升角色控制水平（Saksida，Alfes，and Shantz，2016）。另一项研究则发现，员工的自我效能感受到其工作自主权的影响，员工的学习和工作质量受到工作自主权和自我效能感的共同影响（Sterling and Boxall，2013）。

然而，还没有研究者专门探讨组织中的各项人力资源管理实践为个人提供的能力、动机和机会如何影响个人的自我效能感，以及能力、动机和机会是如何通过提升个人的自我效能感而促进工作场所中的个人学习的。本研究将把自我效能感作为重要的中介机制，研究能力、动机、机会理论对个人学习产生作用的中间路径。

2.5　内外在动机

工作动机有内在动机和外在动机之分，这种个人在动机倾向上的差异是人格心理学和社会心理学关注的重点（Amabile et al.，1994）。内在动机包括挑战、乐趣、个人充实、兴趣和自主；外在动机包括对于金钱、认可、竞争和他人指令的追逐（Amabile et al.，1994）。那些认为自己是由强烈的内在动机驱动的个人可能会努力地选择允许他们发展新技能、锻炼创造能力和可以深入参与的工作任务，倾向于将他们的工作环境看作是支持他们的内在动机的，并且会在内在激励因素突出的地方找工作；而那些认为自己是被外在动机强烈驱动的个人会将他们的工作环境视为由外在控制的，并会在那些外在激励因素突出的地方找工作（Amabile et al.，1994）。在内在动机和外在动机激励下的个人在工作中的任务绩效也呈现出显著的差异。

2.5.1　内外在动机的定义

在动机理论的研究中，根据产生原因的不同，工作的动机通常被分为内在动机和外在动机（Amabile et al., 1994；卢小君、张国梁, 2007；李伟、梅继霞, 2012）。工作的内外在动机都已经得到了广泛的研究，两者的特征、构成要素和作用都有所不同，两者间的差异对于研究发展和教育实践有着重大的意义（Amabile et al., 1994；Ryan and Deci, 2000）。Amabile 等（1994）设计了工作偏好量表（work preference inventory, WPI）来测量内在和外在动机倾向中的个人差异。他们发现以自主、能力、任务参与、好奇心、乐趣和兴趣为主要成分的内在动机和以对竞争、评估、认可、金钱或其他有形激励的关注等为主要成分的外在动机都与个人的人格特征、态度和行为相关（Amabile et al., 1994）。

内在动机常常体现为许多专家和学者所表达的对他们的工作的"喜爱"，"喜爱的劳动"驱动着人们去完成任务，这种激励过程被心理学家称为内在动机（Amabile et al., 1994）。内在动机强调人们仅仅是出于工作本身来考虑从事工作的动机，因为工作本身是有趣的、引人入胜的、以某种方式令人满意的或者富有挑战性的，能够为个人带来快乐感和满足感，所以人们愿意自发、主动地去从事这些工作（Amabile et al., 1994；卢小君、张国梁, 2007；李伟、梅继霞, 2012）。内在动机反映了学习和吸收的人类的本能需求，主要存在于那些追求挑战和掌控感的个体中，属于一种效能动机，能够产生基于物质奖励以外的基于个体心理需求及工作本身特性的一系列激励效果（Ryan and Deci, 2000；李伟、梅继霞, 2012）。由于被内在动机驱动的人们能在工作中获得胜任感、工作自主性，内在工作动机这种持久和特质性的动机能够较好地预测员工个人的工作满意度、创造力和工作绩效（卢小君、张国梁, 2007；李伟、梅继霞, 2012）。组织管理者应当有针对性地激发员工的内在工作动机，使工作任务的设计符合员工的兴趣，并在一定程度上给予员工工作自主权，以提升员工在工作中的表现（李伟、梅继霞, 2012）。

与内在动机相对应的是外在动机。一些研究者常常强调他们写论文是为了应对"编辑、出版商、批评者以及这个世界"，这种对工作本身以外的一些事情，例如奖励、认可或其他人的命令做出回应的工作的动机就是外在动机（Amabile et al., 1994）。与内在动机不同，外在动机强调的是个人追逐独立于所从事工作或活动之外的一些目的，例如在竞争中取胜、获得预期的奖赏或者满足某方面的需要（卢小君、张国梁, 2007）。在外在动机的激励下，人们为了追逐薪酬、福利等外部结果而自发地积极工作（Ryan and Deci，2000）。外在动机在其相对自由度中变化较大，既可能反映外部控制也可能体现真实的自我调节，因此外在动机又被分为增益性外在动机和非增益性外在动机（Ryan and Deci，2000；卢小君、张国梁，2007）。增益性外在动机能够为个人完成任务提供信息，促进个体的自我调节；非增益性外在动机则使个体感受到外部因素的控制（卢小君、张国梁，2007）。

在心理学研究中，学者们历来更关注内在动机，聚焦于研究一些没有明显外部增援的行为，例如探索和寻求挑战的内在心理过程；近年来，对于外在动机的探讨也逐渐包含了对工作的认知评估等一些外部端口（Amabile et al.，1994）。内在动机与外在动机之间存在交互效应，心理学研究者普遍认为外在动机会在一定程度上削弱内在动机，这种削弱效应在工作情境中体现在当人们为了追逐报酬、奖金、福利等结果而工作时，工作天然地与金钱和物质奖励联系起来，个体内心对枯燥乏味工作的坚持就被削弱了（张剑、宋亚辉、刘肖，2016）。张剑、宋亚辉与刘肖（2016）根据自我决定理论中的有机整合理论，将外在动机动态地转化为内在动机的过程定义为内化的过程，又根据由低到高的内化程度把外在动机分为外在动机、内射动机、认同动机和整合动机。他们对 165 名企业员工的样本进行两时点纵向研究分析，发现外在动机和内射动机会削弱员工的内在动机，认同动机促进和保护内在动机。事实上，内外在动机之间存在一定的协同效应，来自实现那些除工作本身之外的结果的渴望的外在动机并不一定会削弱来自工作对于个人来说具有内部价值的内在动机，特定类型的外在动机可以与内在动机实现协同效应，特别是当初始的内在动机水平较高时（Amabile，1993）。内外在动机的结合主要通过外部服务于内部以及动机—工作的周期匹配这两种机制，协同的动机结合可以带来更好的员工满意度和绩效（Amabile，1993）。

2.5.2　内外在动机的测量

Amabile 等（1994）开发和编制了工作偏好量表（work preference inventory，WPI）（见表 2.6），分别涵盖了内在动机的自主、能力、任务参与、好奇心、乐趣和兴趣的组成元素和外在动机的对竞争、评估、认可、金钱或其他有形激励的关注等主要成分（Amabile et al., 1994）。该量表具有有意义的要素结构、足够的内部一致性、较好的短期重测可靠性及较高的长期稳定性，已经被广泛用于与工作动机相关的研究（Amabile et al., 1994；卢小君、张国梁, 2007；王斌, 2007；李伟、梅继霞, 2012；孙锐、张文勤、陈许亚, 2012）。

表 2.6　工作偏好量表

内在动机
1. 我喜欢解决对我来说是全新的问题
2. 我乐于尝试去解决复杂的问题
3. 问题越困难，我越乐于去尝试解决问题
4. 我希望我的工作能为我提供增加知识和技能的机会
5. 好奇心是我做许多事情的驱动力
6. 我渴望了解我到底能把工作做得多好
7. 我更喜欢自己想办法解决问题
8. 对我来说最重要的就是享受自己在做的事情
9. 对我而言有自我表现的机会是重要的
10. 相比于可以拓展我能力的工作，我更喜欢我知道自己可以做好的工作（反向条目）
11. 不管项目的结果如何，如果我感觉自己能从中获取新的经验，我就能感到满足
12. 当我可以制定自己的目标时，我感觉更舒服
13. 我喜欢做那些吸引人的，甚至能让我忘记其他一切事情的工作
14. 对我来说，能做自己最喜欢的事是重要的
15. 我相对喜欢简单、直接的任务（反向条目）
外在动机
16. 我被自己可以获取的成绩或金钱强烈地驱动
17. 我深知自己对成绩或升职所设立的目标
18. 我被可以从他人那里获取的认可强烈地驱动着
19. 我想要其他人发现我在自己的工作中表现得有多好
20. 我几乎很少考虑成绩和奖励，或者薪水和升职（反向条目）
21. 我深知自己获取好的成绩或更好的收入的目标
22. 对我来说，成功意味着比其他人做得更好

表2.6(续)

23. 我必须感觉到自己所做的事情是在挣得一些东西
24. 只要我可以做喜欢的事情，我就不是很关心自己可以获得的具体的分数或奖励，或者薪水（反向条目）
25. 我相信如果没有人知道你做得好，那么这么做就是没有意义的
26. 我关心其他人将怎样对我的想法产生反应
27. 我更喜欢为那些具有清晰具体流程的项目开展工作
28. 比起我可以从工作中获得什么，我较少关注自己做什么工作
29. 我并不是那么关心其他人对我工作的想法（反向条目）
30. 我喜欢有人在我的工作中为我设立明确的目标

此外，另一些研究者开发的专注于内在动机、外在动机或更为详细的工作动机分类的量表也在组织和人力资源相关研究中得到了较为广泛的使用（Warr，Cook，and Wall，1979；Gagne et al.，2010）（见表2.7、表2.8）。

表2.7　内在工作动机测量量表

内在工作动机
1. 当我把这份工作做得很好时，我能感受到一种个人满足感
2. 当我把这份工作做得不好时，我对自己的评价会降低
3. 我为能把工作做得像我这么好而感到自豪
4. 当工作不能依据我通常的标准时，我就会感到不开心
5. 我喜欢带着工作做得好的感觉去回顾一整天的工作
6. 我试着想出有效处理工作的方法

表2.8　员工工作动机测量量表

员工工作动机	
1. 因为我很享受现在的工作	
2. 因为做手头工作时我能获得很多乐趣	内在动机
3. 为了这份工作带给我的愉快的片刻	
4. 我选择这份工作是因为它能让我实现我的人生目标	
5. 因为这份工作能实现我的职业规划	认同动机
6. 因为正在做的工作（任务）与我的价值观相匹配	

表2.8(续)

7. 我不得不在当前的工作中成为最优，因为我必须当"胜者"	
8. 因为我的工作就是我的生命，而且我不想失败	内射动机
9. 因为我的声誉依赖于我的工作	
10. 因为这份工作能帮我保持特定的生活水平	
11. 因为目前在做的工作（任务）使我赚到很多钱	外在动机
12. 我为了薪水而做这份工作	

2.5.3 内外在动机的相关研究

内在动机、外在动机与员工的创新行为和工作绩效密切相关。内在动机越强，员工的工作绩效越高，这种内在动机对员工绩效的正向预测效应是基于当工作满足员工自身兴趣，并且员工具有一定程度的工作自主权的时候，员工倾向于自发、主动地完成工作任务，并且能够在工作中获得快乐和满足这一过程的（李伟、梅继霞，2012）。是否表达激励和激励的明显程度影响着内在动机对绩效的预测效力。一项基于 183 个变量和 212 468 个来自学习、工作和体育领域的样本的元分析发现，当激励与绩效直接挂钩时，内在动机对绩效来说不那么重要；而当激励与绩效是间接相关时，内在动机的作用相对来说更为重要（Cerasoli, Nicklin, and Ford, 2014）。除了对员工绩效具有较强的正向预测作用，内在动机也能够显著正向预测员工的工作投入程度（李伟、梅继霞，2012）。

在促进个人创新行为方面，卢小君与张国梁（2007）对 391 名企业员工的样本数据进行分析，结果发现，在我国，个人的内在动机和外在动机是正向相关的，企业可以同时通过内在动机和外在动机对员工个体进行激励。内在动机通过同时正向影响创新构想的产生和执行而促进个人创新行为，是个体创新的重要影响因素；外在动机则可以在创新构想的执行阶段产生促进作用（卢小君、张国梁，2007）。

2.5.4 小结

创新是与个人学习密不可分的，内外在动机既能在促进个人创新方面发挥重要的作用，也能够有效促进个人层面的学习行为和组织中的知识转移。特定的人力资源管理实践能够促进员工内外在动机水平的提升，从而进一步提升个体员工的创新水平。例如，Shin、Jeong 与 Bae（2016）对韩国的 240 家制造业企业的 3 316 个流水线工人的样本进行研究分析，发现高参与的人力资源管理实践束可以通过影响员工的内部工作动机而提升个体员工的创新水平，员工的学习导向可以增强人力资源实践对创新的正向影响，且高参与的人力资源管理实践通过影响个体的能力、动机和机会而影响员工的学习和创新行为。特定的人力资源管理实践还可以通过影响知识接收者的内在和外在动机，从而影响组织内及组织间的知识转移过程（Minbaeva，2008）。

基于以上分析，本研究把个人的内外在动机作为重要的中介变量，探讨基于 AMO 理论的特定人力资源管理系统对组织中的个人学习的影响，揭示人力资源管理实践提供的能力、动机、机会在个人层面产生作用的内部机制。

2.6　组织承诺

组织承诺的概念来源于美国社会学家 Becker，他将员工通过把自己对组织的单方向付出，使原本无关的利益和一系列一致的活动联系起来的心理现象称为承诺（Becker，1960）。这是一种促使人类持续参与与工作相关的活动的心理机制，反映了员工和组织之间的一种心理契约，员工对组织的投入越多，在离开组织时的损失就越大，因而他们不得不继续留在目前的组织中（乐国安、尹虹艳、王晓庄，2006）。Becker 并未直接提及和定义"组织承诺"，但后续许多研究从组织情境的角度对组织承诺的概念进行了定义并梳理了其结构，出现了组织承诺的多种理论和各种维度的结构模型（Becker，1960；Allen and Meyer，1990；Cohen，2007）。作为社会学、心理学和管理学中的个体态度方面的重要变量，组织承诺是个体在组织情境中的表现，能够稳定地预测员工的离职意向、缺勤等态度和行为，受到了越来越多的管理学研究者的关注（樊耘、张旭、颜静，2013）。

2.6.1　组织承诺的定义

20 世纪 60 年代以前，承诺的概念已经在社会学和心理学中被广泛使用，但一直没有出现对这个概念的较为正式的讨论。Becker（1960）提出，承诺是一种对于产生一致的人类行为的机制的隐晦解释，当一个人对组织进行了单边投入时，他就在心里将原本与活动无关的一些利益与一系列的活动联系了起来，承诺就出现了。单边投入包括个人一般性的文化要求、与同事面对面的互动、对社会定位的个体调整以及不受个人感情左右的官僚制度安排四个方面，都是个人参加社会组织的结果，由此形成的承诺被用于分析个人和组织的行为（Becker，1960）。Becker 对承诺的定义较为模糊，也没有在其研究中提到组织承诺，但其较为经典的思想为后续的组织承诺研究提供了基础和理论依据。

对于组织承诺，不同的学者有不同的定义。Allen 和 Meyer（1990）提出，组织承诺是描述员工与组织间关系，并且影响员工在组织中的去留决定的一种心理状态，是个人对组织的参与、认同和忠诚；刘小平（1999）将组织承诺简单概括为组织成员对组织的承诺；凌文辁、张治灿和方俐洛（2000）认为，组织承诺是解释员工为什么留在企业时员工对组织的一种态度，是检验员工对企业忠诚度的一项指标。综合各种定义，组织承诺描述了员工对组织的投入越多，感情越深，就越不愿意承担离开的情感和物质损失而离开组织的情形。"组织承诺的水平在本质上是个体坚持为组织利益付出努力的动机和意向的强弱"（樊耘、张旭、颜静，2013）。

研究者们已经从各个角度对纷繁复杂的组织承诺的定义、结构、模型和理论发展进行了总结。刘小平（1999）提出已有研究多从行为和态度的两个角度认识组织承诺：行为说强调人们不离开组织的这种难以改变的特定行为的形成过程；态度说关心个人对组织的忠诚和信念的形成过程，并认为现有的组织承诺研究大多是从态度的角度出发的。乐国安、尹虹艳与王晓庄（2006）认为组织承诺的定义基于三类观点：交换性观点认为，员工对组织承诺的过程是员工计算和评估自己的贡献以及组织的回报的过程；心理性观点认为，因为组织承诺对组织成员来说是一种积极、正面的导向，因而个人倾向于参与和忠诚于组织；类型类观点可以分为组织承诺的工具性和心理性两大类，组织承诺要么是能够为员工带来福利提升的工具，要么能够从心理上满足个人的需求。组织承诺的结构经历了从单维向五维发展的阶段，单维结构主要强调的是员工付出与组织回报之间的交换性的维度，从二维结构开始，员工与组织间的情感依附关系成为学者最为关注的维度，三维结构则增加了规范性约束方面的内容，包含情感承诺、持续承诺和规范承诺，组织承诺的思维、五维结构主要是对持续承诺进行进一步的细分和阐述（乐国安、尹虹艳、王晓庄，2006；樊耘、张旭、颜静，2013）。组织承诺的发展过程模型经历了从员工—组织匹配模型、期望满足模型、因果归因模型、组织公平、组织支持模型到回顾性文饰作用模型的历程（刘小平，1999）。此外，樊耘、张旭与颜静（2013）将组织承诺相关研究根据检索文献的数量划分为背景、兴起、发展和创新四个阶段。在 1960 年以前的理论背景阶段，潜在社会角色理论和对态度变化的研究是重要的理论来源之一，由此产生了 Becker 的单边投入理论（Becker，1960）。1960 年至 1990 年是组织承诺研究兴起和发展的阶段，依次以基于认同的组织承诺、组织承诺是个体对组织的心理依附、组织承诺多维度与形成机制的研究为主要特征（樊耘、张旭、颜静，2013）。在 1991 年至 1999 年的组织承诺研究逐渐升温的过程中，主管承诺与组织承诺间关系、跨文化研究是组织承诺相关研究发展的主要关注点。2000 年至 2010 年，组织承诺相关研究经历了高速增长的阶段，这一阶段的研究较多突出人与组织间的交互。总的来说，由于个体在组织情境之中，组织承诺是一直在变化、一直在形成的（樊耘、张旭、颜静，2013）。

组织承诺的概念本身较为复杂，且不同学者对其有不同的定义，研究角度和重点的不同难免带来组织承诺结构和模型划分上的交叉、冗余和遗漏（刘小平，1999；乐国安、尹虹艳、王晓庄，2006）。但在该研究领域中，较长的一段时间内，Allen 和 Meyer（1990）提出的组织承诺的三因素模型都占据着主导地位，所以本研究也主要对组织承诺的三因素模型进行较为详细的回顾和分析，并在此基础上建立自己的研究模型和发展研究假设。

Allen 和 Meyer（1990）提出组织承诺是描述员工与组织间关系，并且影响员工在组织中的去留决定的一种心理状态。在对组织承诺的定义中，他们识别出了三种不同主题的承诺构成要素，将组织承诺研究中一直受到重视的态度承诺的情感依附、可见成本和义务分别发展为情感承诺、持续承诺和规范承诺这三个组织承诺的构成要素（Allen and Meyer，1990）。其中，情感承诺是指员工对组织的情感依附、认同和参与，来源于组织情境与员工对组织的预期的一致；持续因素是基于与员工离开组织的相关成本的承诺，来源于员工认为自己积累的投资或单方向的付出会因为他们决定离开组织而损失，以及其他选择的获得性的有限；规范承诺是指员工感觉到的留在组织的义务，来源于强调对雇主持续性忠诚的合理性的社会经验，或通过利益获取如支付学费或提供培训而让员工感到的报答的义务（Allen and Meyer，1990；Meyer，Allen，and Smith，1993）。Meyer 和 Allen（1990）根据这三个要素分别开发了八个测量条目，实证分析发现组织承诺的三个构成要素是具有区分度的，并且都可以降低离职率，但三者产生作用的心理机制是不一样的：员工具有较强情感承诺水平是因为他们想要留在组织中，员工具有较强持续承诺水平是因为他们需要留在组织中，员工具有较强规范承诺水平是因为他们感觉自己应该留在组织中（Allen and Meyer，1990）。Meyer、Allen 与 Smith（1993）后来又进一步对组织承诺的三因素模型进行了拓展和测试，发展出对于工作的情感、持续和规范承诺，并对学生和注册护士的样本数据进行验证性因子分析，发现了组织承诺和工作承诺的区分度，以及组织承诺和工作承诺对工作行为的预测效应（Meyer，Allen，and Smith，1993）。

用于检验和研究组织承诺的三因素模型中的三个因素的前因变量和后果变量有很多。情感承诺的前因变量包括员工个人特征，如个人重要性、参与度、工作经验等；工作特征包括工作挑战、角色清晰、目标难度等；管理因素（结构特征）包括管理感受、同事凝聚力、组织可靠性、公平感等。其中，工作经验与情感承诺间的相关关系最强（Allen and Meyer，1990）。持续承诺的前因变量包括个人特征，如技能和受教育程度；社交特征如社团等（Allen and Meyer，1990）。情感承诺和规范承诺与工作绩效和组织公民行为正向相关，持续承诺与这些变量负相关，但三者都与离职率负相关（Meyer，Allen，and Smith，1993）。离职倾向和不满意的行为常常被作为对组织承诺三因素研究的因变量（Meyer，Allen，and Smith，1993）。

Grube 与 Castaneda（1994）在回顾 Meyer 和 Allen（1990）、Meyer 等（1993）对组织承诺的研究的基础上，评估了组织承诺概念的定义、测量及验证，并整合检验了组织承诺不同部分的前因变量，结果支持了组织承诺的情感承诺、持续承诺和规范承诺这三种主要成分的存在，并提出其中的持续承诺包括"个人牺牲"和"缺乏可选项"两个子成分。此外，他们还发现，当时已有的被广泛使用的组织承诺量表大多重视的是对情感承诺的测量（Grube and Castaneda，1994）。

2.6.2　组织承诺的测量

Allen 和 Meyer 于 1990 年在已有的一些强调情感承诺的组织态度承诺的量表的基础上开发了新的组织承诺量表，包含情感承诺、持续承诺和规范承诺各 8 条的测量条目。1993 年，Meyer、Allen 与 Smith 对该量表进行了进一步的改进，根据落在三个不同子维度上的因子载荷删改了一些条目，其中对规范承诺子量表的修改进一步强调了员工对特定组织的忠诚感和责任感，形成了一共 18 个测量条目的组织承诺量表的新版本（Meyer，Allen，and Smith，1993）（见表 2.9）。

表 2.9　组织承诺量表

维度	测量条目
情感承诺	1. 我很乐意以后一直在这家公司工作
	2. 我确实觉得公司的问题好像就是我自己的问题
	3. 我并未感觉对这家公司有强烈的归属感（反向条目）
	4. 我不觉得在感情上依附于这家公司（反向条目）
	5. 在公司里，我不觉得自己是大家庭里的一份子（反向条目）
	6. 这家公司对于我个人来说意义非同一般
持续承诺	7. 目前，留在这家公司既是一种需要，也是一种必要
	8. 即使我现在想要离开这家公司，这对我而言也并非易事
	9. 如果我现在决定离开这家公司，我生活的方方面面就会受到干扰
	10. 如果考虑离开这家公司的话，我就感觉没有其他地方可以去
	11. 如果我还没有像现在这样全身心投入这家公司，那我可能会考虑去其他地方工作
	12. 离开现在公司的负面后果之一就是没有什么可选的其他公司

表2.9(续)

维度	测量条目
规范承诺	13. 我并不感觉自己有义务留在现在的公司（反向条目）
	14. 尽管可能对我有利，但我不认为现在离开公司是对的
	15. 如果现在离开我的公司，我会有负疚感
	16. 这家公司值得我付出忠诚
	17. 因为我感觉对这家公司里的人有义务，所以我现在不会离开公司
	18. 我欠现在的公司许多

2.6.3 组织承诺的相关研究

组织承诺是个体对于组织的态度，因此自然而然地会受到员工个体和组织层面一些因素的影响，也会对它们产生影响。组织承诺与员工的年龄、工作年限、自我效能感、受教育程度、动机、工作投入、工作满意度、工作绩效、离职倾向、出勤率、迟到率、离职、组织公民行为，以及与组织文化、组织绩效等都存在一定的相关关系（Reichers，1985；刘小平，1999；樊耘、张旭、颜静，2013）。在对组织承诺进行研究和探讨时，常用的前因变量包括个人特征、工作特征、团队特征和组织特征等（乐国安、尹虹艳、王晓庄，2006）。具体来说，影响感情承诺的前因变量主要包括个人重要性、参与度、反馈等个人特征，工作压力、工作挑战、角色清晰、目标难度、工作激励等工作特征，团队关系、领导与成员关系、同事凝聚力等团队特征，组织结构、监管关系、管理感受、组织可靠性、公平感等组织因素（Reichers，1985；Allen and Meyer，1990；乐国安、尹虹艳、王晓庄，2006）。影响持续承诺的前因变量包括个人特征如受教育程度、技能、自我投资等，工作特征如该行业的可能性、调职、福利、养老金等，团队特征如社团等，组织特征如福利因素等（Allen and Meyer，1990；乐国安、尹虹艳、王晓庄，2006）。影响规范承诺的前因变量有社会规范、所接受教育的类型、个体经历等（尹虹艳、王晓庄，2006）。

近年来，对组织承诺前因变量的研究主要关注感知到的组织支持的影响，因为相对于员工对组织的承诺，还没有"组织对员工的承诺"的概念的定义和测量。有学者认为，相近的概念就是组织支持。已有研究发现，组织支持与组织承诺中的感情承诺与规范承诺正向相关，但与持续承诺无关（刘小平，1999；乐国安、尹虹艳、王晓庄，2006）。领导力研究者还关注变革型领导与员工组织承诺之间的关系。陈永霞等（2006）对中国境内972名管理人员的样本数据进行分析，发现变革型领导通过心理授权正向作用于组织承诺。

组织承诺的相关研究的结果变量主要分为员工的工作绩效和退缩行为两大类（乐国安、尹虹艳、王晓庄，2006）。其中，退缩行为包括员工的出勤率、离职率、工作变动等结果变量（乐国安、尹虹艳、王晓庄，2006）。此外，员工的工作满意度也是组织承诺研究的后果变量之一（Reichers，1985）。

在 Meyer 和 Allen（1990）提出组织承诺的三因素模型之前，Reichers（1985）对当时已有的组织承诺的概念和相关研究进行回顾和总结，提出员工面对组织中许多不同团队的目标和价值的承诺，对组织承诺的定义和研究应该借鉴参照组和角色理论的研究，使用复合的组织承诺。一般来说，组织会被看作一个不可分的整体，但是当研究者换一个角度看待组织时，就会发现组织是由许多联盟和部件构成的，并且每个联盟和部件都支持不一样的一系列的目标和价值，这些目标和价值之间也有可能是互相冲突的。因此，从组织承诺的微观视角看，研究者们应当关注组织承诺在每个个体中的实质性的差异（Reichers，1985）。Becker（1960）在对承诺进行阐述时就提出组织中可能存在互相冲突和竞争的目标。Meyer、Allen 与 Smith（1993）在其研究中也认为员工承诺的对象有很多，如果研究中同时包含个人对集体、工作团队、管理者和其他主体的承诺的测量，那么承诺的预测效力会相应提升。因此，对组织承诺的关注和研究应当放进组织的背景中进行考虑。

中国是从 20 世纪 90 年代末开始引入组织承诺的概念的。在中国情境中，凌文辁、张治灿与方俐洛提出了新的包含 5 个因素的组织承诺模型：感情承诺、理想承诺、规范承诺、经济承诺和机会承诺一起构成个人的组织承诺，其中的理想承诺是具备中国特色的子成分。Chen 与 Francesco（2003）使用中国的 253 对领导—员工配对样本数据，检验了组织承诺的三因素与角色绩效及组织公民行为间的关系，分析发现，在中国情境中，情感承诺与员工的角色绩效和组织公民行为正向相关，持续承诺与组织公民行为负向相关，规范承诺负向调节情感承诺与角色绩效或组织公民行为间的关系（Chen and Francesco，2003）。

后来，组织承诺研究开始跳出 Meyer 和 Allen（1990）提出的组织承诺三因素模型的框架，为了弥补其在预测效力、持续承诺概念模糊以及情感承诺和规范承诺间的概念冗余方面的不足，Cohen（2007）按照个体进入组织前后的承诺倾向和承诺态度的变化，提出了新的包含组织承诺的工具性和情感性的思维纵向承诺模型。

2.6.4 小结

组织承诺在高绩效人力资源管理实践与企业绩效之间扮演着重要的角色：组织承诺中介人力资源实践与绩效间的关系（Kehoe and Wright，2013）。高参与工作系统在员工层面的工作机制也需要组织承诺的参与（Butts，et al.，2009）。Gardner、Wright 与 Moynihan（2011）在其研究中将集体情感承诺作为重要的中介变量，实证分析发现动机和授权等人力资源实践与整体的员工自愿离职率负向相关，提升知识、技能和能力的人力资源作用实践与自愿离职率正相关。

与上述分析的逻辑类似，本研究也把员工的组织承诺作为重要的中介变量，探讨基于 AMO 理论的合作型人力资源管理对个人学习的影响。具体来说，即研究人力资源管理实践提供的能力、动机和机会是否会通过提升个人对组织的承诺水平而激发和维持个人在组织中的学习行为。

2.7　工作自主权与任务复杂性

工作自主权和任务复杂性都源自组织中的工作本身已有的设计，属于工作特征的范畴，因此本研究将同时对两者进行综述。

工作自主权来源于 Hackman 与 Oldham（1974，1975）的工作诊断调查模型，他们设计了一系列的测量工具来测量客观的工作特征，并检验了这些特征对于优化工作激励和工作满意度的作用。工作包含五个方面的核心特征：技能多样性、任务完整性、任务重要性、任务自主性和从工作中获得的反馈（Hackman and Oldham，1974，1975）。为了更好地开展工作诊断调查，Hackman 与 Oldham（1974，1975）还加入了可以帮助理解工作和员工反应的另外两方面特征的测量：从他人获得的反馈与人际合作性。他们对来自 7 个组织的 62 种不同工作的 658 名员工的调研数据进行分析，结果发现，对客观的工作特征的测量工具具有满意的信度和效度，工作的这些方面通过其带来的员工关键的心理状态（如对工作意义、工作结果、责任感和工作行为实际结果的感知等），而影响员工和工作结果，主要是激励和满意度，而员工成长需要的强度调节了这一过程（Hackman and Oldham，1974，1975）。尽管 Hackman 与 Oldham（1974，1975）的工作旨在通过诊断现在的工作来决定是否需要重新进行工作设计以提高员工的生产力和满意度，但是其发展的对工作各方面特征的定义、描述和测量，尤其是工作自主性的方面，受到了后续大量研究的关注和跟进。工作中的自主性是指"工作所提供给员工在安排工作和决定完成工作的过程中的实质性的自由、独立和自由裁量权的程度"（Hackman and Oldham，1974）。

工作任务的复杂性来源于个人理性、认知水平的局限，多个任务的联动，任务目标标准的多样化（彭正银，2003）。任务复杂性的定义相当广泛和多样化，一般来说，任务复杂性是与任务难度即注意能力的数量或者所需的精神处理或任务结构，即在任务中应当做什么的明确程度相似的（Bonner，1994）。

2.7.1　工作自主权的定义

工作自主权是工作设计特征中的一个著名和重要的方面，又被称为工作自主性（Fried and Ferris，1987）。工作自主权是指员工拥有的在做与工作相关的决策如执行什么任务、怎样完成工作以及如何处理工作异常中的自由程度，也可以理解为员工在安排他们的工作、选择他们使用的设备以及决定应当遵循的工作流程时在多大程度上具有话语权（Hackman and Oldham，1974，1975）。工作自主权与自由不同，强调的是员工在多大程度上可以决定他们完成任务的速度、顺序和方法，是与工作本身紧密相连的一个概念。Fried 与 Ferris（1987）综合回顾了与 Hackman 和 Oldham（1974，1975）提出的与工作特征模型相关的 200 篇文献，并对大部分的数据进行了元分析，结果显示，工作自主权等工作特征同时与个体的心理和行为结果相关，并且个体的心理状态在其中起到非常重要的中介作用。

2.7.2 任务复杂性的定义

任务复杂性的概念来源于任务的一般理论模型，任务由三个基本成分组成：产出、（被要求的）行动和信息提示（Wood，1986）。其中，产出是指那些可以被观察和描述的独立于生产他们的行为或行动的被创造或生产的实体；被要求创造产出的行为也可以在任何的抽象层次中被描述，是任务的成分，与个体非常具体的属性或行为不一样，是与可识别目的（如提拔）的行为相关的更加复杂的模式；信息提示是指在被要求执行任务期间的一系列与个人可以基于其形成判断的刺激对象的属性相关的信息片段（Wood，1986）。Wood（1986）在任务的三个基本成分的基础上发展出了任务复杂性的三个维度：成分复杂性、协调复杂性和动态复杂性。其中，成分复杂性是指在执行任务时需要完成的不同行动的数量和必须处理的不同信息提示的数量的直接函数；协调复杂性代表任务投入和产出之间关系的本质，信息提示、行动和产出，以及投入的顺序之间关系的形成和强度都是协调复杂性的体现；与执行任务需要的行动和信息提示的复杂性是静态的不同，个人必须频繁地适应执行任务过程中的因果链或方法—结果结构层次的改变，这种来自可以影响任务投入和产出间关系的世界状态的改变就是动态复杂性（Wood，1986）。Bonner（1994）进一步提出任务复杂性由三个一般信息处理模型构成：输入、处理和输出，每个过程包含数量和清晰程度两个维度。因此，任务复杂性是与判断绩效显著负相关的（Bonner，1994）。并且每个行业的任务复杂性都有不同的侧重点，例如会计工作中的审计工作复杂性就与其他工作的任务复杂性在输入、处理和输出的信息数量和清晰程度上都不一样（Bonner，1994）。

另一些研究者从团队的层次方面对任务复杂性进行了分析和定义。在一项检验个人层面和团队层面变量的团队内部冲突的影响的研究中，研究者提出存在"任务相关的复杂性，它代表着团队任务的组成部分的数量以及多样性（Jehn，1995），包括团队必须解决的问题的多样性、团队为了完成该任务必须具备的信息和可选项等问题"（Stock，2006）。

2.7.3 工作自主权与任务复杂性的测量

Hackman 与 Oldham（1974，1975）开发的工作特征量表包含了对工作自主权的测量（见表 2.10）。但由于条目较为单一，且他们不推荐研究者将这些测量工具用于诊断单独个人的工作，所以在后续研究中单独使用其中的工作自主权测量条目的研究较少（Hackman and Oldham，1975）。

表 2.10 工作诊断量表

维度	测量条目
技能多样性	1. 我的工作需要我具备许多复杂的高水平技能
	2. 我的工作并不是简单、重复性的任务
任务完整性	3. 我的工作需要我从头到尾完成整项任务
	4. 我的工作需要我对开始的任务彻底负责
任务重要性	5. 我的任务完成情况会影响到其他人的工作
	6. 从多方面来看，我的工作是关键性的而且是重要的
任务自主性	7. 我在完成任务的时候可以有自主权和自我判断
	8. 我在完成任务的时候是独立和自由的
从工作中获得的反馈	9. 我能从完成的任务中了解我的工作完成的好坏
	10. 工作本身提供了很多关于我工作表现的信息
从他人获得的反馈	11. 在工作中我能从别人那了解到我的工作表现
	12. 我的上级会让我知道他们认为我完成任务的好坏
人际合作性	13. 我的工作包括许多与人合作的任务
	14. 如果仅仅一个人工作而不与其他人交流或者核对，我是无法完成任务的

此外，Quinn 与 Staines（1979）在对雇佣质量的研究中使用的工作自主权量表也较为经典。这种感知到的工作自主权的信度和效度已经得到了许多后续研究的肯定和使用，具体条目见表 2.11（转引自 Kirmeyer and Shirom，1986）。

表 2.11 感知到的工作自主权量

工作自主权
1. 作为员工，我有决定做什么的自由
2. 作为员工，我有决定怎样完成工作的自由
3. 作为员工，我负有决定工作怎样完成的责任
4. 作为员工，我对工作中发生的事有很大的发言权
5. 作为员工，我有决定什么时候休息的自由
6. 作为员工，我有决定与谁一起工作的自由
7. 作为员工，我有决定工作速度的自由

Breaugh（1985）将工作自主权细分为工作方法、工作安排和工作标准的自主权，并开发出了相应的量表（见表 2.12）。

表 2.12 工作自主权量表

维度	测量条目
工作方法自主权	1. 我被允许决定怎样完成自己的工作（使用的方法）
	2. 我能选择怎样进行我的工作（利用的过程）
	3. 我有选择完成任务的方法的自由
工作安排自主权	4. 我能掌控自己的工作安排
	5. 我能部分掌控自己工作任务的排序（何时做什么）
	6. 我的工作能让我决定什么时候去完成具体的工作任务
工作标准自主权	7. 我的工作允许我修改常用评估方式，以便我能强调自己工作的某些方面和贬低别人
	8. 我有能力修改我的工作目标（我被认为应当完成的任务）
	9. 我能部分掌控我被认为应当完成的任务（我的上司认为的我的工作目标）

此外，Hrebiniak（1974）也根据 Bell（1966）的研究思想改编出了一个工作自主权量表（见表 2.13）。

表 2.13　工作自主权量表

工作自主权
1. 在你的工作中，你能多频繁地决定（a）执行什么任务、（b）怎样执行以及（c）执行任务的顺序？
2. 当决定工作目标时，你们部门的员工有多大的话语权？
3. 你能在多大程度上做工作决策？以及其他人能在多大程度上对你的工作设置要求？
4. 你能多频繁地发现你有能在工作中采用自己的方法的自由？

在任务复杂性测量方面，Shaw（1981）开发了团队的任务复杂性的测量量表，具体条目见表 2.14（转引自 Kuhn and Poole，2000）。

表 2.14　团队任务复杂性量表

任务复杂性
1. 完成这项任务需要付出多大的努力？
2. 在多大程度上存在多于一种的可接受的任务解决方法？
3. 这项任务在多大程度上吸引和激励着员工？
4. 为了完成这项任务，在多大程度上需要团队成员间的整合行动？
5. 这项任务的脑力、体力需求的比例是怎样的？
6. 团队成员在多大程度上对这种类型的任务有经验？

Stock（2006）根据 Jehn（1995）的研究思想也开发出了一套团队任务复杂性的量表（见表 2.15）。

表 2.15　团队任务复杂性量表

团队任务复杂性
1. 我们团队的任务包含许多变化
2. 我们团队的主要工作是解决复杂问题
3. 难以将我们团队的工作常规化
4. 我们团队的任务需要大量信息或备择方案
5. 我们团队的任务包括许多不同要素

2.7.4　工作自主权与任务复杂性的相关研究

工作自主权已经成为人力资源和组织管理领域的重要概念，相关研究已经涉及许多的前因变量与后果变量。例如，Kirmeyer 与 Shirom（1986）提出，在工会合同下工作的员工感知到的和实际的工作自主权都相对更低。且采用实证研究分析发现这种差异还存在性别上的区别，对于男性来说，参加工会的状态可以更加显著地负向预测他们感知到的工作自主性。工作自主权可以预测个人的心理健康状况。Park 与 Searcy（2012）对英国 2004 年和 2005 年的 12 836 位员工和 1 190 位管理者的职场就业关系的档案数据进行研究分析，发现员工的工作自主权和其心理健康及组织承诺具有关联。

工作自主权对员工个人和领导都会产生影响。情境力量的相关研究提出更多的工作自主权可以为员工行为带来更小的约束，从而导致一种允许员工人格驱动个体行为和绩效的较弱的情境（Mischel，1977）。工作自主权对于领导有效性具有重要的影响。Ng、Ang 与 Chan（2008）对 2 年期的 294 名部队领导和他们的上级的匹配数据进行研究，发现对于那些具有较高工作自主权的领导，领导自我效能中介了大五人格中的神经质、尽责性与领导效能间的关系。

之后的工作自主权的研究关注工作自主权水平的国际性差异，然而实证分析发现，相对于跨行业的雇主和雇员面临的工作自主权的差异，跨国的工作自主权差异并不是特别大（van Hoorn，2016）。

任务复杂性的定义中包含了丰富指标、挑战、刺激、兴奋、难度、熟悉程度、要求、经验等任务特征（Campbell，1988）。对于任务复杂性的研究也可以分为将复杂性当作根本上的心理、将复杂性当作个人—任务交互和将复杂性当作客观任务特征的不同的方法（Campbell，1988）。我国的彭正银（2003）使用"过程是否完美"和"效果是否完全"两个维度将任务复杂性分为 0 到 4 阶的五种，并认为针对不同阶的任务复杂性，企业应当使用不同的人力资源管理实践（彭正银，2003）。

与任务复杂性相关的实证研究多从团队层面分析其调节作用。例如奉小斌（2012）对浙江、湖南等地的部分高新技术企业中的 131 个研发团队的数据进行研究分析，发现任务复杂性可以增强研发团队跨界行为中的协调行为和侦测行为这两个子维度对创新绩效的影响。吴国斌等（2015）对 350 位矿山救援基层指挥者的调研数据进行回归分析，发现任务复杂性在目标差异与信息分享、目标差异与参与间的关系中都起到调节作用，即应急任务的复杂性水平越高，目标差异对信息分享和参与的负向影响就越小。

2.7.5　小结

人力资源管理对员工产生作用的过程在一定程度上受到组织已经设计好的工作特征的影响，工作本身是人力资源实践产生作用的一个重要的外部要素。而工作自主权和任务复杂性又是工作特征的代表性概念。员工在工作中感知到的工作自主权能够帮助工作场所中的人力资源管理实践实现对个人的态度和行为的改变（Snape and Redman，2010）。工作场所中的个人学习的发生受到员工有用的必要水平的自主权的积极影响，且能与个人的自我效能产生交互效应（Sterling and Boxall，2013）。此外，学习任务的复杂性也肯定会影响人们的个人学习效果。

因此，本研究把工作自主权和任务复杂性作为工作本身的重要特征，研究其对自我效能感、内外在动机和组织承诺对个人学习产生影响的重要调节作用，以进一步丰富基于 AMO 理论的人力资源管理实践促进个人学习的中间机制的研究。

2.8　心理安全感

除了工作本身的一些特征，工作所营造的氛围也能对一系列核心的个人素质与个人学习间的关系产生影响。已有研究提出，人力资源管理系统通过作用于组织氛围而影响员工态度，进而影响组织绩效（Lepak et al.，2006）。组织氛围是在员工对他们的工作环境认知有较高一致性时产生的（Lepak et al.，2006）。其中，与员工的心理安全感相关的组织氛围维度包括：管理在多大程度上被视为灵活的和支持性的，以及员工感觉可以控制自己的工作和用于完成工作的方法的程度；组织角色和规范在多大程度上被视为清楚的；员工感觉可以自由表达自己的真实情感和自由表达对工作角色自我概念的核心部分认知的程度（Brown and Leigh，1996）。

心理安全最早是一个基于个体和团队层面的概念，是个体或个体作为团队成员关于其工作环境中人际关系风险后果的感知，是一种个体或团队对于自己即使参与了有风险的行动也不会导致伤害的信念（Kahn，1990；Edmondson，1999；冯永春、周光，2015）。近年来对心理安全感的研究已经从个体层面逐渐向团队、组织层面转变，组织层面的心理安全强调员工对组织氛围的感知，这种心理安全的氛围有别于个体对风险的认知状态（Brown and Leigh，1996；冯永春、周光，2015）。总体来说，心理安全是动态变化的一种员工与领导、同事长期的人际互动后的感知，心理安全感是可以增强员工参与的心理氛围的重要组成部分（Brown and Leigh，1996；吴维库 等，2012）。

2.8.1　心理安全感的定义

心理安全感的概念根植于 Schein 和 Bennis（1965）早期对组织变革的研究。由于组织变革中充满了不确定和模糊性，为了帮助员工克服变革所带来的不安全感，使员工感觉安全和有能力实施改变，组织应当为员工个体创造以心理安全感为特征的工作环境（转引自 Edmondson，1999；顾琴轩、王莉红，2015）。

人们可以在工作角色中从物理、认知和情感的不同角度来对自我进行运用，从而影响自己的工作和经验（Kahn，1990）。人们在自己信任的和不会因为自己的参与而遭受损害的情境中感到安全，且人们能够理解一个行为是否被允许以及这种行为的潜在后果的界限，当情况不清楚、不一致、不能被预测或者存在威胁的时候，个人参与就会被认为是冒险或者不安全的（Kahn，1990）。由于更高程度的心理安全感可以带来更高的个人参与程度，Kahn（1990）定义心理安全感为个人"不害怕对自己形象、状态或职业生涯的负面影响，有能力去展示和使用一个人的自我的感觉"。安全感是可以形成人们习惯于在组织中的角色的三种心理条件之一，也是除了意义和实用性之外的第三个自我和情境来源（Kahn，1990）。这是从组织层面对心理安全感的描述和定义，因此人际关系、团队和团队间动态性、管理风格和流程以及组织规范都被认为会直接影响心理安全感（Kahn，1990）。

Edmondson（1999）基于 Schein 和 Bennis（1965）的研究思想，首次从团队层面引进和介绍了心理安全感，提出团队心理安全感是团队成员相信团队不会为难、拒绝或者惩罚勇于发表真实意见的行为。在团队内承担人际风险是安全的一种共同信念，这种自信感强调员工可以自由和真实地表达自己的想法和观点，而无须担心此类行为会对其在组织中的形象或发展产生影响（Edmondson, 1999）。在大多数情况下，这是团队成员的一种理所应当的对人际准则的隐含信念，但其并非强调团队成员感到舒适的心理状态，而是对团队成员愿意主动承担风险的重要预测，而这种主动和自信源于成员间的互相尊重和信任（Edmondson, 1999）。

　　Baer 与 Frese（2003）将心理安全感的概念推广到组织情境中，提出在更广义的团队环境中，心理安全感描述了员工不会被拒绝或惩罚而可以安全地表达的工作环境和组织氛围。心理安全感是组织成员对能使自己愿意承担创新性任务，或那些需要一定勇气才能完成工作的支持的一种普遍感受（Baer and Frese, 2003）。心理安全感氛围指的是一系列引导和支持在工作环境中的开放和信任的互动的正式或非正式的组织实践和流程（Baer and Frese, 2003）。

　　心理安全感是与人际信任不一样的概念，尽管两者都包含了愿意因为他人的行动而变得脆弱，但是在概念和理论上都存在差异（Edmondson, Kramer, and Cook, 2004）。心理安全感描述的是个人对于他们的工作环境中的人际风险结果的感知，强调人们可以舒适地做自己和表达自己的氛围，与学习行为集中相关；而信任是对他人的未来行动会对自身利益有益的预期，可以降低交易成本和减少对监督行为的需求（Edmondson, Kramer, and Cook, 2004）。心理安全感是一个人对自己的一些行为，例如问一个问题、寻求反馈、报告错误或提出一个新想法时其他人会怎样反应的理所应当的信念（Edmondson, Kramer, and Cook, 2004）。但其并不代表有一个人们必须成为密友的舒适环境，也不是对压力或者问题的否定，而是关注能够及早预防问题和实现共同目标的建设性讨论的氛围，从而使人们进行自我保护（Edmondson, Kramer, and Cook, 2004）。团队心理安全感是与团队凝聚力不一样的概念，尽管凝聚力也可以降低不同意和挑战他人观点的意愿，但心理安全感是范围更广的概念，描述了以人际信任和相互尊重的人们可以愉快做自己为特征的团队氛围（Edmondson, 1999）。

　　心理安全感对于员工建言和学习等行为有重要的影响。心理安全感水平较高的个人倾向于相信他们的上司和同事不会因为自己冒险提出建议或意见就惩罚、误解他们，当他们不再受到害怕或担心表达自己的想法影响时，提建议和意见的感知到的成本是最小的，此时员工就会大胆发出自己的声音（Detert and Burris, 2007）。团队心理安全感可以减少个人关于其他人对学习行为中常见的潜在尴尬或威胁行为的反应的关注，消除团队成员被认为自己无能的担忧，使成员更愿意指出那些可以进行后续修正的错误（Edmondson，1999）。因此，团队心理安全感与学习行为是正向相关的（Edmondson，1999）。在组织层面，关系协调的相关成分，共享目标、共享知识和互相尊重可以形成心理安全感并且允许组织成员从失败中学习。已有实证研究发现，心理安全感中介组织中的高质量的关系和从失败中学习的关系（Carmeli and Gittell，2009）。

2.8.2　心理安全感的测量

Edmondson（1999）开发的团队心理安全测量量表已经得到了广泛的认可和使用，具体条目如表 2.16 所示。

表 2.16　团队心理安全测量量表

团队心理安全
1. 如果你在这个团队中犯了错误，就常常会被责备
2. 这个团队的成员有能力提出问题和难题
3. 这个团队的成员常常因为不同而拒绝他人
4. 在这个团队中冒险是安全的
5. 很难要求这个团队中的其他成员给予帮助
6. 这个团队中没有人会故意破坏我的努力
7. 与这个团队的成员一起工作，我独特的技能和天赋能被重视和使用

团队心理安全测量量表较为经典，很好地体现了心理安全感的理论概念，因此，后续一些研究者在对组织层面的心理安全进行测量时，也使用了该量表，只是将其中的"团队"修改为"组织"，对组织中的员工感觉冒险、公开发言和开放地讨论问题的心理安全程度进行了测量（Carmeli and Gittell，2009；Carmeli，Brueller，and Dutton，2009）。

吴志平与陈福添（2011）同时运用定性和定量分析，提出中国文化情境下的团队心理安全氛围是由直抒己见、互敬互重、人际冒险和彼此信任四个维度构成的，并开发了 16 个条目的团队心理安全气氛量表（见表 2.17）。

表 2.17　中国文化情境下团队心理安全气氛测量量表

维度	测量条目
直抒己见	1. 团队成员能坦诚、直来直去地沟通
	2. 对于所订下的团队目标，团队中存有公开反对的意见
	3. 团队其他成员能提出尖锐的问题
	4. 团队成员不会主动对我提出建议
互敬互重	5. 团队成员会试着去了解别人的观点
	6. 大部分的团队成员对新的观点或思考方式采取接纳的态度
	7. 团队成员间彼此敬重与相互欣赏
	8. 团队成员尊重其他成员的建议与观点
人际冒险	9. 团队成员向其他成员求助是一件困难的事
	10. 在这个团队中允许犯错误
	11. 团队成员犯了错误，其他成员会对其有异议
	12. 团队成员有时会反对其他成员的与众不同
彼此信任	13. 团队成员对于彼此间的相处，采取小心谨慎的态度
	14. 团队成员相信彼此的工作能力
	15. 团队成员彼此相互信赖
	16. 与团队成员合作，我的能力和专长都能得到发挥

为了使研究与将心理安全感作为个人层面感知的理论过程保持一致，Liang、Farh 与 Farh（2012）基于已有的一些研究开发和改编出了 5 个条目的量表，对员工感知到的在工作中表达自己的安全程度进行了测量。具体条目见表 2.18。

表 2.18　个人心理安全感量表

心理安全感
1. 在我的工作单位，我能表达自己关于工作的真实感受
2. 在我的工作单位，我能自由地表达我的想法
3. 在我的工作单位，表达自己的真实情感是受到欢迎的
4. 在我的工作单位，没有人会因为我持有不同意见而为难我
5. 我担心在我的工作单位表达真实想法会对自己不利

2.8.3 心理安全感的相关研究

Edmondson、Kramer 与 Cook（2004）总结了工作团队的心理安全感的前因和后果变量模型，强调了心理安全感对于学习行为的中心性。模型中的前因变量包括领导行为、信任和尊重的人际关系、实践领域、组织情境支持和紧急团队动态性等。除了紧急团队动态性，其余前因变量都有助于提升团队的心理安全感水平。团队心理安全感可以影响的后果变量包括工作团队中的寻求帮助行为、寻求反馈行为、对错误或担心的直言、创新行为和跨界合作（Edmondson, Kramer, and Cook, 2004）。

具体来说，在心理安全感的前因变量研究方面，已有研究对 142 个团队样本的数据进行分析，发现信任是团队心理安全感形成的重要因素之一，转换型领导显著地影响团队心理安全感（卿涛、凌玲、闫燕，2012）。Nembhard 与 Edmondson（2006）对 23 个团队的数据进行实证分析，发现领导的包容性和专业态度有助于心理安全感水平的提升。基于中国组织情境的实证研究对 161 套问卷数据进行实证分析，结果也表明领导包容行为能够提高员工心理安全感水平（冯永春、周光，2015）。此外，在中国企业中，领导的辱虐式管理会削弱员工的心理安全感，且这种削弱效应受到员工的不确定性规避特质的正向调节（吴维库 等，2012）。

具体来说，在心理安全感的后果变量研究方面，已有实证研究发现，心理安全感可以在个人层面上预测员工的建言行为，包括促进性和预防性建言（Liang, Farh, and Farh, 2012）。并且心理安全感通常通过扮演中介变量的角色产生作用：下属的心理安全感中介变革型领导、管理开放与员工建言间的关系（Detert and Burris, 2007）；心理安全感中介健康管理团队的领导包容度与员工的质量改进工作参与度之间的关系（Nembhard and Edmondson, 2006）；心理安全感中介辱虐管理与员工建言之间的关系（吴维库 等，2012）。

心理安全感的中介效应还体现在对学习和创新行为的影响中，这是因为学习是提升各层面绩效的重要方式，而学习过程依赖于人们之间的互动，这种互动决定了什么需要被提升和这种提升应当怎样完成（Carmeli, Brueller, and Dutton, 2009）。在个人层面，心理安全感中介高质量关系的感受与更高水平的学习行为间的关系（Carmeli, Brueller, and Dutton,

2009）；心理安全感中介领导包容行为与员工创造行为之间的关系（冯永春、周光，2015）。在团队层面，团队心理安全起到部分中介团队社会资本与学习行为间关系的作用，对团队结构资本、认知资本与创新绩效间关系也起到部分中介的作用，但对团队关系资本与创新绩效间关系起完全中介的作用（顾琴轩、王莉红，2015）。

此外，心理安全感还能在对学习和创新的预测中起调节作用。团队心理安全感可以正向调节员工心理安全感与员工激进型创造行为之间的关系（冯永春、周光，2015）。团队心理安全感显著调节研发团队的交互记忆系统与其创新绩效之间的正向关系（黄海艳，2014）。

2.8.4 小结

Schein（1985）提出心理安全感可以帮助人们克服防御心理或学习焦虑感，从而促进人们建设性学习行为（转引自 Edmondson, Kramer, and Cook, 2004）。Edmondson（1999）的研究也为团队心理安全感促进学习行为提供了有说服力的逻辑。学习行为，例如向他人寻求帮助，是处于判断包含人际风险的技能和绩效的位置的，当人们在工作中寻求帮助或反馈时，常常将自己放置于被批评甚至被羞辱的风险之中，但是心理安全感可以减少和缓解对这种风险的担忧，从而促进指出错误、测试工作假设等行为（Carmeli, Brueller, and Dutton, 2009）。

然而，除了心理安全感对员工建言行为的多方影响外，几乎没有研究者从个人感知到的心理安全的角度探讨心理安全感在个人层面上的调节作用机制。本研究选取员工的心理安全感作为重要的调节变量，研究个人在工作中的核心素质（自我效能感、内外在动机、组织承诺）对个人学习的促进作用，以期丰富基于 AMO 理论的人力资源管理系统影响个人学习的中间机制。

2.9 环境不确定性

除了个人行为及其不确定性会对工作环境中的行为和结果产生影响，外部环境如行业的不确定性也会影响员工个人在工作中的态度和行为（Krishnan, Martin, and Noorderhaven, 2006）。

环境的一个最主要的特征就是不确定性（Duncan，1972）。环境不确定性（environmental uncertainty）有时也被称为环境动态性（尽管动态性在一些研究中被视为不确定性的一部分）。不确定性来源于有限理性的理论，在一个时间点的一些不确定的可能变化是理性人不能完全预期和处理的，这些超量的信息就带来了环境的不确定性（Swamidass and Newel，1987）。外部环境是个体企业的机会和威胁的来源，现有研究中有两种主流的看待外部环境的观点：信息视角考虑不确定性对于组织决策能力的影响，提出环境的不确定性主要是信息的复杂性；资源视角关注组织对环境中的关键资源的依赖，认为环境的不确定性包括资源的稀缺性（Swamidass and Newel，1987）。近年来，对于环境不确定性的研究则聚焦于环境中各因素变化的频率和不稳定的程度，提出了环境的动态性，这种动态性主要表现为企业面临的外部技术标准、客户需求、竞争对手情况等的变化（Li and Simerly，1998；Krishnan，Martin，and Noorderhaven，2006）。环境不确定性会对个人和组织层面的绩效、创新、学习行为等产生重要影响，是组织管理相关研究中不容忽视的一个工作本身、工作氛围以外的工作外部情境要素（Li and Simerly，1998；Gaur et al.，2011；杜海东、严中华，2013；陈国权、王晓辉，2012）。

2.9.1　环境不确定性的定义

20 世纪中期，有许多学者对环境不确定性的概念进行了定义和探讨，但是 Duncan（1972）提出，这些定义都太过宽泛并且不利于对概念的操作化。大部分定义都存在以下三个问题：缺乏与特定决策情境相关的环境要素信息；不了解一个具体的决策失误会给组织带来怎样的损失；不能确切地分配环境要素将怎样影响决策单位在执行其功能时的成功或失败的概率（Duncan，1972）。Duncan（1972）首次提出系统的对环境不确定性维度的概念化和实证分析。通过从组织成员观察的角度，对组织中的决策单位进行半结构化访谈，总结出不同的组织内外部环境的组成要素。其中，内部环境要素包括组织的人员成分如员工的受教育程度、技术背景和技能，功能和人事单位成分如组织单位的技术特征，组织层面成分如组织的目标；外部环境要素包括顾客成分、供应商成分、竞争者成分、社会政治成分和技术成分（Duncan，1972）。其次通过对这些成分中的要素进行分析，提炼出两个描述环境不确定性特征的维度：简单—复杂维度描述的是决策单位的环境要素的数量和被放在一个成分的要素间的相似程度，这里的复杂是指构成决策单位环境的要素数目较大；静态—动态维度指的是单位内外部环境基本保持一致或者处于不断变化的过程中的维度，由内外部环境的组成要素的稳定性，即它们随着时间推移是保持一致还是处于变化，以及单位成员在决策过程中对新的和不同的内外部要素的考虑程度这两个子维度构成（Duncan，1972）。

　　Duncan（1972）对来自 3 家制造业企业以及 3 家研究和发展组织的 22 个决策团队的数据进行分析，验证了这两个环境特征维度的存在，发现处于复杂和动态环境中的决策单位的个人在做决策时感受到的环境不确定性是最大的，且动态—静态维度对环境不确定性的贡献比简单—复杂维度的贡献更大。这是因为随着时间的推移，决策制定者可以通过收集更多的信息来处理不同的复杂性，但是动态性是难以预测的（Gaur et al.，2011）。Duncan（1972）的复杂—动态假设得到了后续研究的支持（Downey，Hell-riegel，and Slocum，1975）。

　　可见，Duncan（1972）将内外部环境的影响分为环境的复杂性和动态性，复杂性强调的是与组织相互作用的不同的内外部力量，动态性指的是环境改变的程度以及不可预期性。与 Duncan（1972）同时考虑组织内外部环境从而对环境不确定性进行分类不同，后续很多研究都聚焦于组织面临的外部环境，将外环境不确定性分为动态性和敌对性两个维度（Miller，1987；张映红，2008；唐国华、孟丁，2015）。其中，动态性仍然强调的是环境各要素随时间改变的频率和不稳定性；敌对性是组织赖以生存和发展的环境中的资源的稀缺程度和资源竞争的激烈程度（Miller，1987；张映红，2008；唐国华、孟丁，2015）。Dess 与 Beard（1984）在识别了环境的复杂性和动态性的基础上，认为环境还应当包含慷慨（能力）这一维度，指的是有资源充裕和对组织成长产生支持的能力，这是与敌对性维度一致的一个环境特征。Miller（1987）还在已有的环境复杂性、动态性和敌对性的基础上提出了组织所面临外部环境的异质性这一维度，与企业经营中影响决策的环境要素的性质相关。异质性是和复杂性高度相关的环境特征，区别在于是对环境要素的性质还是数量的强调（张映红，2008）。此外，我国学者还提出了环境非均衡的维度，包括内部环境非均衡、外部环境非均衡及内外部环境非均衡三个子维度（唐国华、孟丁，2015）。这些外部环境的特征都是企业面临的有代表性的关键挑战，并且可以预测企业的战略结构和偏向（Miller，1987）。

环境不确定性来源于超出组织控制并且很难预测的外部环境条件的改变，例如市场的波动和不可预测性、技术条件的转变、消费者需求的变化、竞争者的进入或退出等（Dess and Beard，1984；唐国华、孟丁，2015）。这些压力要求组织能够着重对环境的关注，以在面对威胁和机会时可以搜寻准确和可靠的信息用于理解和行动（Krishnan，Martin，and Noorderhaven，2006）。在经济环境改变方面，环境动态性的维度主要包括顾客和竞争者的不可预期性、市场趋势改变的比率、行业创新和研发；环境敌对性的维度主要包括竞争程度、竞争维度的数量和限制性立法；环境异质性主要体现在不同细分市场对营销和产品所提出要求的差别（Miller，1987）。在对广义的环境动态性，即环境不确定性的来源进行具体化时，学者们提出市场变化、竞争强度和技术变化都能较好地反映环境的不确定性（Lonial and Raju，2001；杜海东、严中华，2013）。因此，许多中国学者在已有的对广义环境不确定性的研究和定义的基础上，又对狭义的环境不确定性，即环境动态性进行了定义："环境动态性是指企业所在行业中消费者需求、产品价格、技术改进、发明创新以及企业所处市场地位等变化的快慢程度"（马文聪、朱桂龙，2011）；"环境动态性是指组织的竞争对手、顾客、合作伙伴、政府等利益相关者的行为或需求的变化程度，以及产品与服务类型、行业趋势、技术创新的变化程度"（陈国权、王晓辉，2012）。

2.9.2　环境不确定性的测量

学者们已经开发了许多关于环境不确定性的测量量表，对广义的环境不确定性的测量都体现了组织所面临环境的多维度的特性，对狭义的环境不确定性的测量则主要关注环境动态性的特征。本研究只选取了几种具有代表性的狭义环境不确定性的测量方式进行介绍。

由于认为已有文献主要基于对需求或盈利能力波动的测量，只体现了部分的环境不确定性，因此，Gaur、Mukherjee、Gaur 与 Schmid（2011）要求调研参与者从新行业的容易度、技术标准的不确定性和市场需求的不确定性三个方面进行答复，并开发出了新的测量环境不确定性的量表，具体条目见表 2.19。

表 2.19　环境不确定性测量量表

环境不确定性
1. 本企业所在行业以进入门槛低为特征
2. 本企业所面对的市场以快速变化和难以预测市场需求为特征
3. 本企业所在行业的技术标准是高速变化的

陈国权与王晓辉（2012）在其研究中对 Miller（1987）的环境不确定性量表进行了改编，得到了包括 7 个条目的环境动态性量表（见表 2.20）。

表 2.20　环境动态性测量量表

环境动态性
1. 本企业的竞争对手的行为变化快
2. 本企业的市场和客户的需求变化快
3. 企业的合作伙伴的行为变化快
4. 与本企业相关的政府部门的政策和要求变化快
5. 本企业所在行业中的产品或服务的类型变化快
6. 与本企业相关的技术发展变化快
7. 与本企业相关的整个行业发展变化快

马文聪与朱桂龙（2011）参考了谢卫红与蓝海林（2004）的研究，编制了包含 5 个条目的环境动态性测量量表，如表 2.21 所示。

表 2.21　环境动态性测量量表

环境动态性
1. 与三年前相比，公司所在行业技术改进的频率
2. 与三年前相比，公司所在行业创新、发明的频率
3. 与三年前相比，公司所在行业产品价格和质量的变化程度
4. 与三年前相比，公司所在行业中消费者个性化需求变化程度
5. 与三年前相比，公司在其所处行业中的市场地位的变化程度

2.9.3　环境不确定性的相关研究

作为重要的权变因素，环境不确定性对企业的战略、创新和绩效都会产生影响（张映红，2008）。已有实证研究发现，环境不确定性促进企业向开放式技术创新的战略转变（唐国华、孟丁，2015）。Swamidass 与 Newel（1987）通过对 35 家制造业企业的数据进行实证分析，发现环境动态性通过影响制造策略变量而影响企业绩效。

由于市场和技术的变动是影响组织创新、组织学习和组织绩效的重要环境条件，因此环境不确定性在组织中的作用主要通过调节效应的方式得以展现（Han, Kim, and Srivastava, 1998）。在对组织绩效的影响方面，杜海东与严中华（2013）对珠三角地区的 256 家企业的调研数据进行实证分析，发现环境动态性正向调节企业的创业导向与产品创新绩效间的关系，负向调节市场导向与产品创新绩效间的关系。并且，已有研究还发现动态环境负向调节公司创业中的先动性与绩效间的关系（张映红，2008）；环境动态性调节创业导向中的风险承担性与组织绩效间的关系（焦豪、周江华、谢振东，2007）；环境动态性调节创业学习和动态能力对新创企业绩效的预测效应（刘井建，2011）。在企业战略和创新方面，马文聪与朱桂龙（2011）对广东省 399 家企业的调研数据进行研究，结果发现环境动态性显著调节工艺创新与市场绩效，以及产品创新与市场绩效间的关系。环境动态性还可以调节战略导向和企业绩效间的关系（Lonial and Raju, 2001）。在组织学习方面，陈国权与王晓辉（2012）对 212 个中国企业样本数据进行分析，发现环境动态性负向调节探索式学习、利用式学习对组织绩效的正向影响。在战略联盟方面，Gaur、Mukherjee、Gaur 与 Schmid（2011）对 565 家德国中小企业的调研数据进行实证研究，发现内外部环境的变动调节知识密集性对一段交换关系中的跨组织信任的正向影响，调节知识不确定性对跨组织信任的负向影响。

2.9.4　小结

环境变动能够对组织学习产生影响，彭说龙、谢洪明与陈春辉（2005）以珠三角企业为例的实证研究发现，环境变动可以促进组织的学习活动，进而促进组织绩效的提高。个人学习是组织中的个人在工作情境中进行的重要活动之一，无疑也会受到组织外部环境的不确定性的影响。本研究将狭义的外部环境不确定性，即环境动态性作为重要的调节变量，检验其对个人核心素质与个人学习间关系的调节作用，进一步揭示基于 AMO 理论的人力资源管理对个人学习产生作用的过程如何受到外部环境的影响。

2. 10　个人学习

个人学习来源于组织学习的概念。学术界已经从多个不同的角度对组织学习进行了定义，其中具有代表性的有如下几种。Argyris 与 Schon（1978）提出组织学习是组织成员在组织实践中纠正自身失误或异常，从而调整对组织的根本信念、行动理论和结构安排的过程，强调只有新的知识被转化为不同的可以复制的行为时，学习才会发生。Huber（1991）定义组织学习为组织对信息进行加工并通过该过程来改变潜在行为的一个过程。于海波、方俐洛与凌文辁（2003）在其研究中提出"组织学习是为了实现愿景或适应环境变化，在个体、小组、组织层和组织间进行的一种社会互动过程"。Senge（2006）在《第五项修炼：学习型组织的艺术与实务》一书中对组织学习和学习型组织进行描述，认为组织学习是人们在组织中一起学习，不断培养新的思考方式、激发集体的愿望、获取需要的组织结果的过程。陈国权（2009）定义组织学习为"组织成员不断获取知识、改善自身的行为、优化组织的体系，以在不断变化的内外环境中使组织保持可持续生存和健康和谐发展的过程"。定义组织学习能力是："组织成员作为一个整体不断地获取知识、改善自身的行为和优化组织的体系，以在不断变化的内外环境中使组织保持可持续生存与健康和谐发展的能力。"并认为组织的学习能力包含"发现、发明、选择、执行、推广、反思、获取知识、输出知识、建立知识库"九大能力。此外，根据对待组织已有知识的不同，组织学习还可以被分为探索式学习、利用式学习（Lewin, Massini, and Peeters, 2011）。根据学习的灵感和知识来源的不同，组织学习可以被分为内部学习与外部学习（Kessler, Bierly, and Gopalakrishnan, 2000）。

组织学习是相对个人学习在组织层面的一个比喻，事实上，"组织最终是通过它们的个体员工来实现学习的"（Kim，1998）。所有组织都是由个人组成的，个人学习是组织学习的基础，是理解组织学习的关键一环，在组织学习（organizational learning）和学习型组织（learning organization）构建中发挥着不可替代的重要作用（Kim，1998；李栓久、陈维政，2007）。个人学习的定义随着情境的改变而有所不同，但都强调了人们学习了什么（知道怎样学习）以及怎样理解和运用学习（知道为什么），也就是行动学习和概念学习的过程（Kim，1998）。学习就是提升个人采取有效行为的能力的过程，个人学习可以通过共享心智模式向组织学习转化，从而促进组织学习（Kim，1998）。

2.10.1　个人学习的定义

已经有许多研究者从心理学、语言学和教育学的角度对个人层面的学习进行研究，并提出学习是关于个人拓展认知界限的过程（Kim，1998）。在组织行为学研究领域，Levinthal 与 March（1993）指出，个人学习是个人为了应对职业生涯中获取高水平技能的需求，在工作中持续学习，不断积累与工作相关的知识和技能的行为（Levinthal and March，1993）。Kim（1998）提出，个人学习是与心智模式相互作用的概念式学习和行动式学习的循环过程。姚海林（2003）强调个人的知识管理对于个人学习和团队的重要作用。唐建生与和金生（2005）提出了个人学习的知识发酵模型，认为个人学习指个人在大脑中对各种外来信息和知识与大脑中积累的知识和信息一同进行加工制作的过程，并认为参加头脑风暴讨论会是一种个人学习的最一般的情况。李栓久与陈维政（2007）在其研究中将个人学习区分为一般意义上的个人学习和组织中的个人学习。陈国权（2008）在总结已有文献对个人学习定义的基础上，从个人的"知""行"和"其他素质"的改变三个方面，定义个人学习为"个人不断获取知识、改善行为、提升其他素质，以在不断变化的环境中使自己保持良好生存和健康和谐发展的过程"。与组织学习一样，个人学习行为的结构也包含"发现行为、发明行为、选择行为、执行行为、推广行为、反思行为、获取知识行为、输出知识行为和建立个人知识库行为"（陈国权，2008）。

总结现有学者对于个人学习的探讨可以发现，大部分定义都是从个人心智模式改善的角度以及知识流通和储备的角度出发的。可以说，个人学习的本质是知识管理的过程，除了需要管理个人大脑中本来存在的知识，还需要管理从外部动态情境中获得的知识，以及两种知识之间的转换。个人在工作场合中的学习既包含简单的复制性学习，也包含复杂的生产性或创造性的学习（Donaldson and Grant-Vallone, 2002）；既包括对显性知识的传递和处理，也包括对隐性知识的理解和吸收（Nonaka, 1994）；个人学习的出发点是初始知识，发酵出的知识则是个人学习的成果（唐建生、和金生, 2005）。为了更好地完成工作任务，有效管理工作中的压力，提升工作绩效，为个人福利和组织发展贡献力量，个人必须有意识地主动通过各种渠道获取知识，提升自己的个人学习能力。

2.10.2　个人学习的测量

陈国权（2008）将组织学习推广到个人层面，并相应提出包含九大能力的完备的个人学习量表，具体条目见表 2.22。

表 2.22　个人学习能力测量问卷

维度	测量条目
发现能力	1. 我能及早准确地发现与自己工作有关的各种新变化、新动向
	2. 我能及早准确地发现自己工作上的机会
	3. 我能及早准确地发现自己工作上潜在的问题、挑战或危险
发明能力	4. 我能针对自己工作方面的各种变化想出新的应对措施
	5. 我善于提出新点子
	6. 我善于提出有创意的措施
选择能力	7. 我在工作上面临多个考虑或方案时，能做到正确的比较、取舍和选择
	8. 我在工作上面临多个考虑或方案时，能做到高效的比较、取舍和选择
	9. 我在工作上面临多个考虑或方案时，能做出合适和有效的决策
执行能力	10. 我能将自己工作上的想法转化成具体行动
	11. 我能将自己工作上的计划有效地贯彻执行
	12. 我能将自己工作上的想法最终变成现实

表2.22(续)

维度	测量条目
推广能力	13. 我能将自己工作上好的经验在自己工作上多方面运用,并获益
	14. 我能吸取自己工作上失误的教训,使自己工作中类似失误不重复发生
	15. 我在工作中善于举一反三
反思能力	16. 我在工作中具有总结和反思的习惯
	17. 我善于对以前的工作进行反思,总结出经验或教训
	18. 我善于从以前工作上发生的事情中探索出有规律性的东西
获取知识能力	19. 我善于从外部获取工作上相关的知识和经验
	20. 我善于从外部得到工作上的咨询意见和指导
	21. 我善于通过各种渠道(如书、刊物、网站等)获取工作上的知识/经验
输出知识能力	22. 我能有效地通过沟通向同事传播我的理念、知识和经验
	23. 我能有效地通过写文章向同事传播我的理念、知识和经验
	24. 我能有效地用我的理念、知识和经验影响我的同事
建立个人知识库能力	25. 我平时注意记录和积累我点滴的想法、知识和经验
	26. 我将我的知识和经验采用文档或电子化方法进行管理
	27. 我将自己的知识和经验整理得井井有条,保存和使用都方便

2.10.3 小结

自 20 世纪 80 年代以来,组织学习和学习型组织越来越受到学术界和企业界的重视,国内外学者先后从多个角度对其进行了研究(Yang, Watkins, and Marsick, 2004;谢洪明, 2005;于海波、方俐洛、凌文辁, 2007),并在有关组织学习与组织绩效间关系的研究中取得了一定进展(谢洪明, 2005;于海波、方俐洛、凌文辁, 2007;陈国权, 2007, 2008),然而,只有极少数的学者尝试探讨过组织学习与组织内部其他管理实践之间的关系(陈国权, 2007),组织学习与人力资源管理模式如何在组织中实现匹配的研究较为缺乏。以往对于人力资源管理的研究也局限于人力资源管理与企业绩效之间的关系,或把人力资源管理作为因变量研究其与组织环境的匹配(Guest, 1997),缺乏人力资源系统如何影响组织学习的研究。

　　组织学习的最小单位是个人，知识分享的主体是个人，个人是学习型组织的重要主体（谭亚莉，2003；陈国权，2008）。组织中普通员工、管理者和领导者的学习行为和学习能力除了与个人绩效显著正相关外，也会对组织整体的知识积累、知识流动以及组织绩效产生影响（陈国权，2008）。同时，人力资源管理的一个重要分析层次也是个人，其各项管理实践都旨在提高与员工和组织相关的绩效（Boxall and Purcell，2000；Kaufman，2010）。如果组织采取的人力资源战略与人力资源管理实践都能更好地激发和促进组织中个人的学习，并且组织中的个人可以通过学习将有效的人力资源管理实践经验进行保存和运用，那么两者在个人层面的协同既有助于提升组织中个人的学习行为和学习能力，也能提高员工的工作满意度与组织承诺水平，进而在团队层面和组织层面影响知识积累和知识流动，提高生产效率（降低员工离职倾向），最终对组织绩效产生正向的影响。反之，如果组织中的人力资源管理模式阻碍组织中个人的学习，组织学习的氛围也不利于人力资源管理各项实践的推行，那么组织可能因为墨守成规而被瞬息万变的竞争市场淘汰，最终获得不理想的组织结果。

　　因此，本研究以实证研究的方法，探讨特定的人力资源管理系统提供的能力、动机和机会如何对组织中的个人学习产生影响，推动人力资源管理与组织学习匹配的相关研究向前发展，并为组织管理提供有益的启示。

2.11　本章小结

　　本章首先对本研究提出的研究模型中的自变量——基于 AMO 理论的合作型人力资源管理系统——进行了详细的文献回顾和梳理。依次对 AMO 理论产生的背景、理论出现的过程、在现有研究中的应用、在中国情境中的相关研究和理论研究的局限进行了理论综述，结合对人力资源管理包括战略人力资源管理的特征和分类的理论综述，提出了基于 AMO 理论的合作型人力资源管理系统，并对其特征和主要实践进行了详细的阐述。本研究提出的这种人力资源管理系统，是组织为了在成员间建立良好的人际关系并有效推动团队合作，通过一系列的提高合作能力、激发合作动机和提供合作机会的人力资源管理实践来促进组织内资源和信息的流动与利用的人力资源管理系统。

其次，本章对模型中的中介变量，即工作场所的个人关键素质进行了理论回顾和梳理，依次介绍了自我效能感、内外在动机和组织承诺的定义、测量及相关研究状况，并在每部分的小结中阐述了这些概念对于基于 AMO 理论的合作型人力资源管理系统产生作用的影响和意义。

再次，本章介绍了模型中的三个调节变量，包括描述工作本身的工作自主性与任务复杂性，描述工作氛围的心理安全感，描述工作外部环境的环境不确定性的定义、测量和相关研究状况，并在每部分的小结中提出这些变量可能产生的对个人关键素质作用于个人学习的影响。

最后，本章回顾了在模型中作为因变量的个人学习的来源和定义，介绍了个人学习能力的多个维度及详细完备的测量方式，提出个人学习对于个人、团队和组织发展具有重大意义，展望了基于 AMO 理论的合作型人力资源管理系统对于个人学习的影响。

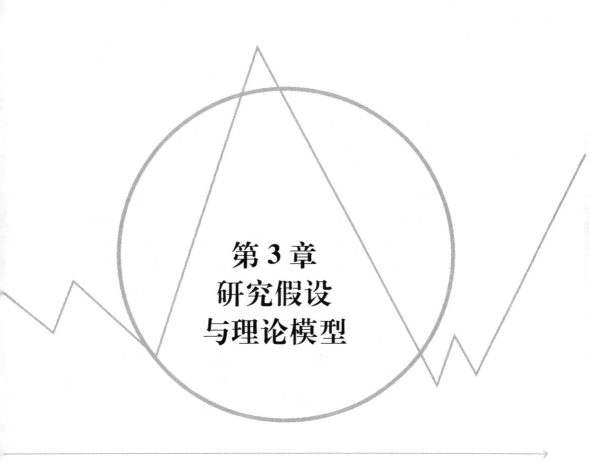

第 3 章
研究假设
与理论模型

在组织中，成员的"知""行"及其他与学习相关的素质的改变和提升构成了个人学习的过程，个人学习的发生不仅有助于个人"发现、发明、选择、执行、推广、反思、获取和输出知识，以及建立个人知识库"，从而提升个人在工作中解决问题的能力，还能促进组织中团队内部和团队间的知识分享，使团队协作能够更好地开展，同时还能有效推进组织中的知识更新和流动，使组织整体效率得到显著提升（陈国权，2008）。总之，个人学习的开展对于组织中的个人、组织中的团队和组织本身都具有十分重大的意义，组织的各项管理政策应当有意识地引导和支持工作场所的个人学习行为，促进个人学习能力的改善和提升。

个人学习的发生离不开组织中人与人之间的知识分享，他人的知识和经验是个人知识储备的重要来源。在企业情境中，员工个人若要在工作中高效率地学习和吸收知识，既需要一个认可和支持个人学习行为的组织氛围，也需要一群乐于助人、善于分享、长于合作的伙伴。在与他人合作完成工作任务的过程中，员工个人之间能够在知识、见解和工作方法上互通有无，并且接触、创造、吸收和积累一系列与工作相关的知识，从而实现高效率的个人学习。可见，组织中的合作型人力资源管理可以促进员工间开展合作，进而正向影响个人学习。但尽管高绩效人力资源管理系统的AMO 理论已经成为战略人力资源管理研究领域的经典思想，却还没有学者研究具体的人力资源管理系统的能力、动机和机会本身会为个人带来哪些影响。

本章将详细阐述基于 AMO 理论的合作型人力资源管理对个人学习的影响机制，发展相关的研究假设，并建立整体的理论研究模型。具体来说，首先，本章将探讨提高合作能力的人力资源管理实践如何影响个人学习，激发合作动机的人力资源管理实践如何影响个人学习，以及提供合作机会的人力资源管理实践如何影响个人学习。其次，会对个人的自我效能感、内外在动机和组织承诺这三个工作情境中的个人关键素质的中介机制进行介绍。本研究提出，自我效能感、内外在动机和组织承诺在合作型人力资源管理提供的能力、动机、机会与个人学习间的关系中扮演着重要的中介角色。再次，将探讨工作本身、工作氛围和外部环境对这一作用机制的影响。发展描述工作本身的工作自主性和任务复杂性对个人关键素质影响个人学习的调节作用的假设，体现工作氛围的心理安全感对个人关键素质影响个人学习的调节作用的假设，以及衡量外部环境的环境动态性对个人关键素质影响个人学习的调节作用的假设。最后，将基于上述假设形成完整详细的研究模型。

3.1　合作型人力资源管理与个人学习的关系

战略人力资源管理研究认为，人力资源管理之所以能在组织中扮演重要角色，是因为其包含的如何吸引和激励员工、如何发展员工的关键和稀缺的能力，以及如何发展有效的工作组织等过程对于组织具有重大意义（Boxall and Purcell，2000）。这些过程也可以有效促进组织中的学习。Prieto 与 Pilar Pérez Santana（2012）对西班牙的 198 家企业的数据进行实证研究，分析发现高参与人力资源实践可以促进组织中的探索式学习和利用式学习。

为了应对工作生涯中获取高水平技能的需求，人们在工作中持续学习，不断积累与工作相关的知识和技能（Becker and Gerhart，1996）。组织中各层次学习的发生依靠良好运转的人力资源管理模式，有效的人力资源管理实践和系统可以充分地调动组织成员学习的主动性、积极性和创造性，重视和发挥组织中人力资本的作用，从而支持和推动团队学习，进而加强组织学习。

合作型人力资源管理充分重视组织中的团队合作和人际信任关系等社会资本优势，并认为组织主动对内部社会资本进行管理有助于个体员工人力资本的增加，以及个体优势转化为集体优势（王红椿、刘学、刘善仕，2015）。合作型人力资源管理重视在组织中构建非正式的互动关系，并强调为那些能够促进合作有效开展所需的员工的知识、技能和态度配置资源，从而能够调动个体成员在组织中开展合作，使用合作的方式解决问题、完成任务的主动性、积极性和创造性，促进员工之间资源和信息的流动与利用，进而推动个人的知识更新、行为改变和素质提升，实现有效的个人学习（陈国权，2008；王红椿、刘学、刘善仕，2015）。具体地，合作型人力资源管理系统可以通过为个人学习提供动力、营造学习氛围和整合信息等来推动个人学习。

3.1.1　感知到的基于 AMO 理论的合作型人力资源管理与个人学习的关系

战略人力资源管理研究提出，组织的各个人力资源实践项之间应当相互协同和配合，内部契合的人力资源管理可以带来更好的组织结果（Dyer and Reeves，1995；Wright and Boswell，2002）。过去对高绩效人力资源管理系统的 AMO 理论的研究认为，人力资源管理实践通过增强组织中人力资本的能力、动机和机会，并将它们转化为所需的中间变量而影响更高层次的最终结果（Lepak et al.，2006；Savaneviciene and Stankeviciute，2010）。近年来 AMO 理论的相关研究逐渐提出能力、动机和机会这三个作用机制应当对应不同的人力资源管理实践。这些内部契合的实践具有共同的构造，一同突出能力、动机或机会的主题，并对员工个人的行为和态度产生影响（刘善仕、周巧笑，2004；Jiang et al.，2012）。但现有的探讨人力资源管理与组织学习间关系的研究还没有明确地提出应当采用致力于不同主题的、内部聚合的一系列人力资源管理实践来促进组织中的二元学习和提升绩效，而是从提升绩效的角度使用 AMO 理论，将绩效的提升分为提升能力、提升动机和提升机会三个方面（Prieto and Pilar，2012）。

AMO 理论中的能力、动机和机会机制已经被证明对于组织中的知识获取、分享和流动过程会产生重要的影响。Minbaeva 等（2003）基于 169 家在美国、俄罗斯和芬兰运营的跨国企业的子公司的样本数据，实证分析发现能力和动机在知识转移的过程中十分必要；Rgote、McEvily 与 Reagans（2003）指出，知识管理情境的特性通过影响个人创造、保存和转移知识的能力、动机和机会而影响知识管理的结果；Shin、Jeong 与 Bae（2016）使用 AMO 机制来解释高参与人力资源管理实践对员工创新行为的影响。但还没有研究者对 AMO 理论如何影响个人知识管理以外的学习行为进行研究，特别是基于 AMO 理论的人力资源管理系统如何影响组织中个人学习的实证研究较为缺乏。

此外，目前对于合作型人力资源管理系统作用机制在个体层面的分析，仍然局限于强调个体原本的知识和经验等素质方面（Lepak and Snell，2002；Lopez-Cabrales，Pérez-Luño，and Cabrera，2009），还没有人明确提出从能力、动机和机会这三个人力资源管理主题出发，分析合作型人力资源管理对于个人学习的正向影响。因此，本研究将分别发展基于能力的合作型人力资源管理实践与个人学习关系的假设、基于动机的合作型人力资源管理实践与个人学习关系的假设，以及基于机会的合作型人力资源管理实践与个人学习关系的假设。

本研究假设基于 AMO 理论的合作型人力资源管理实践会正向影响个人学习。本研究的主效应分为以下三个方面。

3.1.2　基于能力（A）的合作型人力资源管理实践与个人学习的关系

陈国权（2008）从个人的"知"（认知）、"行"（行为）和"其他素质"（与认知和行为相关的个人素质）的改变的角度定义了个人学习。个人为了在动态、复杂的环境中使自己生存并获得健康和谐的发展，需要不断地获取知识、改善行为和提升其他素质，这个过程需要合作型人力资源管理实践的支持。基于能力的合作型人力资源管理实践注重系统培养员工个人与他人合作、参与团队合作的能力，能够正向影响组织中的个人学习。

首先，员工个人主动发现工作中的变化和问题，发明解决问题的方法和应对措施，高效地比较和取舍多个解决方案，将工作方案转化成具体行动，在工作中举一反三，对以往发生的事情进行总结，从各种外部渠道获取新的知识和经验，向同事传播自己的理念、知识和经验，以及整理和保存自己的想法、知识和经验等学习行为需要充足的心理动力；如果知道组织中的合作型人力资源管理实践旨在提升自己的团队合作和跨职能合作的能力，那么员工个人将更有动力去主动地总结以往工作中的经验和教训，积极主动地通过与同事交流以获得和积累全新的理念、知识和经验，并向他人传播自己更新后的理念、知识和经验。其次，以上的一系列学习行为需要组织中的人力资源管理营造积极和宽松的组织氛围。合作型人力资源管理实践希望培养成员间、成员与组织间建立一致的合作性目标的能力，建立相互信任的能力和分享知识和经验的能力，激发个人主动参与交流及合作的意愿，为个人提供各种与他人接触、建立关系和深入交流的机会，搭建展示和分享个人理念、知识和经验的平台，从而使得组织中的学习氛围更为浓厚，因此成员更愿意，也能够更好地在团队中、组织中表达自己的想法，分享已有的知识和经验。成员间、团队间的沟通更顺畅、知识流动的阻力较小，可以使个人更积极地关注、理解和运用一系列隐性知识，有效地开展学习和创新。最后，个人学习的有效开展不仅需要不同的部门提供信息，还需要个人从不同的角度进行分析和反思。注重提升个人的团队合作能力的合作型人力资源管理实践，使组织中的个人的配合与协作意识增强、能力提高，在个人需要对以往发生的事情进行反思、总结和提炼时，能够从不同的角度提供信息，从而使个人更加准确地了解过去发生事情的来龙去脉，更好地进行经验教训的总结，提升解决类似问题的能力，并学习和积累新的信息和知识用于指导当前和未来的工作实践。

基于上述分析，本研究提出以下假设：

H1a：基于能力的合作型人力资源管理实践与个人学习显著正相关。

3.1.3 基于动机（M）的合作型人力资源管理实践与个人学习的关系

基于动机的合作型人力资源管理实践是一系列通过绩效考评、薪酬设计等互相协同的可以激发组织中个人的合作动机的人力资源实践。第一，这些实践鼓励组织中的员工开展合作，以团队合作的方式处理问题和完成工作任务，从而解决个人主动发现、发明、选择、执行、推广、反思、获取知识、输出知识和建立个人知识库的学习行为的动力问题，使员工主动注重和强化这些方面的行为，从而为合作打好个人基础。第二，当团队合作能力成为组织选择和个人提拔的重要依据，组织中的个人都乐于主动地与他人交流及合作时，这种其乐融融的氛围就有助于个人间沟通的顺畅和有效性，从而使个人能够更好地接触和吸收他人在工作上的信息和技巧，改善自己的知识结构和行为导向，提升自己的工作素质。第三，基于动机的合作型人力资源管理实践解决了人们以团队形式完成工作的动机问题，使人们在解决问题时习惯于从不同的角度进行分析和反思，从不同的部门获取信息，从而加速了组织中的信息和知识的流动，形成促进学习、提升学习效率的合力。

基于上述分析，本研究提出以下假设：

H1b：基于动机的合作型人力资源管理实践与个人学习显著正相关。

3.1.4　基于机会（O）的合作型人力资源管理实践与个人学习的关系

已有研究提出，人力资源系统通过影响组织中的氛围而影响员工的人力资本，其中员工获得的组织提供给他们的合适机会是其实现组织目标的重要前提，有助于员工贡献的最大化（Lepak et al., 2006）。组织中的个人实施一系列的学习行为，接触、创造、吸收和积累各种与工作相关的经验和知识的过程受到他们在组织中能够获取的机会的限制。基于机会的合作型人力资源管理实践旨在为员工个人提供合作的机会，包括让个人自主安排工作、参与自我管理团队或项目团队、使用团队方式解决问题、通过各种活动促进相互接触和建立关系等（王红椿、刘学、刘善仕，2015）。首先，个人只有具备一定的知识储备以及有竞争优势的工作经验和技巧，才能在机会到来时抓住机会并表现自己，从而获得组织的认可和反馈。因此，为个人提供合作机会的人力资源管理实践能增强个人学习的动力，从而促进个人学习的开展。其次，个人学习的开展离不开组织中强调交流、重视学习的氛围。基于机会的合作型人力资源管理为个人提供了各种与他人接触、建立关系和深入交流的机会，也搭建了个人展示和分享自己的理念、知识和经验的平台，使得组织中的学习氛围更为浓厚，个人可以更容易地开展全方位的学习。最后，这些交流与合作的机会能够使个人在遇到问题时从多视角来获取、分析和解读信息，从而更全面和深入地认识和解决问题，实现自身认知、行动和素质的改变，完成高效率的个人学习。

基于上述分析，本研究提出以下假设：

H1c：基于机会的合作型人力资源管理实践与个人学习显著正相关。

3.2　个人关键素质与个人学习的关系

3.2.1　自我效能感与个人学习的关系

个人对自己能力的判断在个人自我调节系统中起主要作用，个人如何判断自己的能力及这种判断对个人动机和行为的影响极为重要（Bandura,1977；张鼎昆、方俐洛、凌文辁，1999）。自我效能感是指一个人对自己能够完成一项任务的能力的信念，影响着个人的努力、毅力、表现，以及其所选择执行的目标的难度（Bandura，1977；Gist，1987；Sadri and Robertson，1993）。已有研究发现，员工的自我效能感受到其工作自主权的影响，员工的学习和工作质量受到工作自主权和自我效能感的共同影响（Sterling and Boxall，2013）。当员工具有从事他们工作的能力和自信，即自我效能感提升时，他们就可以在特定的工作任务中表现得更好，因此，对于那些需要员工不断更新自己的知识、改善行动和提升相关素质的工作来说，自我效能感能够有效促进个人的学习行为。

基于上述分析，本研究提出以下假设：

H2a：自我效能感与个人学习显著正相关。

3.2.2　内外在动机与个人学习的关系

工作动机有内在动机和外在动机之分，这种个人在动机倾向上的差异是人格心理学和社会心理学的关注重点（Amabile et al.，1994）。那些认为自己是由强烈的内在动机驱动的个人，可能会努力地选择允许他们获得新技能、提高创造能力和可以深入参与的工作任务，倾向于将他们的工作环境看作是支持他们的内在动机的，并且会在内在激励因素突出的地方找工作；而那些认为自己是被外在动机强烈驱动的个人会将他们的工作环境视为由外在控制的，并会在那些外在激励因素突出的地方找工作（Amabile et al.，1994）。已有研究发现，内外在动机既能在促进个人创新方面发挥重要的作用，也能够有效促进个人层面的学习行为和组织中的知识转移（Minbaeva，2008；Shin，Jeong，and Bae，2016）。在内在动机和外在动机激励下的个人，可以在工作中更加积极主动地拓展自己的知识边界，通过持续的学习行为提升自己的能力，更好地完成工作任务和获取他人的认可。

基于上述分析，本研究提出以下假设：

H2b：内外在动机与个人学习显著正相关。

3.2.3　组织承诺与个人学习的关系

组织承诺的概念来源于美国社会学家 Becker，他将员工通过把自己对组织的单方向付出使原本无关的利益和一系列一致的活动联系起来的心理现象称为承诺（Becker，1960）。Meyer 和 Allen（1990）提出，组织承诺是描述员工与组织间关系，并且影响员工在组织中的去留决定的一种心理状态，是个人对组织的参与、认同和忠诚。作为社会学、心理学和管理学中的个体态度方面的重要变量，组织承诺是个体在组织情境中的表现。已有研究发现，组织承诺能够较好预测员工层面的工作满意度、离职意向、缺勤等态度和行为，也会对员工的工作绩效产生影响（乐国安、尹虹艳、王晓庄，2006；樊耘、张旭、颜静，2013；Kehoe and Wright，2013）。本研究提出，对组织的情感依附、离开组织的可见成本和对组织的义务会影响员工在组织中的学习行为，当员工对组织的承诺水平较高时，他们更重视当下的工作，要求自己在工作中通过学习获得成长，从而为推动组织发展贡献力量。

基于上述分析，本研究提出以下假设：

H2c：组织承诺与个人学习显著正相关。

3.3　中介作用

3.3.1　自我效能感的中介作用

已有研究提出了员工技能、态度和行为对人力资源管理的重要中介作用。Katou 与 Budhwar（2009）对希腊制造业的 178 个企业的样本数据进行分析，结果发现以执行的能力、动机和机会为主题的人力资源政策通过员工技能、态度和行为的完全中介效应作用于组织绩效。自我效能感是与一系列的工作相关的态度、情绪和行为紧密联系的、人们判断自己能力的信念（Bandura，1977；张鼎昆、方俐洛、凌文辁，1999）。自我效能感影响个人的努力、毅力和表现，因此本研究假设自我效能感中介基于 AMO 理论的合作型人力资源管理与个人学习间的关系，并将中介效应分为以下三个方面。

3.3.1.1　自我效能感中介基于能力（A）的合作型人力资源管理实践与个人学习之间的关系

基于能力的合作型人力资源管理实践旨在提高员工的合作能力。当员工的合作能力通过企业培训、工作轮换、师父带徒弟等实践得到针对性的提升后，个人的自我效能感也会得到相应的提升，这是因为个体自身行为的结果是强化自我效能感的最重要的一方面（Bandura，1977）。在个人的自我效能感提升后，人们有信心开展合作，并且相信自己能够较好地与他人沟通，获取和理解他人的与工作相关的经验与知识，从而推动自己在团队中的学习行为以提升自己的技能。此外，当人们相信自己有能力参与组织中的团队合作时，也会主动在工作和生活中拓展自己的知识，通过多种渠道学习和积累新的知识和技能，以提升合作的质量、增加对团队的贡献。

基于上述分析，本研究提出以下假设：

H3a：自我效能感中介基于能力的合作型人力资源管理实践与个人学习之间的关系。

3.3.1.2　自我效能感中介基于动机（M）的合作型人力资源管理实践与个人学习之间的关系

基于动机的合作型人力资源管理实践旨在激发组织中的个人的合作动机。当员工的合作动机通过薪酬设计、考评系统、晋升和加薪标准等实践得到针对性的提升后，其自我效能感也会得到相应的提升。这是因为来自他人的间接经验、他人的评价和劝说以及自身的情绪和生理状态都是影响个人自我效能感的基本信息来源（Bandura，1977）。考评系统中的如由多个评价者考核员工的整体绩效的实践类似于来自他人的间接经验和他人的评价，设定了个人参与合作的标准，并肯定了与他人交流及合作的重要性。个人合作动机的提升直接改变了自身的情绪和生理状态，使个人更加积极主动地参与组织中的各种团队合作。因此，基于动机的合作型人力资源管理实践可以提升个人的自我效能感，而自我效能感的提升使个人相信自己能够在学习过程中表现良好，从而使个人主动地参与组织中的各项交流和分享活动，学习他人的经验和知识；当在工作中遇到困难时，自我效能感高的员工能够迎难而上，主动通过各种渠道进行学习并寻求解决方法，增强解决类似问题的能力。

基于上述分析，本研究提出以下假设：

H3b：自我效能感中介基于动机的合作型人力资源管理实践与个人学习之间的关系。

3.3.1.3　自我效能感中介基于机会（O）的合作型人力资源管理实践与个人学习之间的关系

基于机会的合作型人力资源管理实践旨在为组织中的个人提供合作机会。一系列允许员工自主安排工作、使用团队方式解决问题、举行各种活动促进沟通等实践，围绕为员工个人提供参与合作的机会的主题，致力于在组织中搭建各种交流与合作的平台。当个人能够较为容易地参与自我管理团队或项目团队，与团队内成员、团队外专家等顺畅沟通时，个人就会对参与合作及采取合作的方式解决问题更有信心，自我效能感就会提升。这是因为个人可以更加容易地获取他人的间接经验，接触到他人的评价和劝说，从而改变自身的情绪和生理状态，这些都是影响自我效能感的基本信息来源（Bandura，1977）。当个人的自我效能感提升以后，个人能够积极并顺畅地与他人交流，在团队中向他人学习；也能够更加积极主动地在工作和生活中通过各种渠道开展学习，积累知识和技能。

基于上述分析，本研究提出以下假设：

H3c：自我效能感中介基于机会的合作型人力资源管理实践与个人学习之间的关系。

3.3.2　内外在动机的中介作用

工作动机分为内在动机和外在动机（Amabile et al.，1994）。由内在动机驱动的个人重视挑战、乐趣、个人充实、兴趣和自主，关注工作本身，并努力在工作任务中获得新技能、提高创造能力和加强深度参与；由外在动机驱动的个人关注工作可以带来的金钱、认可、竞争和他人指令，倾向于在外在激励因素突出的环境中表现自己（Amabile et al.，1994）。已有研究发现，内外在动机既能在促进个人创新方面发挥重要的作用，也能够有效促进个人层面的学习行为和组织中的知识转移。Shin、Jeong 与 Bae（2016）对韩国的 240 家制造业企业的 3 316 个流水线工人的样本进行研究分析，发现高参与的人力资源管理实践束可以通过影响员工的内部工作动机而提升个体员工的创新能力；Minbaeva（2008）在研究中提出，特定的人力资源管理实践通过影响知识接收者的内外在动机而影响组织内及组织间的知识转移过程。本研究提出，基于 AMO 理论的合作型人力资源管理通过影响工作的内外在动机作用于个人学习。具体来说，内外在动机的中介效应分为以下三个方面。

3.3.2.1　内外在动机中介基于能力（A）的合作型人力资源管理实践与个人学习之间的关系

基于能力的合作型人力资源管理实践以增强个人的合作能力为主题。

当个人具有较强的合作能力后，他们可以更加自由和顺利地参与组织中的各类团队，以团队的形式完成工作，并在团队合作中感到快乐和满足，此时个人的内在动机得到强化。他们倾向于自发、主动地去合作，在团队中从他人那里获取新的知识和经验，也能推动个人在日常工作和生活中主动拓展知识、积累经验。在组织强调和培养员工的合作能力的情况下，为了符合组织的招募和培训标准，个人参与合作的外在激励增加了，因此其外在工作动机也得到了相应的强化。在外在动机的作用下，个人愿意主动在组织中展现合作的行为和素质，他们会频繁地在组织中发出自己的声音，分享自己的见解，并吸收他人的经验和知识，从而使自己的工作技能得到提升；为了在团队中更好地参与交流和分享，个人也会有意识地通过各种内外部渠道获取和更新自己的知识储备。

基于上述分析，本研究提出以下假设：

H4a：内外在动机中介基于能力的合作型人力资源管理实践与个人学习之间的关系。

3.3.2.2　内外在动机中介基于动机（M）的合作型人力资源管理实践与个人学习之间的关系

基于动机的合作型人力资源管理实践以激发个人的合作动机为主题。当个人的合作动机得到强化后，相应的工作内在动机和外在动机都会有所强化，为了在合作中体验快乐和感到满足，以及为了满足企业的薪酬架构、绩效考核和晋升标准，个人会积极主动地参与组织中的各类团队，在团队中与他人共享信息、知识和经验，从而丰富自己的知识储备；为了高效率地参与合作，个人也会有意识地改善自己的发现、发明、选择、执行、推广、反思等学习行为。

基于上述分析，本研究提出以下假设：

H4b：内外在动机中介基于动机的合作型人力资源管理实践与个人学习之间的关系。

3.3.2.3　内外在动机中介基于机会（O）的合作型人力资源管理实践与个人学习之间的关系

基于机会的合作型人力资源管理实践以为个人提供合作机会为主题。当个人能够更加容易地获取与他人交流的机会，更容易地参与组织中的各类团队，在遇到问题的时候能够更好地向他人求助和请教时，个人就会更加乐于用团队的方式完成工作任务，内在工作动机得到强化；当个人被鼓励并且能更加容易地参与组织中的团队工作时，为了获取团队中他人的认可、符合组织的工作标准，个人会更愿意通过与他人合作完成工作，外在工作动机得到强化。内外在工作动机的强化都有助于个人主动和积极地开展学习，即个人及早准确地发现自己在工作中的各种问题和变化，发明解决问题的新点子和应对措施，高效地比较和取舍多个解决方案，将工作方案转化成具体行动，在工作中举一反三，对以往发生的事情进行总结，从各种外部渠道获取新的知识和经验，向同事传播自己的理念、知识和经验，以及整理和保存自己的想法、知识和经验等。

基于上述分析，本研究提出以下假设：

H4c：内外在动机中介基于机会的合作型人力资源管理实践与个人学习之间的关系。

3.3.3　组织承诺的中介作用

组织承诺反映了员工个人和组织间的一种心理契约，是可以促使人们持续参与与工作相关的活动的心理机制（乐国安、尹虹艳、王晓庄，2006）。已有研究发现，组织承诺能够稳定地预测员工的离职意向、缺勤等态度和行为（樊耘、张旭、颜静，2013）；人力资源管理系统在员工层面的工作机制需要组织承诺的参与，组织承诺中介高绩效人力资源管理实践与企业绩效之间的关系（Butts et al.，2009；Kehoe and Wright，2013）。Gardner、Wright 与 Moynihan（2011）在其研究中将集体情感承诺作为重要的中介变量，实证分析发现动机和授权等人力资源实践与整体的员工自愿离职率负向相关，增加知识、技能和能力的人力资源作用实践与自愿离职率正相关。因此，本研究提出组织承诺中介基于 AMO 理论的合作型人力资源管理与个人学习间关系的假设。具体来说，组织承诺的中介效应分为以下三个方面。

3.3.3.1　组织承诺中介基于能力（A）的合作型人力资源管理实践与个人学习之间的关系

组织中致力于提高合作能力的人力资源管理实践能够强化个人对组织的承诺进而影响个人学习。这是因为当组织培养和提升了个人的某种能力时，从组织承诺的交换性观点来看，员工倾向于为组织贡献自己的力量；

从组织承诺的心理性观点来看，员工在这种积极正面的引导下倾向于忠诚于组织；从组织承诺的类型类观点来看，这种合作能力的提升为员工个人带来了福利提升的工具，并且能在心理上满足个人更好开展工作、融入组织的需求，因此员工对组织的承诺会得到强化（乐国安、尹虹艳、王晓庄，2006）。组织承诺的强化意味着组织情境与员工对组织的预期一致，离开组织会使员工的利益受损，并且员工个人感觉有义务留在组织中。如此，员工个人在工作中退缩的概率会降低，他们会将注意力集中于当前组织分配的工作任务，通过培训、书本、网络等渠道学习新的知识，通过与组织内部和外部人员的交流吸取已有的较好的经验，改善自己的认知、行动和素质，从而更高效地开展工作。

基于上述分析，本研究提出以下假设：

H5a：组织承诺中介基于能力的合作型人力资源管理实践与个人学习之间的关系。

3.3.3.2 组织承诺中介基于动机（M）的合作型人力资源管理实践与个人学习之间的关系

组织中致力于激发合作动机的人力资源管理实践能够强化个人对组织的承诺进而影响个人学习。这是因为当组织通过薪酬设计、绩效评估和晋升标准鼓励人们参与组织中的各项合作，并且发自内心地愿意与他人交流与合作，在集体氛围中开展工作时，员工对组织的情感依附、认同感和参与度都会提升，员工会在组织中投入和付出更多，社会舆论也认为员工应当忠诚于鼓励他们合作的组织，因此个人对组织的情感承诺、持续承诺和规范承诺都会增强（Allen and Meyer，1990；Meyer，Allen，and Smith，1993）。较强的组织承诺有助于个人学习的开展，为了高效率地完成组织分配的工作，解决工作中遇到的问题，员工会及早准确地发现问题和变化，发明、选择和执行解决方案，并且对以往发生的事情进行反思，总结经验教训以推广到未来的工作中去，通过各种外部渠道获取新的知识和经验，将这些知识和经验进行整理保存并在组织中传播。

基于上述分析，本研究提出以下假设：

H5b：组织承诺中介基于动机的合作型人力资源管理实践与个人学习之间的关系。

3.3.3.3　组织承诺中介基于机会（O）的合作型人力资源管理实践与个人学习之间的关系

组织中致力于为员工个人提供合作机会的人力资源管理实践能够强化个人对组织的承诺进而影响个人学习。这是因为组织通过各种渠道为员工搭建的沟通和交流的平台，以及为员工提供的参与团队的机会属于组织为员工贡献提供的回报和福利。从交换性观点出发，员工会因此强化自己对组织的承诺；从心理性观点出发，这种积极的、正面的导向也会激发员工的承诺；从类型类观点出发，这不仅是员工获得成长的重要工具，也能在心理上满足员工对于组织的期待（乐国安、尹虹艳、王晓庄，2006）。员工因组织提供的合作机会而增强的组织承诺会正向影响员工的个人学习，为了回馈和报答组织提供的机会，员工通过各种渠道丰富自己的知识积累，将以往的工作经验应用于新的任务，提升工作技能以解决和应对工作中出现的问题和新变化，从而努力和高效地完成任务，推动团队合作的开展。

基于上述分析，本研究提出以下假设：

H5c：组织承诺中介基于机会的合作型人力资源管理实践与个人学习之间的关系。

3.4　调节作用

3.4.1　工作自主权和任务复杂性的调节作用

人力资源管理对员工产生作用的过程在一定程度上受到组织已经设计好的工作特征的影响，工作本身是人力资源实践产生作用的一个重要的外部要素。而工作自主权和任务复杂性是工作特征的代表性概念（Hackman and Oldham，1974）。员工在工作中感知到的工作自主权能够帮助工作场所的人力资源管理实践实现对个人的态度和行为的改变（Snape and Redman，2010）。已有研究发现，工作场所的个人学习行为的发生，受到员工具有的工作自主权的积极影响，且能与个人的自我效能产生交互效应（Sterling and Boxall，2013）。任务复杂性是个人与任务交互的重要方面，包含了对丰富程度、挑战、刺激、兴奋、难度、熟悉程度、要求、经验等任务特征的描述（Campbell，1988）。已有研究发现，任务复杂性在个人实现工作目标的过程中起着重要的调节作用。奉小斌（2012）对高新技术企业中的131 个研发团队的数据进行研究分析，发现任务复杂性可以增强研发团队跨界行为中的协调行为和侦测行为这两个子维度对创新绩效的影响。

本研究提出工作自主权和任务复杂性调节自我效能感、内外在动机和组织绩效对个人学习的正向影响。

3.4.1.1 工作自主权的调节作用

（1）工作自主权调节自我效能感与个人学习之间的关系

当个人在工作中拥有较高的工作自主权时，意味着他们可以更加灵活地决定在工作中执行什么任务、怎样完成任务，以及怎样处理工作中出现的问题（Hackman and Oldham，1974，1975）。此时，相信自己具有能够解决问题、圆满完成任务并且能够在该过程中学到新知识和新技能的个人，能够更加积极地通过各种渠道获取知识和经验，更准确和深刻地对工作中的事情进行总结和反思，更频繁地向他人请教和与他人交流，更科学地管理自己的知识储备，从而全方位地改善自己的认知、行动和相关素质，更好地实现个人学习。

基于上述分析，本研究提出以下假设：

H6a：工作自主权正向调节自我效能感与个人学习间的正相关关系。

（2）工作自主权调节内外在动机与个人学习之间的关系

当个人在工作中拥有更大的自主权时，个人在安排工作、选择完成任务使用的设备以及决定应当遵循的工作流程等方面具有更大的话语权（Hackman and Oldham，1974，1975）。此时，具有较高水平的内在工作动机的个人能够更加积极主动地在工作中拓展自己的知识和技能，乐于接受工作中的挑战，并满足于完成工作的成就感；具有较高水平的外在工作动机的个人得益于在工作安排中的自由度，为了得到他人和组织的认可和肯定，会更加灵活地运用这一自由度，通过各种渠道吸收与工作相关的知识和技能，使自己在知识、行动和个人素质上得到提升，从而得到团队和组织的进一步关注和提拔。

基于上述分析，本研究提出以下假设：

H6b：工作自主权正向调节内外在动机与个人学习间的正相关关系。

（3）工作自主权调节组织承诺与个人学习之间的关系

当个人拥有了更大的工作自主权时，个人被允许更加自由和灵活地选择工作方法、工作安排和制定工作标准（Breaugh，1985）。此时，对于组织具有较强的情感承诺、持续承诺和规范承诺的个人会为了贡献和回报组织，进一步借鉴他人或书本中的已有经验和技巧改善工作方法、调整工作安排、改进工作标准。在这一过程中，个人能够更加敏锐和准确地发现工作中的问题和新变化，发明新的解决方案，并选择和执行工作方案，将自己的知识和经验积累起来，更高效地向他人传递自己的见解和理念，使自己的学习能力得到进一步的提升。

基于上述分析，本研究提出以下假设：

H6c：工作自主权正向调节组织承诺与个人学习间的正相关关系。

3.4.1.2　任务复杂性的调节作用

（1）任务复杂性调节自我效能感与个人学习之间的关系

当个人面临的工作的任务复杂性提高后，个人需要实施的不同行动的数量和必须处理的不同信息提示的数量增加，需要协调的信息提示、行动和产出的关系增多，因此，必须频繁地适应执行任务过程中的因果链或方法—结果结构层次的改变（Wood，1986）。此时，对自己处理复杂任务和同时处理多项任务的能力更有信心的个人能够表现得更好，更能恰当地寻求新的处理方式和借鉴他人在类似工作中的经验和技巧，更能为了完成任务而主动通过多种渠道丰富自己的知识储备、提升自己的工作技能，从而更高效地改善个人的知识、行动和素质，实现高效率的个人学习。

基于上述分析，本研究提出以下假设：

H6d：任务复杂性正向调节自我效能感与个人学习间的正相关关系。

（2）任务复杂性调节内外在动机与个人学习之间的关系

当个人面临的工作的任务复杂性提高后，个人会面临来自同时处理不同的信息提示和行动，并为其排序和协调关系，以及应对频繁的任务执行过程中的因果链或方法—结果结构改变的压力（Wood，1986）。在这个过程中，那些工作的内外在动机更强的个人表现得更好，也能够学到更多的新知识和技巧。这是因为内在动机强的个人在遇到工作中的挑战时更有激情去解决问题，享受过程中的乐趣；而外在动机强的个人希望通过完成更为复杂的任务而获得他人和组织的认可或嘉奖。因此，在任务复杂性提升后，内外在动机激励下的个人能够更加积极地向外探索知识，向内总结经验教训，积累解决工作中遇到的问题的高效率的方法。

基于上述分析，本研究提出以下假设：

H6e：任务复杂性正向调节内外在动机与个人学习间的正相关关系。

(3) 任务复杂性调节组织承诺与个人学习之间的关系

当个人面临的工作的任务复杂性提高后，个人必须面对工作任务的成分复杂性、协调复杂性和动态复杂性，需要更加有效率地完成工作任务的信息输入、信息处理和信息输出的流程（Wood，1986；Bonner，1994）。此时，具有较强组织承诺的个人对于任务复杂性的提升的抵触心理更弱，更愿意任劳任怨地应对和完成新的工作任务。并且为了高效率地应对复杂程度提升的工作，个人需要在工作和生活中有意识地寻求新的知识用于指导问题的解决，还需要与具有相关经验的组织内外部人员更多地交流，从而使自己在知识、行动和素质三方面得到提升，以更强的学习能力完成工作任务。

基于上述分析，本研究提出以下假设：

H6f：任务复杂性正向调节组织承诺与个人学习间的正相关关系。

3.4.2 心理安全感的调节作用

除了工作本身的一些特征，工作所营造的氛围也能对一系列核心的个人素质与个人学习间的关系产生影响。已有研究提出，人力资源管理系统通过作用于组织氛围而影响员工态度，进而影响组织绩效（Lepak et al.，2006）。组织氛围是在员工对他们的工作环境认知有较高的一致性时产生的（Lepak et al.，2006）。心理安全感是动态变化的一种员工个人与领导、同事长期的人际互动后的感知，是可以增强员工参与的心理氛围的重要组成部分（Brown and Leigh，1996；吴维库 等，2012）。Schein（1985）提出心理安全感可以帮助人们克服防御心理或学习焦虑感，从而促进建设性学习行为（Edmondson，Kramer，and Cook，2004）。Edmondson（1999）的研究也为团队心理安全感促进学习行为提供了有说服力的逻辑。

本研究提出员工的心理安全感调节自我效能感、内外在动机和组织绩效对个人学习的正向影响。

3.4.2.1 心理安全感调节自我效能感与个人学习之间的关系

当组织中的员工个人具有较高水平的心理安全感时，意味着员工认为组织管理是灵活的和支持性的，员工较为清晰地知道自己的组织角色和适用的规范，不仅可以较好地控制自己的工作和用于完成工作的方法，也能自由地表达自己的真情实感（Brown and Leigh, 1996）。在这种情况下，具有较高自我效能感的个人有更多的发挥个人能力的空间，能够自由地在团队和组织中提出自己的观点和见解，更好地与他人分享信息和知识，使自己发明、发现、选择、执行、推广、反思、获取知识、输出知识和建立知识库的各方面的学习能力得到提升。

基于上述分析，本研究提出以下假设：

H7a：心理安全感正向调节自我效能感与个人学习间的正相关关系。

3.4.2.2　心理安全感调节内外在动机与个人学习之间的关系

当组织中的员工个人具有较高水平的心理安全感时，个人不再担心在工作中向他人寻求帮助或反馈会被置于被批评能力不足或被羞辱的风险之中，个人的担忧和焦虑减少了。此时，若个人对自身正在从事的工作有较大的热情，并且期待从工作中获得物质回报和成就感，即个人的工作内外在动机都较高，那么个人更愿意在团队和组织中表现出指出错误、尝试工作假设的行为。这些行为有助于组织中的信息和知识的传递和流动，也有助于个人知识储备的增加和更新，在此基础上个人可以更好地调整自己的工作行为，改善自己与工作相关的素质，在个人学习中取得更大的进步。

基于上述分析，本研究提出以下假设：

H7b：心理安全感正向调节内外在动机与个人学习间的正相关关系。

3.4.2.3　心理安全感调节组织承诺与个人学习之间的关系

当组织中的员工个人具有较高水平的心理安全感时，个人会认为自己在团队或组织中即使参与了有风险的行动，也不会损害自己的个人形象、状态或职业生涯，这种对于工作环境中的人际关系风险后果的感知和信念使个人更愿意敞开心扉地指出组织中的不足并提供改进的建议（Kahn，1990；Edmondson, 1999；冯永春、周光，2015）。对于那些对组织有较高承诺水平的个人，他们可以更加没有顾虑地为组织贡献力量。为了更好地推动组织发展，员工个人会有意识地提升和改善自己在工作中的认知、行动和素质，高效率地学习和积累知识、经验，持续地服务于组织。

基于上述分析，本研究提出以下假设：

H7c：心理安全感正向调节组织承诺与个人学习间的正相关关系。

3.4.3 环境动态性的调节作用

环境不确定性会对个人和组织层面的绩效、创新、学习行为等产生重要影响，是组织管理相关研究中不容忽视的一个工作本身、工作氛围以外的工作外部情境要素（Li and Simerly, 1998; Gaur et al., 2011; 杜海东、严中华, 2013; 陈国权、王晓辉, 2012）。外部环境是个体企业的机会和威胁的来源（Swamidass and Newel, 1987）。环境的一个最主要的特征就是不确定性，环境不确定性主要来源于环境动态性（Duncan, 1972）。环境动态性主要表现在企业面临的外部技术标准、客户需求、竞争对手情况等的变化（Li and Simerly, 1998; Krishnan, Martin, and Noorderhaven, 2006）。已有研究发现，环境变动会影响组织中的学习。彭说龙、谢洪明与陈春辉（2005）以珠三角企业为例的实证研究发现，环境变动促进组织的学习活动，进而促进组织绩效的提高。个人学习是组织学习的重要组成部分，无疑也会受到外部环境的影响。

本研究提出环境动态性调节自我效能感、内外在动机和组织绩效对个人学习的正向影响。

3.4.3.1 环境动态性调节自我效能感与个人学习之间的关系

当员工个人所在企业面临的外部环境的动态性水平提升时，即环境中各因素变化的频率变大、不稳定的程度提高时，那些自我效能感高的个人就能够更好地掌控自己的学习。这是因为环境动态性不断为个人的工作带来新的问题和变化，那些相信自己可以处理好这些情况的个人能够更好地在频繁变化的高压力的环境中保持知识更新，以新的方式高效应对和解决工作中出现的问题。在这个过程中，个人倾向于通过各种渠道的信息和知识来源灵活地发明、选择、执行、推广和反思工作方案，并且能够更高效地获取、储存和输出知识。

基于上述分析，本研究提出以下假设：

H8a：环境动态性正向调节自我效能感与个人学习间的正相关关系。

3.4.3.2 环境动态性调节内外在动机与个人学习之间的关系

当员工个人所在企业面临的外部环境的动态性水平提升时，员工需要在工作中处理超量的信息，并且这些信息是难以预料、频繁变化的。此时，对工作本身富有激情、喜爱挑战的个人能够更加从容地通过学习新知识、积累新经验来应对这些信息带来的压力，想要通过在复杂变化的环境中表现出异于常人的能力并得到他人和组织的肯定和奖励的个人，也能够通过吸取已有的知识和经验较好地应对和处理这些信息。即内外在工作动机都较强的个人可以在动态复杂的环境中保持知识更新，以促进自己在工作中的行动和与工作相关的素质的提升，从而更好地完成工作任务。

基于上述分析，本研究提出以下假设：

H8b：环境动态性正向调节内外在动机与个人学习间的正相关关系。

3.4.3.3　环境动态性调节组织承诺与个人学习之间的关系

当员工个人所在企业面临的外部环境的动态性水平提升时，企业决策需要考虑的信息变得复杂，对环境中的稀缺资源也更加依赖（Swamidass and Newel，1987）。为了在复杂变化的环境中可持续生存，获取健康和谐发展的能力，组织在做决策时需要个人贡献更大的力量。组织承诺较强的个体在情感上依附于组织，愿意一直留在组织中，并认为推动组织的发展是个人的义务，因此为了使组织的决策和生存能力得到提升，他们更愿意在组织中发表自己的意见，提出自己的建议，贡献自己的知识储备和思维分析能力，并通过实际行动和个人素质的提升贡献于组织的发展。

基于上述分析，本研究提出以下假设：

H8c：环境动态性正向调节组织承诺与个人学习间的正相关关系。

3.5　本章小结

本章对基于 AMO 理论的合作型人力资源管理系统对个人学习的促进作用进行了分析和总结，并在此基础上分别详细阐述了基于能力、基于动机和基于机会的合作型人力资源管理实践对个人学习的促进作用，发展了相应的研究假设。为了探究基于 AMO 理论的合作型人力资源管理系统对个人学习产生影响的中间机制，本章提出自我效能感、内外在动机和组织承诺这三个与工作相关的个人核心素质能够促进组织中的个人学习，并引进和介绍了员工的自我效能感、内外在动机和组织承诺的中介效应，分别对应基于能力、基于动机和基于机会的合作性人力资源管理实践与个人学习间的关系分析和发展了中介作用假设。为了进一步完善基于 AMO 理论的合作型人力资源管理对个人学习的影响路径，本章还分析和论述了工作自主权、任务复杂性、心理安全感和环境动态性在模型中产生的调节效应，发展出了相应的调节作用假设。

本研究的研究假设和理论模型见图 3.1：

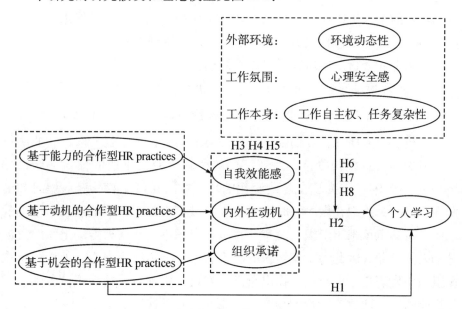

图 3.1　本研究的研究假设与理论模型

（说明：图中的箭头代表变量间的作用关系，按照每个自变量都作用于三个中介变量，每个中介变量都作用于因变量，每个调节变量都作用于中介变量与因变量之间的关系来算，应该有 24 个箭头。为了不使本图看起来太复杂，笔者只画出了其中 5 个箭头，并使用虚线长方形代表这些关系的整体作用过程）

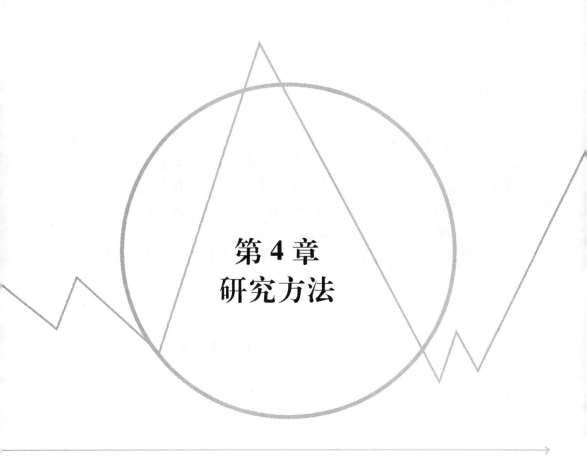

第 4 章
研究方法

为了检验上一章提出的理论模型和各个研究假设，本研究使用问卷调研的方式在企业中收集数据并开展后续实证分析。本章将介绍本研究所使用的具体样本选择与数据收集方法、问卷选取与设计过程，以及所使用的详细的数据分析方法。

4.1　样本选择与数据收集

本研究使用问卷调查方法收集数据，是因为问卷调查方法简洁和有效而受到管理学研究者的肯定，是目前较为成熟和被普遍采用的管理学的定量研究方法。具体来说，作为管理学定量研究中最为普及的方法，该方法的实用性主要体现为如下四方面（陈晓萍、徐淑英、樊景立，2008）。

一是可以快速有效地收集数据。

二是在保证所使用量表的信度、效度以及足够的样本量的情况下，可以收集高质量的研究数据。

三是因为对被调查者的干扰较小而容易获得支持，并且可操作性较强。

四是由于成本低廉，是最经济的实地研究数据收集方法。

以上的优势是基于问卷调查参与者会认真阅读和回答所有问题，有足够的能力理解问题，会对问题提供真实、坦诚的答案的假设之上的（陈晓萍、徐淑英、樊景立，2008）。

本研究沿用现有的量表，并对量表的翻译和改编进行了相应检验，最大限度地保证了问卷调查的信度和效度。

为方便取样、获得详细准确的一手信息和资料，本研究选取北京市不同行业、不同企业的在职员工进行问卷调查。他们是从事不同工作的一线员工，具有较高的个人素质和理解能力，能够较好地理解问卷调查中的题目并自愿参与此次问卷调查，配合认真阅读和回答问卷中的所有题目。为了消除问卷调查参与者的顾虑，本研究使用匿名作答的形式，只保留了参与者的小部分个人基本信息，有助于收集真实和坦诚的回答。并且，为了调动参与者的积极性，保障所收集研究数据的质量，本研究还在问卷调查过程中使用了一定的物质奖励对参与者进行激励。

4.2　问卷的选取与设计

本研究在设计问卷时主要沿用现有的量表。这是因为现有的在管理学定量研究中被广泛使用的量表一般具有较高的信度和效度，保证了问卷中量表的价值（陈晓萍、徐淑英、樊景立，2008）。并且现有量表来源于发表在学术期刊的经受过严格专业审核的文献，在一定程度上具有可靠性，尤其是那些在现有文献中被反复使用的量表，其认可度更高，因此沿用现有量表的研究更容易在学术领域被接受（陈晓萍、徐淑英、樊景立，2008）。

4.2.1　问卷指导语

问卷指导语是指放在问卷开头的告知参与者研究目的、研究主要内容和填写注意事项的一段话。通过问卷指导语，参与者能了解问卷调查研究人员的背景和基本情况，建立对研究人员的基本信任，从而认真阅读并如实填写问卷。本研究使用的问卷指导语的具体内容如下。

尊敬的先生/女士：您好！

我们正在进行国家自然科学基金项目的研究，探讨企业管理中的相关议题。我们邀请您自愿参与本次问卷调查。请您基于您和所在企业的实际情况，根据第一感觉进行回答。本调查完全用于科学研究的目的，回答问题没有对错、好坏之分。请您放心填写。我们会对您的回答加以保密。本问卷内容较多，请您耐心填写，在回答完所有问题之后提交。衷心感谢您的大力支持！祝您工作顺利，生活幸福！

清华大学经济管理学院

4.2.2　基于 AMO 理论的合作型人力资源管理问卷

本研究使用王红椿、刘学与刘善仕（2015）开发的合作型人力资源管理量表对基于 AMO 理论的合作型人力资源管理进行测量。原始量表包括提高合作能力、激发合作动机及提供合作机会这三个内容结构维度，一共20 个测量条目（王红椿、刘学、刘善仕，2015）。尽管该量表的开发者并未提及高绩效人力资源管理的 AMO 理论，但本研究认为量表的三个维度是对 AMO 理论思想的较好融汇和表达，并在此基础上定义基于 AMO 理论的合作型人力资源管理系统是组织为了在成员间建立良好的人际关系并有效推动团队合作，通过一系列的提高合作能力、激发合作动机和提供合作机会的人力资源管理实践来促进组织内资源和信息的流动与利用的人力资源管理系统，将问卷重新分为基于能力、基于动机和基于机会的合作型人力资源管理三个维度。问卷采用 7 点式里克特量表。其中，"1" 表示 "非常不符合"，"2" 表示 "不符合"，"3" 表示 "有些不符合"，"4" 表示 "一般"，"5" 表示 "有些符合"，"6" 表示 "符合"，"7" 表示 "非常符合"。由于本研究是从个人感知层面对人力资源管理及其效用开展研究，因此对原始量表各条目的具体措辞进行了微调，以体现个人对合作型人力资源管理实践的感知过程，详细的测量条目如下。

基于能力的合作型人力资源管理 1：本公司在招募我时侧重我与组织价值观、企业文化的匹配。

基于能力的合作型人力资源管理 2：我在本企业接受的培训内容包括如何保持良好的人际关系。

基于能力的合作型人力资源管理 3：本企业在招募我时看重我的合作能力和团队工作能力。

基于能力的合作型人力资源管理 4：我在本企业接受了跨职能培训或工作轮换。

基于能力的合作型人力资源管理 5：我在本企业接受的培训内容包括团队建设和团队合作。

基于能力的合作型人力资源管理 6：我是新员工时，本企业为我提供了多部门轮岗的机会。

基于能力的合作型人力资源管理 7：我进入本企业后，有师父带领我了解和熟悉工作，帮助我成长。

基于动机的合作型人力资源管理 1：我的薪酬浮动部分与整个企业的绩效相关。

基于动机的合作型人力资源管理 2：我的整体工作绩效由多个评价者考核。

基于动机的合作型人力资源管理 3：本企业对我的考核标准包括我在团队中的合作态度和行为。

基于动机的合作型人力资源管理 4：本企业为我提供较多的晋升机会。

基于动机的合作型人力资源管理5：我的薪酬浮动部分与所在项目团队的绩效相关。

基于动机的合作型人力资源管理6：本企业在考虑我的晋升时，使用的标准包括我在团队中的合作态度和行为。

基于动机的合作型人力资源管理7：在本企业，如果我的团队合作意识强，我更容易得到加薪。

基于机会的合作型人力资源管理1：我可以参与到自我管理团队或项目团队中。

基于机会的合作型人力资源管理2：我可以使用团队方式解决问题。

基于机会的合作型人力资源管理3：我可以自主安排工作。

基于机会的合作型人力资源管理4：我与团队外成员（如技术专家、会计师等）沟通非常顺畅。

基于机会的合作型人力资源管理5：我与团队内成员沟通非常顺畅。

基于机会的合作型人力资源管理6：本企业举行各种活动促进我和其他员工间相互接触和建立关系。

4.2.3　自我效能感问卷

自我效能感是个人的一种综合性、整体性的自觉能力，是人们面对环境中的挑战，对自己是否掌握可以完成具体任务所需的技能和资源，以及实现特定领域的行为目标所需能力的信心或信念（Bandura，1977；王才康、胡中锋、刘勇，2001；Brown，Jones，and Leigh，2007）。一些学者认为，原始的自我效能感的理论思想不存在对自我效能感的通用的测量，而是应该根据具体情境中的不同角色发展对个人自我效能感的测量，比如，对于运动员的自我效能感的测量和对于学生的自我效能感的测量是完全不同的（Bandura，2006）。另一些学者则提出存在可以通用的一般自我效能感，并开发了相应的测量量表（Schwarzer et al.，1997；Chen，Gully，and Eden，2001）。本研究选取Chen、Gully与Eden（2001）提出的新一般自我效能感量表，一共包含8个测量条目。本研究将原始的英文问卷条目翻译为中文条目。为了确保翻译的质量，本研究遵循管理学跨文化研究的惯例，邀请两名高年级博士生参与了翻译—回译—翻译的整个量表汉化流程（Brislin，1970）。问卷采用7点式里克特量表。其中，"1"表示"非常不符合"，

"2"表示"不符合","3"表示"有些不符合","4"表示"一般","5"表示"有些符合","6"表示"符合","7"表示"非常符合"。具体测量条目如下。

自我效能感 1：我能够实现我为自己设定的大多数目标。

自我效能感 2：面对困难的任务时，我确信自己能够完成它。

自我效能感 3：总的来说，我认为自己能够取得对我来说重要的结果。

自我效能感 4：我相信自己下决心努力去做的事情大多都能成功。

自我效能感 5：我能够成功地应对很多挑战。

自我效能感 6：我相信自己能够有效地完成许多不同类型的任务。

自我效能感 7：与其他人相比，我能够很好地完成大多数任务。

自我效能感 8：即便遇到困难的事情，我也能很好地完成它。

4.2.4　内外在动机问卷

工作动机有内在动机和外在动机之分，这种个人在动机倾向上的差异是人格心理学和社会心理学的关注重点（Amabile et al.，1994）。内在动机的概念包括挑战、乐趣、个人充实、兴趣和自主；外在动机的概念包括对于金钱、认可、竞争和他人指令的追逐（Amabile et al.，1994）。本研究选取 Amabile 等（1994）开发和编制的工作偏好量表（work preference inventory，WPI）对工作的内外在动机进行测量。该量表具有有意义的要素结构、足够的内部一致性、较好的短期重测可靠性及较高的长期稳定性，已经被广泛用于工作动机相关的研究（Amabile et al.，1994；卢小君、张国梁，2007；王斌，2007；李伟、梅继霞，2012；孙锐、张文勤、陈许亚，2012）。原始量表包含 15 个内在动机测量条目和 15 个外在动机测量条目。本研究根据王斌（2007）的研究对原始条目进行了筛选，保留了其中的第4、6、8、9、11、12、17、18、19、21、22、26 共 12 个测量条目。同时，在参考王斌（2007）的问卷翻译的基础上，本研究还对测量条目的措辞进行了微调，以更好地适应个体层面的研究。问卷采用 7 点式里克特量表。其中，"1"表示"非常不符合"，"2"表示"不符合"，"3"表示"有些不符合"，"4"表示"一般"，"5"表示"有些符合"，"6"表示"符合"，"7"表示"非常符合"。具体条目如下。

内在动机 1：我希望我的工作能给我提供增加知识和技能的机会。

内在动机 2：我想要知道到底能把工作做得多好。

内在动机 3：对我来说，最重要的是能乐在工作中。

内在动机 4：对我而言，有自我表现的渠道是重要的。

内在动机 5：无论计划的执行结果如何，只要我能从中获得新的经验，我也会感到满足。

内在动机 6：当我能为自己设定目标时，我会更加愉快。

外在动机 1：我十分清楚自己所要达到的目标（譬如职位升迁等）。

外在动机 2：能获得别人的肯定对我有强烈的激励作用。

外在动机 3：我想要别人知道我到底能把工作做得多出色。

外在动机 4：我非常清楚自己追求的目标（譬如收入等）。

外在动机 5：对我而言，成功就是比别人做得更好。

外在动机 6：我在乎别人对我的想法有何反应。

4.2.5　组织承诺问卷

Allen 和 Meyer（1990）提出组织承诺是描述员工与组织间关系，并且影响员工在组织中的去留的一种心理状态。在对组织承诺的定义中，他们识别出了三种不同主题的承诺构成要素，将组织承诺研究中一直受到重视的态度承诺的情感依附、可见成本和义务分别发展为情感承诺、持续承诺和规范承诺这三个组织承诺的构成要素（Allen and Meyer，1990）。本研究选取 Meyer、Allen 与 Smith（1993）改进后的组织承诺量表，该量表包括情感承诺、持续承诺和规范承诺 3 个维度，各维度 6 个条目，共 18 个测量条目，本研究将原始的英文问卷条目翻译为中文条目。为了确保翻译的质量，本研究遵循管理学跨文化研究的惯例，邀请两名高年级博士生参与了翻译—回译—翻译的整个量表汉化流程（Brislin，1970）。并且为了保证调查问卷的简洁和收集数据的质量，本研究将问卷原有的反向条目都调整成正向条目。问卷采用 7 点式里克特量表。其中，"1"表示"非常不符合"，"2"表示"不符合"，"3"表示"有些不符合"，"4"表示"一般"，"5"表示"有些符合"，"6"表示"符合"，"7"表示"非常符合"。详细测量条目如下。

情感承诺 1：我很乐意以后一直在这家企业工作。

情感承诺 2：我确实觉得企业的问题好像就是我自己的问题。

情感承诺 3：我对这家企业有强烈的归属感。

情感承诺 4：我对这家企业有感情。

情感承诺 5：我觉得自己是这家企业这个大家庭里的一份子。

情感承诺 6：这家企业对我个人来说具有很重要的意义。

持续承诺 1：目前，留在这家企业对我来说既是我的需要，也是我的意愿。

持续承诺 2：即使我现在想要离开这家企业，也是很难做到的。

持续承诺 3：如果我现在决定离开这家企业，我生活的太多的方面都会受到干扰。

持续承诺 4：我几乎没有别的工作选择，所以我不能考虑离开这家企业。

持续承诺 5：如果我还没有全身心投入这家企业，那我可能会考虑去其他地方工作。

持续承诺 6：离开现在企业的负面后果之一，就是我没有其他可选择工作的企业。

规范承诺 1：我感觉自己有义务留在本企业。

规范承诺 2：即使对我有利，但我也认为现在离开本企业是不对的。

规范承诺 3：如果现在离开这家企业，我会有负疚感。

规范承诺 4：这家企业值得我对它忠诚。

规范承诺 5：因为我感觉对这家企业里的人有义务，所以我现在不会离开。

规范承诺 6：我感觉亏欠这家企业许多。

4.2.6 工作自主权问卷

工作自主权是工作设计特征中的一个著名和重要的方面，又被称为工作自主性（Fried and Ferris，1987）。工作自主权是指员工拥有的在做与工作相关的决策如执行什么任务、怎样完成工作以及如何处理工作异常中的自由程度。也可以理解为员工在安排他们的工作、选择他们使用的设备以及决定应当遵循的工作流程时，在多大程度上具有话语权（Hackman and Oldham，1974，1975）。本研究选取 Quinn 与 Staines（1979）的感知到的工作自主权量表。原始量表包含 7 个测量条目。本研究将原始的英文问卷条目翻译为中文条目。为了确保翻译的质量，本研究遵循管理学跨文化研究的惯例，邀请两名高年级博士生参与了翻译—回译—翻译的整个量表汉化流程（Brislin，1970）。问卷采用 7 点式里克特量表。其中，"1"表示"非常不符合"，"2"表示"不符合"，"3"表示"有些不符合"，"4"表示"一般"，"5"表示"有些符合"，"6"表示"符合"，"7"表示"非常符合"。具体测量条目如下。

工作自主权 1：作为员工，我有决定做什么的自由。

工作自主权 2：作为员工，我有决定怎样开展工作的自由。

工作自主权 3：作为员工，我负责决定怎样完成工作。

工作自主权 4：作为员工，我对工作上发生的事情有很大的发言权。

工作自主权 5：作为员工，我有决定什么时候休息的自由。

工作自主权 6：作为员工，我有决定与谁一起工作的自由。

工作自主权 7：作为员工，我有决定工作速度的自由。

4.2.7　任务复杂性问卷

工作任务的复杂性来源于个人理性、认知水平的局限，多个任务的联动，任务目标标准的多样化（彭正银，2003）。任务复杂性的定义相当广泛和多样化，一般来说，任务复杂性是与任务难度即注意能力的数量或者所需的精神处理或任务结构，即在任务中应当做什么的明确程度相似的（Bonner，1994）。本研究使用 Stock（2006）根据 Jehn（1995）的研究思想发展出的团队任务复杂性量表，包含 5 个测量条目。并且，本研究在奉小斌（2012）的问卷翻译基础上修改措辞，以体现对个体层面任务复杂性的测量。问卷采用 7 点式里克特量表。其中，"1"表示"非常不符合"，"2"表示"不符合"，"3"表示"有些不符合"，"4"表示"一般"，"5"表示"有些符合"，"6"表示"符合"，"7"表示"非常符合"。详细测量条目如下。

任务复杂性 1：我的工作包含多样化的任务。

任务复杂性 2：我的工作主要是解决复杂的问题。

任务复杂性 3：我的工作几乎没有常规性的任务。

任务复杂性 4：我的工作需要对大量的信息或可选择的方案进行评估。

任务复杂性 5：我在工作中需要做很多不同方面的事情。

4.2.8 心理安全感问卷

心理安全最早是一个基于个体和团队层面的概念，是个体或个体作为团队成员对其工作环境中人际关系风险后果的感知，是一种个体或团队对于自己即使参与了有风险的行动也不会导致伤害的信念（Kahn，1990；Edmondson，1999；冯永春、周光，2015）。可以说，心理安全感是一个人对自己的一些行为，例如问一个问题、寻求反馈、报告错误或提出一个新想法时其他人会怎样反应的理所应当的信念（Edmondson，Kramer，and Cook，2004）。本研究选取 Liang、Farh 与 Farh（2012）基于已有的一些研究发展和改编出的包含 5 个条目的个人心理安全感量表。本研究将原始的英文问卷条目翻译为中文条目。为了确保翻译的质量，本研究遵循管理学跨文化研究的惯例，邀请两名高年级博士生参与了翻译—回译—翻译的整个量表汉化流程（Brislin，1970）。并且，为了保证调查问卷的简洁和收集数据的质量，本研究将原始问卷中最后一个反向条目调整成了正向条目。问卷采用 7 点式里克特量表。其中，"1"表示"非常不符合"，"2"表示"不符合"，"3"表示"有些不符合"，"4"表示"一般"，"5"表示"有些符合"，"6"表示"符合"，"7"表示"非常符合"。具体条目如下。

心理安全感 1：在本企业，我能表达自己关于工作的真实感受。

心理安全感 2：在本企业，我能自由地表达我的想法。

心理安全感 3：在本企业，我表达自己的真实感受是受欢迎的。

心理安全感 4：在本企业，即使我持有不同意见，也没人会因此为难我。

心理安全感 5：在本企业，我不担心表达出自己的真实想法会给自己带来不利的后果。

4.2.9 环境动态性问卷

环境不确定性来源于超出组织控制并且很难预测的外部环境条件的改变，例如市场的波动和不可预测性、技术条件的转变、消费者需求的变化、竞争者的进入或退出等（Dess and Beard，1984；唐国华、孟丁，2015）。环境动态性是环境不确定性的重要组成部分，因此有时环境不确定性也被称为环境动态性。本研究使用 Gaur 等（2011）开发的环境不确定性测量量表，包含 3 个测量条目。由于该量表测量的主要是动态性方面，因此被用作环境动态性测量量表。本研究将原始的英文问卷条目翻译为中文条目。为了确保翻译的质量，本研究遵循管理学跨文化研究的惯例，邀请两名高年级博士生参与了翻译—回译—翻译的整个量表汉化流程（Brislin，1970）。问卷采用 7 点式里克特量表。其中，"1"表示"非常不符合"，"2"表示"不符合"，"3"表示"有些不符合"，"4"表示"一般"，"5"表示"有些符合"，"6"表示"符合"，"7"表示"非常符合"。具体条目如下所示。

环境动态性 1：本企业所在行业的特征是进入门槛低。

环境动态性 2：本企业所在的市场的特征是变化快和需求难以预测。

环境动态性 3：本企业所在行业的技术标准是快速变化的。

4.2.10　个人学习问卷

陈国权（2008）在总结已有文献对个人学习定义的基础上，从个人的"知""行"和"其他素质"的改变的三个方面，定义个人学习为："个人不断获取知识、改善行为、提升其他素质，以在不断变化的环境中使自己保持良好生存和健康和谐发展的过程"。与组织学习一样，个人学习行为的结构也包含"发现行为、发明行为、选择行为、执行行为、推广行为、反思行为、获取知识行为、输出知识行为和建立个人知识库行为"（陈国权，2008）。本研究选取陈国权（2008）的个人学习能力量表。原始量表包括发现能力、发明能力、选择能力、执行能力、推广能力、反思能力、获取知识能力、输出知识能力和建立个人知识库能力 9 个维度，每个维度各包含 3 个条目，共 27 条测量条目。问卷采用 7 点式里克特量表。其中，"1"表示"非常不符合"，"2"表示"不符合"，"3"表示"有些不符合"，"4"表示"一般"，"5"表示"有些符合"，"6"表示"符合"，"7"表示"非常符合"。具体条目如下。

发现能力 1：我能及早准确地发现与自己工作有关的各种新变化、新动向。

发现能力 2：我能及早准确地发现自己工作中的机会。

发现能力 3：我能及早准确地发现自己工作中潜在的问题、挑战或危险。

发明能力 1：我能针对自己工作方面的各种变化想出新的应对措施。

发明能力 2：我善于提出新点子。

发明能力 3：我善于提出有创意的措施。

选择能力 1：我在工作中面临多个考虑或方案时，能做到正确的比较、取舍和选择。

选择能力 2：我在工作中面临多个考虑或方案时，能做到高效的比较、取舍和选择。

选择能力 3：我在工作中面临多个考虑或方案时，能做出合适和有效的决策。

执行能力 1：我能将自己工作中的想法转化成具体行动。

执行能力 2：我能将自己工作中的计划有效地贯彻执行。

执行能力 3：我能将自己工作中的想法最终变成现实。

推广能力 1：我能将自己工作中好的经验多方面运用，并获益。

推广能力 2：我能吸取自己工作中失误的教训，使自己工作中类似失误不重复发生。

推广能力 3：我在工作中善于举一反三。

反思能力 1：我在工作中具有总结和反思的习惯。

反思能力 2：我善于对以前的工作进行反思，总结出经验或教训。

反思能力 3：我善于从以前工作中发生的事情中探索出有规律性的东西。

获取知识能力 1：我善于从外部获取工作中相关的知识和经验。

获取知识能力 2：我善于从外部得到工作中的咨询意见和指导。

获取知识能力 3：我善于通过各种渠道（如书、刊物、网站等）获取工作中的知识/经验。

输出知识能力 1：我能有效地通过沟通向同事传播我的理念、知识和经验。

输出知识能力 2：我能有效地通过写文章向同事传播我的理念、知识和经验。

输出知识能力 3：我能有效地用我的理念、知识和经验影响我的同事。

建立知识库能力 1：我平时注意记录和积累我点滴的想法、知识和经验。

建立知识库能力 2：我将我的知识和经验采用文档或电子化方法进行管理。

建立知识库能力 3：我将自己的知识和经验整理得井井有条，保存和使用都方便。

4.3　控制变量

本研究的重点在于对个体层面感知到的基于 AMO 理论的人力资源管理实践如何影响个人学习的探讨。在问卷调查和数据收集过程中，除了要求参与者填写以上各个测量问卷，本研究还收集了不同企业的各职能部门员工的部分人口统计变量。结合已有研究中涉及的会影响高绩效人力资源管理系统产生作用的相关因素（Bailey，Berg，and Sandy，2001；Combs et al.，2006），本研究的控制变量和具体包括员工的性别、年龄、学历、现任职务和在目前企业的工作时间。此外，由于参与本研究问卷调查的员工个人来自北京市三家不同的企业，本研究还对企业进行了控制。具体来说，控制变量的信息如下：①性别，虚拟变量，男性为 1，女性为 0；②年龄，21～25 岁为 1，26～30 岁为 2，31～35 岁为 3，36～40 岁为 4，41～45 岁为 5，46～50 岁为 6，51～55 岁为 7，56～60 岁为 8；③学历，初中及以下学历为 1，高中及中专学历为 2，大专学历为 3，大学本科学历为 4，硕士学历为 5；④工作职位，基层员工为 1，基层管理者为 2，中层管理者为 3，高层管理者为 4；⑤工作时间，代表员工在本企业工作时间的长短，其中 1 年或以下为 1，其他数字为工作年限；⑥企业，虚拟变量，被调查者来自第一家信息技术服务类私营企业的为 0，被调查者来自第二家电网和土建设计私营企业的为 1，被调查者来自第三家科技和信息服务业国有企业的为 2。

4.4　数据分析方法

本研究的数据分析方法包括对量表进行的效度和信度检验、问卷调查的共同方法偏差检验、变量的描述性分析以及对所提出理论假设的检验。

4.4.1　量表的效度检验

效度是评价量表是否有效地回答了研究问题的重要指标，即问卷测量的有效性水平（陈晓萍、徐淑英、樊景立，2008）。由于本研究主要沿用已有的量表，在进行效度检验时，首先使用验证性因子分析（confirmatory factor analysis，CFA）对各变量量表进行效度检验。具体来说，使用 LISREL 8.7分别计算基于 AMO 理论的合作型人力资源管理、自我效能感、内外在动机、组织承诺、工作自主权、任务复杂性、心理安全感、环境动态性和个人学习9个变量的具体测量条目的数据，得出各变量测量条目的标准因子载荷及 t 值，并通过因子分析判断各量表和模型的整体拟合优度（goodness of fit index）。

一般来说，当量表中各测量条目的标准化因子载荷数值大于 0.71 时，说明该条目可以非常理想地解释50%以上的观察变量的变异量；当标准化因子载荷数值大于 0.63 时，说明该条目可以很好地解释40%以上的观察变量的变异量；当标准化因子载荷数值大于 0.45 时，说明该条目对观察变量的变异量的解释力度可以接受；当标准化因子载荷数值小于 0.32 时，说明该条目对观察变量的变异量的解释力度不足，应当将其从量表中删除（Tabachinick and Fidell，2007）。

对于模型的拟合优度的检验则主要参考以下几项指标：χ^2/df（卡方与自由度之比），即样本协方差矩阵和估计方差矩阵之间的相似程度，需小于 5，该指数越接近 1 越好，表明模型拟合度越好；RMSEA（root mean square error or approximation）即平均概似平方误根系数，一般以小于 0.05 为拟合良好的标准，需小于 0.08，该指数越小，表明模型拟合度越好；CFI（comparative-fit index）即对比匹配指数，需大于 0.9，该指数越大，表明模型拟合度越好；NFI（normal of fit index）即规范拟合指数，需大于 0.9，该指数越大，表明模型拟合度越好；NNFI（non-normal of fit index）即非规范拟合指数，需大于 0.9，该指数越大，表明模型拟合度越好；GFI（goodness-of-fit index）即拟合优度指数在 0 和 1 之间，越接近 1 表明模型拟合度越好（邱皓政、林碧芳，2009）。

4.4.2　量表的信度检验

信度是对研究过程的可靠性的评价，信度较好的量表在重复的测量中具有较好的一致性和稳定性（陈晓萍、徐淑英、樊景立，2008）。通常，管理学定量研究中使用问卷调查的实证研究通过各量表的 Cronbach's Alpha，即测量条目的内部一致性系数对量表的研究信度进行检验。具体来说，本研究将使用 SPSS 22.0 软件分别计算基于 AMO 理论的合作型人力资源管理、自我效能感、内外在动机、组织承诺、工作自主权、任务复杂性、心理安全感、环境动态性和个人学习 9 个变量的测量条目的内部一致性系数。一般来说，在管理学研究中，当量表的 Cronbach's Alpha 大于 0.7 时，即可认为该量表的信度较好；当 Cronbach's Alpha 大于 0.8 时，表明该量表具有理想的信度；当 Cronbach's Alpha 大于 0.9 时，则认为该量表具有非常理想的信度。

4.4.3　共同方法偏差检验

共同方法偏差（common method bias）是测量方法的单一性导致的变异，在数据收集过程中，若对自变量、因变量和其他变量的测量数据都来自同一个参与者的自我报告，那么很可能存在共同方法偏差（陈晓萍、徐淑英、樊景立，2008）。因此，在开展描述性统计分析和假设检验之前，本研究还需要排除可能存在的共同方法偏差。为评估可能出现的共同方法偏差，本研究将分别使用验证性单因子分析（CFA）和探索性因子分析（EFA）两种方法（Podsakoff and Organ，1986）：首先对同源数据进行 CFA 单因子检验，即将它们当成一个因子，对比单因子模型的拟合指标与九因子模型的拟合指标，若单因子模型的验证性因子分析（CFA）拟合指标没有九因子模型的拟合指标好，则初步排除数据的共同方法偏差的问题；其次对同源数据进行探索性因子分析（EFA），同时对所有变量的测量条目进行主成分因子分析，计算旋转后的第一个因子解释的变异量，若第一个因子解释的变异量没有超过 50%，则根据 Hair 等（1998）的判断标准，认为其解释力度可以解释，分析结果不会受到同源数据的显著影响。

4.4.4　变量的描述性分析

在进行回归分析之前，本研究使用 SPSS 22.0 软件对各变量进行描述性统计和相关系数分析。具体来说，分别计算基于 AMO 理论的合作型人力资源管理、自我效能感、内外在动机、组织承诺、工作自主权、任务复杂性、心理安全感、环境动态性和个人学习 9 个变量的均值、标准差以及 Pearson 相关系数。通过对相关系数的观察可以发现各变量之间存在的显著的相关关系（$p<0.01$，双尾），并基于相关系数对理论模型的主效应是否显著进行相对准确的预判。

4.4.5　假设检验

本研究主要用层次回归（hierarchical regression）分析的方法对理论模型的各个假设进行实证检验。具体来说，本研究将假设检验分成了主效应检验、中介效应检验和调节效应检验三个部分；使用 SPSS 22.0 软件进行数据分析；将员工的性别、年龄、学历、工作职务（本研究中指现任职务）、工作时间（本研究中指在目前企业的工作时间），以及企业编号作为控制变量，在各类检验中作为第一层变量放入模型。具体回归分析方法如下。

4.4.5.1　主效应检验

对于 H1 和 H2 的检验属于主效应检验。我们使用逐步回归的方式对基于 AMO 理论的合作型人力资源管理与个人学习间的关系进行检验。以 H1a 为例，为了检验基于能力的合作型人力资源管理实践与个人学习间的关系，在回归过程中，本研究首先以个人学习为因变量，将员工的性别、年龄、学历、工作职务、工作时间和企业编号等控制变量作为第一层变量放入回归方程（模型 0），然后将基于能力的合作型人力资源管理实践作为第二层变量放入回归方程（模型 1）。观察模型 1 中自变量基于能力的合作型人力资源管理实践的回归系数 β，当其为正数，且在 0.1、0.05 或 0.01 的显著性水平上显著时，说明自变量与因变量显著正相关。通常，还会对比两个模型，当模型 1 比模型 0 更显著（即模型整体解释力度 R^2 和调整后的模型整体解释力度 Adj R^2 都有显著提高）时，可以进一步证明当基于能力的合作型人力资源管理实践水平越高时，员工的个人学习的程度越高。H1a 得到验证。

对于 H1b 和 H1c 的检验，即基于动机的合作型人力资源管理实践是否与个人学习显著正相关，基于机会的合作型人力资源管理实践是否与个人学习显著正相关，也采用与 H1a 相同的层次回归分析方法。

对于 H2 的检验，需要将上述步骤中的自变量依次替换为自我效能感、内外在动机和组织承诺，再重复进行以上的逐步回归分析即可。

4.4.5.2 中介效应检验

对 H3 ~ H5 的检验属于中介效应检验。通常，对中介效应的检验分为三步：第一步，验证自变量对因变量的显著影响；第二步，验证自变量对中介变量的显著影响；第三部，检验中介变量的中介作用（Baron and Kenny, 1986）。具体来说，本研究将使用 SPSS 22.0 软件进行数据分析，对自我效能感、内外在动机和组织承诺对基于 AMO 理论的合作型人力资源管理系统影响个人学习的中介效应进行检验。

以 H3a 的检验为例。第一步，需要检验基于能力的合作型人力资源管理实践与个人学习之间的显著正相关关系，这一步已经在主效应检验中完成。第二步，仍然采用逐步回归的方式进行分析，将自我效能感作为因变量，首先将员工的性别、年龄、学历、工作职务、工作时间和企业编号等控制变量作为第一层变量放入回归方程（模型 0），然后将基于能力的合作型人力资源管理实践作为第二层变量放入回归方程（模型 1）。观察模型 1 中自变量基于能力的合作型人力资源管理实践的回归系数 β，当其为正数，且在 0.1、0.05 或 0.01 的显著性水平上显著时，说明自变量与因变量显著正相关。通常，还会对比两个模型，当模型 1 比模型 0 更显著（即模型整体解释力度 R^2 和调整后的模型整体解释力度 Adj R^2 都有显著提高）时，可以进一步证明当基于能力的合作型人力资源管理实践水平越高时，员工的自我效能感的水平越高。如果此时的回归系数 β 显著，那么可以继续第三步的检验。第三步，仍然以个人学习为因变量，首先将员工的性别、年龄、学历、工作职务、工作时间和企业编号等控制变量作为第一层变量放入回归方程（模型 0），然后将自变量基于能力的合作型人力资源管理实践放入回归方程（模型 1），最后将中介变量自我效能感放入回归方程（模型 2）。观察模型 2 中中介变量自我效能感的回归系数 β，当其为正数，且在 0.1、0.05 或 0.01 的显著性水平上显著，并且模型 1 中的基于能力的合作型人力资源管理实践的回归系数 β 变为不显著，或者相对于第一步中的回归系数 β 变小时，就说明自我效能感在基于能力的合作型人力资源管理实践与个人学习间存在完全中介或者部分中介的作用。同理，在对 H3b 和 H3c 进行检验时，将以上步骤中的基于能力的合作型人力资源管理实践依次替换为基于动机的合作型人力资源管理实践和基于机会的合作型人力资源管理实践，并重复以上分析步骤即可。

在对 H4 和 H5 进行检验时，将上述步骤中的自我效能感依次替换为内外在动机和组织承诺，并重复以上的层次回归分析即可。

4.4.5.3　调节效应检验

对 H6~H8 的检验属于调节效应检验。本研究仍然使用逐步回归的方式对工作自主权、任务复杂性、心理安全感和环境动态性对自我效能感、内外在动机和组织承诺对个人学习影响的调节效应进行检验。与对主效应和中介效应的检验不同的是，在进行调节效应检验前，首先要对相关变量进行中心化处理（Aiken，West，and Reno，1991）。具体来说，为了预防乘积项高度相关而产生多重共线性，需要先对工作自主权、任务复杂性、心理安全感、环境动态性和中介变量自我效能感、内外在动机和组织承诺进行中心化处理，即使用每一个测量值减去该条目的均值，使新获取的统计数据的均值为 0 后，再构建各个调节变量与中介变量（调节效应中的自变量）的乘积项（Aiken，West，and Reno，1991）。

以对 H6a 的检验为例，为了检验工作自主权对自我效能感与个人学习间关系的调节作用，在回归过程中，本研究以个人学习为因变量，首先将员工的性别、年龄、学历、工作职务、工作时间和企业编号等控制变量作为第一层变量放入回归方程（模型 0），然后将此处的自变量自我效能感和调节变量工作自主权作为第二层变量放入回归模型（模型 1），最后将中心化后的自我效能感和工作自主权的乘积项作为第三层变量放入回归模型（模型 2）。观察模型 2 中乘积项的回归系数 β 是否在 0.1、0.05 或 0.01 的显著性水平上显著，当其正向显著时，说明工作自主权在自我效能感和个人学习的关系中起正向调节作用，工作自主权越高，员工的自我效能感对个人学习的正向影响就越大，H6a 得到验证。在对 H6b 和 H6c 进行检验时，将上述步骤中的自我效能感依次替换为内外在动机和组织承诺即可。

在对 H6d~H6f、H7 和 H8 进行检验时，将上述步骤中的工作自主权依次替换为任务复杂性、心理安全感和环境动态性，并重复以上的层次回归分析过程即可。

4.5 本章小结

本章详细介绍了本研究所使用的研究方法，包括研究数据的收集方式、调查问卷的选取和设计、控制变量的使用和所使用的统计分析方法。本研究使用问卷调查法收集研究数据，在北京市的三家服务业企业中发放调查问卷，邀请各个职能部门的员工自愿参与问卷调查，并向他们说明问卷填写的匿名性以及通过物质奖励对参与者认真阅读和填写问卷进行激励。为了保证问卷的信度、效度和被认可度，本研究主要沿用已有的测量量表，并进行了规范的翻译和措辞的微调，在此基础上，本章介绍了各变量测量量表的具体测量条目的来源及内容。由于是对个体层面的行为改变进行探讨，本研究主要选取了员工的部分人口统计学变量和所在的不同企业作为控制变量。最后，本章详细介绍了对收集到的数据进行信度、效度检验和模型拟合优度的判断，对共同方法偏差的检验以及对理论模型中的主效应、中介效应和调节效应的检验的数据分析方法。

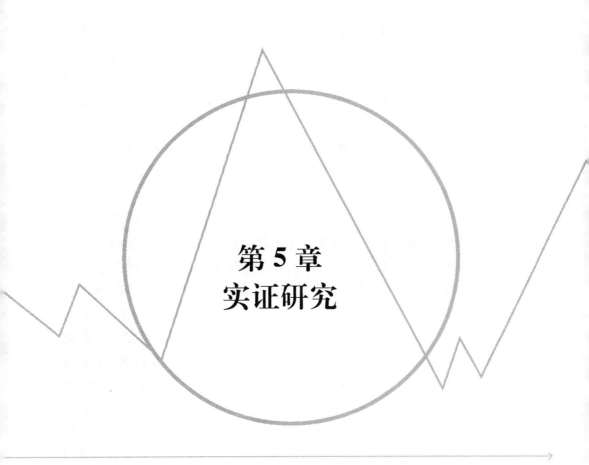

第 5 章
实证研究

本章将使用上一章介绍的详细研究方法对所收集到的研究数据进行分析，以对理论模型中的研究假设进行检验。首先，本研究详细阐述了调查问卷的发放和研究数据的收集过程，并对研究数据的基本特征进行了分析和介绍。其次，对所涉及的 9 个变量的测量量表进行了效度与信度的检验，计算了模型的拟合优度。然后，对收集到的来自同一参与者填写的研究数据进行了同源方法偏差的检验，以排除其对后续实证分析可能带来的影响。再次，对研究中的所有变量进行描述性统计分析和相关分析。最后，使用层次回归对理论模型的主效应、中介效应和调节效应进行检验。

5.1　样本概述

本研究问卷选取的调查对象是北京市内的一家信息技术服务私营企业、一家电网和土建设计私营企业以及一家科技和信息服务业国有企业的除董事长以外的所有在职员工。为了消除被调查人员的顾虑，调查问卷采用在线匿名作答的形式收集数据；为了提高被调查人员的参与度和问卷的填写质量，每位参与人员将得到 50 元人民币的现金奖励。在第一家信息技术服务私营企业，发放 123 份问卷，去掉其中 15 份不合格问卷后，得到 108 份有效问卷；在第二家电网和土建设计私营企业，发放 37 份问卷，收回其中的 30 份，去掉其中的 2 份不合格问卷后，得到 28 份有效问卷；在第三家科技和信息服务业国有企业，发放 267 份问卷，去掉其中 48 份不合格问卷后，得到 219 份有效问卷。共计发放 427 份问卷，去掉未填写和明显填写不认真的 72 份不合格问卷后，一共得到有效问卷 355 份，有效问卷回收率高达 83.14%。

本研究选取了员工的部分人口统计学变量作为控制变量，包括性别、年龄、学历、目前的工作职务和在本企业的工作时间。其中，64.2% 的被调查者为男性，64.2% 的被调查者的年龄在 21~40 岁之间，64% 的被调查者具有大学本科及以上学历。这说明绝大部分被调查者可以正确地理解和认识调查问卷中的题目，并按照指导作答。被调查者中，基层员工占 62%，基层管理者占 20.3%，中层管理者占 15.4%，高层管理者占 2.3%，符合企业中员工层级的基本分布准则。74.6% 的被调查者拥有超过 1 年的在本企业工作的经验，这使得他们可以根据自身和企业的真实情况回答调查问卷中的问题。

本研究还对不同的企业进行了控制。其中，来自第一家信息技术服务私营企业的被调查者占 30.4%，被调查者的部门分布状况为：产品研发部 21.3%，技术支持部 49.1%，销售部 10.2%，财务部 3.7%，综合管理部 7.4%，企业发展部 0.9%，高管团队 1.9% 和其他 5.5%。来自第二家电网和土建设计私营企业的被调查者占 7.9%，被调查者的部门分布状况为：设计一部 21.5%，设计二部 28.6%，设计三部 7.1%，技术经济部（预算）10.7%，计划经营部 10.7%，行政部 10.7%，广州分公司（设计人员）7.1%，其他 3.6%。另外，第二家企业的设计部门还存在地理和业务上的分区。其中，设计一部主要负责北京市的延庆、门头沟和大兴三个区的建筑设计业务，设计二部主要负责房山、石景山和海淀三个区的建筑设计业务，而设计三部主要负责土建业务的设计。来自第三家科技和信息服务业国有企业的被调查者占 61.7%，被调查者的部门分布状况为：总裁办公室 8.2%，战略和预算部 2.3%，人力资源部 3.2%，市场开发部 2.7%，企业管理部 1.8%，财务管理部 5.9%，安全保卫部 1.4%，创业孵化中心 5.0%，创新科技中心 1.8%，资讯传播中心 2.7%，社保服务管理中心 3.2%，子公司一 4.1%，子公司二 3.6%，子公司三 30%，子公司四 10.5%，分公司一 2.2%，分公司二 5.5%，事业部一 0.5%，事业部二 4.1%，其他 1.3%。

本研究使用的控制变量的样本信息包括被调查者的性别、年龄、学历、工作职务、工作时间和所在企业，详细的信息分析见表 5.1。

表 5.1　样本信息

信息内容	类别	分类内容	人数/人	比例/%
性别	1	男	228	64.2
	0	女	127	35.8
年龄	1	20 岁及以下	0	0
	2	21~25 岁	56	15.8
	3	26~30 岁	97	27.3
	4	31~35 岁	54	15.2

表5.1(续)

信息内容	类别	分类内容	人数/人	比例/%
年龄	5	36~40 岁	21	5.9
	6	41~45 岁	21	5.9
	7	46~50 岁	28	7.9
	8	51~55 岁	45	12.7
	9	56~60 岁	31	8.7
	10	61 岁及以上	2	0.6
学历	1	初中及以下	5	1.4
	2	高中及中专	51	14.4
	3	大专	72	20.3
	4	大学本科	186	52.4
	5	硕士	39	11.0
	6	博士	2	0.6
工作职务	1	基层员工	220	62.0
	2	基层管理者	72	20.3
	3	中层管理者	55	15.5
	4	高层管理者	8	2.3
工作时间	1	1 年或以下	90	25.4
	2	2 年	59	16.6
	3	3 年	24	6.8
	4	4 年	26	7.3
	5	5 年	21	5.9
	6	6 年	12	3.4
	7	7 年	4	1.1
	8	8 年	6	1.7
	9	9 年	2	0.6
	10	10 年	1	0.3
	11	11 年	0	0

表5.1(续)

信息内容	类别	分类内容	人数/人	比例/%
工作时间	12	12 年	0	0
	13	13 年	1	0.3
	14	14 年	0	0
	15	15 年	3	0.8
	16	16 年	3	0.8
	17	17 年	0	0
	18	18 年	1	0.3
	19	19 年	1	0.3
	20	20 年	3	0.8
	21	21 年	0	0
	22	22 年	0	0
	23	23 年	3	0.8
	24	24 年	1	0.3
	25	25 年	4	1.1
	26	26 年	2	0.6
	27	27 年	2	0.6
	28	28 年	5	1.4
	29	29 年	5	1.4
	30	30 年	7	2.0
	31	31 年	5	1.4
	32	32 年	7	2.0
	33	33 年	10	2.8
	34	34 年	4	1.1
	35	35 年	43	12.1
企业	0	信息技术服务私营企业	108	30.4
	1	电网和土建设计私营企业	28	7.9
	2	科技和信息国有服务业	219	61.7

注：样本量 $N = 355$。

5.2 量表的效度与信度分析

根据上一章的介绍的研究方法，本节将对本研究中所使用的基于 AMO 的合作型人力资源管理、自我效能感、内外在动机、组织承诺、工作自主权、任务复杂性、心理安全感、环境动态性和个人学习 9 个变量的量表分别进行效度和信度的分析，主要通过 LISREL 8.7 和 SPSS 22.0 软件分别计算各测量条目的因子载荷和 t 值以及各量表的 Cronbach's Alpha 值，以进行效度和信度检验。

5.2.1 基于 AMO 理论的合作型人力资源管理

本研究采用王红椿、刘学与刘善仕（2015）开发的合作型人力资源管理量表，并进行了修订。该量表分别测量基于能力的、基于动机的和基于机会的合作型人力资源管理的 3 个维度，共 20 个条目。本研究检验了基于 AMO 理论的合作型人力资源管理量表的效度和信度，结果如表 5.2 所示。验证性因子分析发现，各测量条目的标准化因子载荷系数均大于 0.45，说明测量条目的效度可以接受。量表总体的 Cronbach's Alpha 为 0.937，说明该量表具有非常理想的信度；3 个子维度的 Cronbach's Alpha 均大于 0.8，说明各个子维度的测量都具有理想的信度。

表 5.2 基于 AMO 理论的合作型人力资源管理量表的效度与信度分析

维度	条目	均值	标准偏差	λ	t 值	Alpha
基于 AMO 的合作型人力资源管理	—	—	—	—	—	0.937
基于能力的合作型人力资源管理	A-HRM1	5.52	1.22	0.58	11.67	0.842
	A-HRM2	5.28	1.40	0.59	11.99	
	A-HRM3	5.76	1.09	0.59	12.04	
	A-HRM4	4.92	1.68	0.56	11.19	
	A-HRM5	5.41	1.48	0.66	13.76	
	A-HRM6	4.26	1.87	0.53	10.61	
	A-HRM7	5.37	1.54	0.54	10.63	

表5.2(续)

维度	条目	均值	标准偏差	λ	t 值	Alpha
基于动机的合作型人力资源管理	M-HRM1	5.12	1.54	0.68	14.39	0.908
	M-HRM2	5.51	1.35	0.72	15.45	
	M-HRM3	5.69	1.23	0.74	15.89	
	M-HRM4	4.92	1.53	0.79	17.70	
	M-HRM5	5.12	1.58	0.73	15.76	
	M-HRM6	5.43	1.41	0.78	17.33	
	M-HRM7	5.06	1.52	0.76	16.74	
基于机会的合作型人力资源管理	O-HRM1	5.24	1.41	0.73	15.70	0.879
	O-HRM2	5.41	1.32	0.70	14.97	
	O-HRM3	5.06	1.50	0.58	11.75	
	O-HRM4	5.55	1.21	0.61	12.50	
	O-HRM5	5.89	0.99	0.55	11.00	
	O-HRM6	5.53	1.33	0.74	15.92	

5.2.2　自我效能感

本研究采用 Chen、Gully 与 Eden（2001）提出的新一般自我效能感量表，一共包含 8 个测量条目。本研究检验了自我效能感量表的效度和信度，结果如表 5.3 所示。验证性因子分析发现，各测量条目的标准化因子载荷系数均大于 0.45，说明测量条目的效度可以被接受。量表的 Cronbach's Alpha 为 0.903，说明该量表具有非常理想的信度。

表 5.3　自我效能感量表的效度与信度分析

维度	条目	均值	标准偏差	λ	t 值	Alpha
自我效能感	SE1	5.45	1.17	0.60	12.10	0.903
	SE2	5.88	0.85	0.81	18.08	
	SE3	5.73	0.92	0.73	15.55	
	SE4	5.85	0.90	0.71	15.04	
	SE5	5.85	0.89	0.83	18.58	
	SE6	5.83	0.88	0.71	14.78	
	SE7	5.78	0.88	0.75	15.97	
	SE8	5.85	0.86	0.80	17.84	

5.2.3 内外在动机

本研究采用王斌（2007）删减的 Amabile 等人（1994）开发和编制的工作偏好量表（Work Preference Inventory，WPI）对工作的内外在动机进行测量。量表共包含 12 个测量条目。本研究检验了内外在动机量表的效度和信度，结果如表 5.4 所示。验证性因子分析发现，各测量条目的标准化因子载荷系数均大于 0.45，说明测量条目对观察变量的变异量的解释力度可以接受。量表总体的 Cronbach's Alpha 为 0.900，说明该量表具有非常理想的信度；内在动机和外在动机的 Cronbach's Alpha 均大于 0.8，说明对工作的内外在动机的测量都具有理想的信度。

表 5.4　内外在动机量表的效度与信度分析

维度	条目	均值	标准偏差	λ	t 值	Alpha
工作的内外在动机	—	—	—	—	—	0.900
内在动机	IM1	5.90	1.06	0.69	14.48	0.887
	IM2	5.75	0.96	0.80	17.74	
	IM3	5.79	1.05	0.71	14.80	
	IM4	5.46	1.15	0.79	17.32	
	IM5	5.75	1.08	0.68	14.19	
	IM6	5.92	0.90	0.76	16.30	
外在动机	EM1	5.41	1.16	0.65	13.38	0.820
	EM2	5.85	1.05	0.64	13.01	
	EM3	5.53	1.06	0.61	12.13	
	EM4	5.72	0.93	0.66	13.47	
	EM5	5.24	1.34	0.48	9.27	
	EM6	5.19	1.21	0.48	9.17	

5.2.4 组织承诺

本研究采用 Meyer、Allen 与 Smith（1993）开发的组织承诺量表，该量表包括情感承诺、持续承诺和规范承诺 3 个子维度，各子维度 6 个条目，共 18 个测量条目。本研究检验了组织承诺量表的效度和信度，结果如表 5.5 所示。

表 5.5　组织承诺量表的效度与信度分析

维度	条目	均值	标准偏差	λ	t 值	Alpha
组织承诺	—	—	—	—	—	0.930
情感承诺	AC1	5.65	1.29	0.84	19.55	0.938
	AC2	5.37	1.33	0.74	16.02	
	AC3	5.60	1.25	0.91	22.17	
	AC4	5.82	1.13	0.80	17.89	
	AC5	5.84	1.22	0.83	19.07	
	AC6	5.76	1.16	0.84	19.47	
持续承诺	CC1	5.83	1.13	0.85	19.72	0.741
	CC2	5.16	1.52	0.68	14.32	
	CC3	4.94	1.55	0.61	12.49	
	CC4	3.93	1.76	0.37	7.12	
	CC5	4.34	1.54	0.04	0.75	
	CC6	3.56	1.71	0.22	4.16	
规范承诺	NC1	5.05	1.47	0.73	15.84	0.900
	NC2	5.01	1.49	0.70	15.02	
	NC3	4.80	1.58	0.70	14.99	
	NC4	5.29	1.43	0.81	18.39	
	NC5	5.09	1.57	0.76	16.65	
	NC6	3.47	1.65	0.40	7.70	

　　验证性因子分析发现，有两个持续承诺条目的标准化因子载荷系数小于 0.32，删除这两个解释力度不足的条目后，还剩下 16 个测量条目的组织承诺量表的效度与信度分析如表 5.6 所示。各测量条目的标准化因子载荷系数均大于 0.32，说明测量条目的效度基本可以接受。量表的 Cronbach's Alpha 为 0.943，说明该量表具有非常理想的信度；3 个子维度的 Cronbach's Alpha 均大于 0.7，说明各个子维度的测量信度都较好。

表 5.6　删除解释力度不足的条目后的组织承诺量表的效度与信度分析

维度	条目	均值	标准偏差	λ	t 值	Alpha
组织承诺	—	—	—	—	—	0.943
情感承诺	AC1	5.65	1.29	0.84	19.62	0.938
	AC2	5.37	1.33	0.74	16.04	
	AC3	5.60	1.25	0.91	22.24	
	AC4	5.82	1.13	0.80	17.96	
	AC5	5.84	1.22	0.83	19.18	
	AC6	5.76	1.16	0.84	19.54	
持续承诺	CC1	5.83	1.13	0.85	19.78	0.778
	CC2	5.16	1.52	0.68	14.26	
	CC3	4.94	1.55	0.61	12.41	
	CC4	3.93	1.76	0.36	6.96	
规范承诺	NC1	5.05	1.47	0.73	15.73	0.900
	NC2	5.01	1.49	0.70	14.92	
	NC3	4.80	1.58	0.70	14.88	
	NC4	5.29	1.43	0.81	18.36	
	NC5	5.09	1.57	0.75	16.56	
	NC6	3.47	1.65	0.39	7.60	

5.2.5　工作自主权

本研究采用 Quinn 与 Staines（1979）的感知到的工作自主权量表，共包含 7 个测量条目。本研究检验了工作自主权量表的效度和信度，结果如表 5.7 所示。验证性因子分析发现，各测量条目的标准化因子载荷系数均大于 0.45，说明测量条目的效度可以被接受。量表的 Cronbach's Alpha 为 0.911，说明该量表具有非常理想的信度。

表 5.7 工作自主权量表的效度与信度分析

维度	条目	均值	标准偏差	λ	t 值	Alpha
工作自主权	JA1	4.23	1.52	0.85	19.38	0.911
	JA2	4.61	1.39	0.87	20.23	
	JA3	4.86	1.38	0.78	17.23	
	JA4	4.73	1.45	0.76	16.40	
	JA5	4.09	1.55	0.69	14.47	
	JA6	3.75	1.52	0.74	15.89	
	JA7	4.34	1.52	0.69	14.41	

5.2.6 任务复杂性

本研究采用 Stock（2006）根据 Jehn（1995）的研究思想发展出的团队任务复杂性量表，为了体现对个体层面变量的测量，本研究对措辞进行了微调，共包含 5 个测量条目。本研究检验了任务复杂性量表的效度和信度，结果如表 5.8 所示。验证性因子分析发现，各测量条目的标准化因子载荷系数均大于 0.45，说明测量条目的效度可以被接受。量表的 Cronbach's Alpha 为 0.833，说明该量表具有理想的信度。

表 5.8 任务复杂性量表的效度与信度分析

维度	条目	均值	标准偏差	λ	t 值	Alpha
任务复杂性	TC1	5.41	1.24	0.65	12.82	0.833
	TC2	4.94	1.26	0.86	18.84	
	TC3	4.32	1.42	0.60	11.69	
	TC4	4.67	1.45	0.75	15.49	
	TC5	5.28	1.25	0.71	14.40	

5.2.7 心理安全感

本研究采用 Liang、Farh 与 Farh（2012）基于已有文献发展和改编的个人心理安全感量表，共包含 5 个测量条目。本研究检验了心理安全感量表的效度和信度，结果如表 5.9 所示。验证性因子分析发现，各测量条目的标准化因子载荷系数均大于 0.71, 说明测量条目的效度非常理想。量表的 Cronbach's Alpha 为 0.946, 说明该量表具有非常理想的信度。

表 5.9　心理安全感量表的效度与信度分析

维度	条目	均值	标准偏差	λ	t 值	Alpha
心理安全感	PS1	4.97	1.53	0.93	23.02	0.946
	PS2	4.86	1.50	0.95	23.85	
	PS3	4.77	1.51	0.91	21.99	
	PS4	4.89	1.50	0.82	18.63	
	PS5	4.82	1.61	0.80	18.05	

5.2.8　环境动态性

本研究采用 Gaur 等人 (2011) 开发的环境不确定性测量量表, 该量表主要是对环境动态性进行测量, 共包含 3 个条目。本研究检验了环境动态性量表的效度和信度, 结果如表 5.10 所示。验证性因子分析发现, 有两个测量条目的标准化因子载荷系数不够理想, 且量表的 Cronbach's Alpha 值也不够理想, 仅为 0.525。因此本研究删除了其中一个标准化因子载荷最小的条目, 重新计算的 Cronbach's Alpha 为 0.760, 说明两个条目的环境动态性量表的测量信度较好。

表 5.10　环境动态性量表的效度与信度分析

维度	条目	均值	标准偏差	λ	t 值	Alpha
环境动态性	EU1	3.81	1.55	0.06	0.37	0.525
	EU2	4.58	1.42	3.67	0.39	
	EU3	4.95	1.35	0.17	0.39	

5.2.9　个人学习

本研究采用陈国权 (2008) 开发的个人学习能力量表, 包括发现能力、发明能力、选择能力、执行能力、推广能力、反思能力、获取知识能力、输出知识能力和建立个人知识库能力 9 个子维度, 每个子维度各包含 3 个条目, 共 27 条测量条目。本研究检验了个人学习量表的效度和信度,结果如表 5.11 所示。验证性因子分析发现，各测量条目的标准化因子载荷系数均大于 0.45，说明测量条目的效度可以接受。量表总体的 Cronbach's Alpha 为 0.970，说明该量表具有非常理想的信度；9 个子维度的 Cronbach's Alpha 均大于 0.8，说明各个子维度的测量都具有理想的信度。

表 5.11　个人学习量表的效度与信度分析

维度	条目	均值	标准偏差	λ	t 值	Alpha
个人学习	—	—	—	—	—	0.970
发现能力	发现 1	5.45	1.04	0.71	15.35	0.903
	发现 2	5.32	1.08	0.69	14.71	
	发现 3	5.52	0.99	0.70	14.92	
发明能力	发明 1	5.51	0.97	0.73	15.96	0.873
	发明 2	5.24	1.02	0.73	15.95	
	发明 3	5.18	1.07	0.76	16.97	
选择能力	选择 1	5.46	1.08	0.82	18.71	0.940
	选择 2	5.45	1.05	0.85	20.06	
	选择 3	5.51	1.02	0.84	19.40	
执行能力	执行 1	5.60	1.02	0.77	17.02	0.897
	执行 2	5.66	0.98	0.77	17.26	
	执行 3	5.43	1.04	0.76	16.71	
推广能力	推广 1	5.70	1.02	0.79	17.75	0.842
	推广 2	5.81	0.89	0.71	15.32	
	推广 3	5.66	0.99	0.81	18.41	
反思能力	反思 1	5.78	0.92	0.79	17.84	0.935
	反思 2	5.79	0.93	0.80	18.01	
	反思 3	5.68	0.94	0.80	18.14	
获取知识能力	获取 1	5.73	0.99	0.79	17.79	0.844
	获取 2	5.56	1.02	0.69	14.80	
	获取 3	5.71	0.88	0.67	14.30	

表5. 11(续)

维度	条目	均值	标准偏差	λ	t 值	Alpha
输出知识 能力	输出 1	5. 57	0. 99	0. 70	15. 00	0. 816
	输出 2	4. 99	1. 34	0. 62	12. 74	
	输出 3	5. 23	1. 17	0. 70	14. 97	
建立个人 知识库能力	建立 1	5. 57	1. 09	0. 77	17. 04	0. 903
	建立 2	5. 34	1. 32	0. 67	14. 23	
	建立 3	5. 40	1. 22	0. 68	14. 52	

5.3 共同方法偏差检验

本节采用上一章介绍的研究方法进行共同方法偏差的检验。具体来说，本研究将先后对所收集到的同源数据进行验证性因子分析（CFA）和探索性因子分析（EFA）。首先使用 LISREL 8.7 进行验证性因子分析，本研究选取单因子模型、九因子模型与十因子模型，三者的拟合指标详见表 5.12。

表 5.12 共同方法偏差检验

模型	χ^2	df	RMSEA	CFI	NFI	NNFI	GFI
单因子模型	49 484. 96	5 049	0. 16	0. 91	0. 89	0. 91	0. 27
九因子模型	18 383. 76	5 013	0. 087	0. 95	0. 93	0. 95	0. 50
十因子模型	16 073. 01	4 902	0. 080	0. 96	0. 94	0. 96	0. 53

对比单因子模型、九因子模型与十因子模型的拟合指标可以发现：单因子模型的 χ^2/df 为 9.8，十因子模型的 χ^2/df 为 3.28，九因子模型的 χ^2/df 为 3.67，九因子模型的卡方与自由度之比小于 5，在三个模型的拟合度中明显好于单因子模型，与十因子模型相当；十因子模型的 RMSEA 不小于 0.08，九因子模型的 RMSEA 接近 0.08，十因子模型的 RMSEA 最小；九因子模型与十因子模型的 CFI 接近；单因子模型的 CFI 小于 0.9，九因子模型与十因子模型的 NFI 十分接近；单因子模型的 NNFI 最小，九因子模型与十因子模型的 NNFI 皆大于 0.9 且相互十分接近；单因子模型的 GFI 较小，九因子模型与十因子模型的 GFI 都更大且数据接近。综上所述，可

以发现单因子模型的拟合程度较差，并且相较于九因子模型，十因子模型的拟合程度并没有显著的改进，由此可以判断本研究的模型不存在严重的共同方法偏差问题。

然后，本研究使用 SPSS 22.0 对同源数据进行探索性因子分析，同时对所有变量的测量条目进行主成分因子分析，计算旋转后的第一个因子解释的变异量。发现第一个因子解释的变异量为 33.35%，没有超过 50%，符合 Hair 等人（1998）的同源方法偏差判断标准，模型的分析结果不会受到同源数据的显著影响。

综上，本研究所使用的调查问卷中的量表信度、效度较好，并且排除了共同方法偏差的影响，可以进行进一步的研究分析。

5.4　变量的描述性统计

在进行回归分析之前，本研究对各变量进行描述性统计和相关系数分析。

首先，对本研究理论模型中涉及的控制变量、自变量、中介变量、调节变量和因变量进行描述性分析。具体来说，控制变量包括员工的性别、年龄、学历、工作职务、工作时间和所在企业；自变量指基于 AMO 理论的合作型人力资源管理；中介变量包括自我效能感、内外在动机和组织承诺；调节变量包括工作自主权、任务复杂性、心理安全感和环境动态性；因变量是指员工的个人学习。描述性统计分析主要计算了 6 个控制变量和 9 个主要研究变量的均值、标准差、最大值和最小值，分析结果见表 5.13。

表 5.13　研究变量的描述性统计分析

变量	均值	标准差	最小值	最大值
1. 性别	1.36	0.48	1.00	2.00
2. 年龄	4.80	2.39	2.00	10.00
3. 学历	3.59	0.93	1.00	6.00
4. 工作职务	1.58	0.83	1.00	4.00
5. 工作时间	11.30	13.34	1.00	35.00
6. 所在企业	1.31	0.91	0.00	2.00

表5.13(续)

变量	均值	标准差	最小值	最大值
7. 基于 AMO 理论的合作型 HRM	5.31	0.96	1.75	7.00
8. 自我效能感	5.78	0.71	3.63	7.00
9. 内外在动机	5.63	0.75	1.42	7.00
10. 组织承诺	5.14	1.04	1.00	7.00
11. 工作自主权	4.37	1.19	1.00	7.00
12. 任务复杂性	4.92	1.03	1.00	7.00
13. 心理安全感	4.86	1.39	1.00	7.00
14. 环境动态性	4.76	1.25	1.00	7.00
15. 个人学习	5.51	0.78	1.67	7.00

注：样本量 $N = 355$。

性别：男性为1，女性为0；年龄：21~25 岁为1，26~30 岁为2，31~35 岁为3，36~40 岁为4，41~45 岁为5，46~50 岁为6，51~55 岁为7，56~60 岁为8；学历：初中及以下学历为1，高中及中专学历为2，大专学历为3，大学本科学历为4，硕士学历为5；工作职务：基层员工为1，基层管理者为2，中层管理者为3，高层管理者为4；工作时间：1 年或以下为1，其他数字为工作年限；所在企业：来自第一家信息技术服务类私营企业的为0，来自第二家电网和土建设计私营企业的为1，来自第三家科技和信息服务业国有企业的为2。

其次，对本研究中所涉及的 6 个控制变量与 9 个主要研究变量之间的相关性进行统计分析，分析结果详见表 5.14。通过观察该表可以发现，6 个控制变量中有 4 个与因变量个人学习显著相关。基于 AMO 理论的合作型人力资源管理与自我效能感（$r = 0.613$，$p < 0.01$）、内外在动机（$r = 0.558$，$p < 0.01$）和组织承诺（$r = 0.609$，$p < 0.01$）显著正相关；基于 AMO 理论的合作型人力资源管理与个人学习显著正相关（$r = 0.511$，$p < 0.01$），在一定程度上，本研究的假设 H1 得到了初步的支持。自我效能感、内外在动机和组织承诺都在 0.01 的显著性水平上与个人学习呈正相关关系，相关系数分别为 0.699、0.636 和 0.445，也在一定程度上初步支持了本研究的假设 H2。此外，调节变量工作自主权、任务复杂性、心理安全感和环境动态性与中介变量自我效能感、内外在动机和组织承诺两两间都在 0.01 的显著水平上互相相关，并且调节变量与因变量个人学习之间也都在 0.01 的显著性水平上呈正相关关系，可见本研究的 H6~H8 也在一定程度上得到了初步的支持。

表 5.14　研究变量的相关系数

变量	1	2	3	4	5	6	7	8	9	10	11	12	13	14	15
1. 性别	1														
2. 年龄	-0.177**	1													
3. 学历	0.222**	-0.436**	1												
4. 工作职务	0.059	0.209**	0.294**	1											
5. 工作时间	-0.182**	0.864**	-0.465**	0.077	1										
6. 所在企业	0.073	0.470**	-0.101+	0.178**	0.494**	1									
7. 基于 AMO 理论的合作型 HRM	-0.061	-0.125*	0.090+	0.098+	-0.167**	0.019	1								
8. 自我效能感	-0.034	-0.162**	0.209**	0.088+	-0.211**	0.052	0.613**	1							
9. 内外在动机	-0.059	-0.216**	0.129*	0.000	-0.262**	-0.056	0.558**	0.644**	1						
10. 组织承诺	-0.078	0.055	-0.109*	0.058	0.050	0.065	0.609**	0.431**	0.410**	1					
11. 工作自主权	0.003	-0.032	0.094+	0.095+	-0.067	-0.076	0.378**	0.285**	0.314**	0.299**	1				
12. 任务复杂性	-0.142**	-0.010	0.149**	0.209**	-0.076	0.015	0.432**	0.359**	0.410**	0.286**	0.411**	1			
13. 心理安全感	-0.016	-0.090+	0.006	0.015	-0.147**	-0.114+	0.592**	0.423**	0.427**	0.666**	0.452**	0.392**	1		
14. 环境动态性	-0.129*	-0.045	-0.142**	-0.104+	-0.037	-0.045	0.223**	0.239**	0.263**	0.320**	0.133*	0.297**	0.389**	1	
15. 个人学习	-0.057	-0.055	0.193**	0.140**	-0.119*	0.040	0.511**	0.699**	0.636**	0.445**	0.368**	0.535**	0.476**	0.298**	1

注：$N=355$；+ $p<0.1$；* $p<0.05$，** $p<0.01$。

性别：男性为 1，女性为 0；年龄：21~25 岁为 1，26~30 岁为 2，31~35 岁为 3，36~40 岁为 4，41~45 岁为 5，46~50 岁为 6，51~55 岁为 7，56~60 岁为 8；学历：初中及中专以下学历为 1，高中及中专学历为 2，大专学历为 3，大学本科学历为 4，硕士学历为 5；工作职务：基层员工为 1，基层管理者为 2，中层管理者为 3，高层管理者为 4；工作时间：1 年或以下为 1，其他数字为实际工作年限；所在企业：来自第一家信息技术服务类私营企业的为 0，来自第二家电网和土建设计建设类营企业国有企业的为 1，来自第三家科技和信息服务业服务业的为 2。

155

5.5 假设检验

5.5.1 主效应 H1 和 H2 的检验

为了检验 H1 和 H2，本研究使用第四章中介绍的层次回归分析的方法。

第一，本研究对 H1 进行检验，检验结果如表 5.15 所示。在逐步回归的过程中，本研究首先以个人学习为因变量，将员工的性别、年龄、学历、工作职务、工作时间和所在企业等控制变量作为第一层变量放入回归方程（模型 1），模型 1 是显著的，但其解释力度有待加强。其次，在模型 1 的基础上，本研究将基于能力的合作型人力资源管理实践作为第二层变量放入回归方程（模型 2），发现基于能力的合作型人力资源管理实践对个人学习的回归系数是正向显著的（$\beta = 0.418$，$p < 0.01$），并且模型的显著性变强了（$F = 15.855$，$p < 0.01$），此外，模型整体的解释力度提高了16.9%。因此，基于能力的合作型人力资源管理实践的水平越高，员工的个人学习水平越高，假设 H1a 得到了验证。

为了检验 H1b 和 H1c，本研究重复刚才的第二步，并将基于能力的合作型人力资源管理实践依次替换为基于动机和基于机会的合作型人力资源管理实践，构建模型 3 和模型 4。通过对表 5.15 中的回归分析结果的观察可以发现，基于动机的合作型人力资源管理实践显著正向影响个人学习（$\beta = 0.402$，$p < 0.01$）；基于机会的合作型人力资源管理实践也显著正向影响个人学习（$\beta = 0.482$，$p < 0.01$），并且模型 3 和模型 4 的显著性强度及解释力度都相应得到了较大的提升。H1b 和 H1c 得到验证。综上，理论模型中的假设 H1 得到了实证研究的验证。

表 5.15　假设 H1 的回归分析

变量		因变量：个人学习							
		模型 1		模型 2		模型 3		模型 4	
		β	sig	β	sig	β	sig	β	sig
控制变量	性别	−0.124*	0.022	−0.103*	0.037	−0.070	0.160	−0.057	0.239
	年龄	0.140	0.201	0.170+	0.088	0.155	0.125	0.121	0.214
	学历	0.155*	0.018	0.191**	0.001	0.188**	0.002	0.119*	0.041
	工作职务	0.072	0.228	0.050	0.354	0.023	0.673	0.009	0.865
	工作时间	−0.250*	0.022	−0.210*	0.034	−0.140	0.166	−0.090	0.355
	所在企业	0.110+	0.076	0.027	0.628	0.074	0.195	0.058	0.289
自变量	A-CHRM			0.418**	0.000				
	M-CHRM					0.402**	0.000		
	O-CHRM							0.482**	0.000
df		6 348		7 347		7 347		7 347	
F		4.602**		15.855**		14.323**		19.262**	
Adj R^2		0.058		0.227		0.209		0.265	
ΔAdj R^2				0.169		0.151		0.207	

注：$^+ p<0.1$；$^* p<0.05$，$^{**} p<0.01$（双尾检验）；样本量 $N=355$。

第二，本研究对 H2 进行检验，检验结果如表 5.16 所示。本研究重复对 H1 检验的步骤，并将其中的自变量依次换为自我效能感、内外在动机和组织承诺。

表 5.16　假设 H2 的回归分析

变量		因变量：个人学习							
		模型 1		模型 2		模型 3		模型 4	
		β	sig	β	sig	β	sig	β	sig
控制变量	性别	−0.124*	0.022	−0.035	0.375	−0.039	0.355	−0.091+	0.057
	年龄	0.140	0.201	0.123	0.126	0.138	0.105	0.165+	0.091
	学历	0.155*	0.018	0.077	0.109	0.150**	0.003	0.228**	0.000
	工作职务	0.072	0.228	0.041	0.344	0.066	0.155	0.022	0.679
	工作时间	−0.250*	0.022	−0.037	0.644	−0.029	0.736	−0.232*	0.016
	所在企业	0.110+	0.076	−0.032	0.483	0.031	0.516	0.073	0.181
自变量	自我效能感			0.691**	0.000				
	内外在动机					0.639**	0.000		
	组织承诺							0.459**	0.000

表5. 16(续)

变量	因变量：个人学习							
	模型 1		模型 2		模型 3		模型 4	
	β	sig	β	sig	β	sig	β	sig
df	6 348	7 347	7 347	7 347				
F	4. 602**	49. 968**	39. 543**	19. 089**				
Adj R^2	0.058	0.492	0.433	0.263				
ΔAdj R^2		0.434	0.375	0.205				

注：$+p<0.1$；$*p<0.05$，$**p<0.01$（双尾检验）；样本量 $N=355$。

首先检验 H2a，具体来说，在逐步回归的过程中，本研究首先以个人学习为因变量，将员工的性别、年龄、学历、工作职务、工作时间和所在企业等控制变量作为第一层变量放入回归方程（模型1），模型1虽然显著，但其解释力度有待加强。其次，在模型1的基础上，本研究将自我效能感作为第二层变量放入回归方程（模型2），发现自我效能感对个人学习的回归系数是正向显著的（$\beta=0.691$，$p<0.01$），并且模型的显著性强度提升了（$F=49.968$，$p<0.01$），此外，模型整体的解释力度提高了43.4%。因此，员工的自我效能感的水平越高，个人学习水平越高，假设 H2a 得到了验证。

为了检验 H2b 和 H2c，本研究重复以上的第二步，并将自我效能感依次替换为内外在动机和组织承诺，构建表5.16中的模型3和模型4。结果发现，内外在动机也显著正向影响个人学习（$\beta=0.639$，$p<0.01$）；组织承诺同样显著正向影响个人学习（$\beta=0.459$，$p<0.01$），并且模型3和模型4的显著性强度及解释力度都相应得到了较大的提升。H2b 和 H2c 得到验证。综上，理论模型中的假设 H2 得到了实证研究的验证。

5.5.2　中介效应 H3～H5 的检验

根据上一章介绍的具体研究方法，对中介效应的检验分为三步。第一步，验证自变量对因变量的显著影响，这已经在上一节中完成；第二步，验证自变量对中介变量的显著影响；第三步，检验中介变量的作用，这将在本节完成。

首先，本研究对 H3 的后两个步骤进行检验，检验结果如表5.17和表5.18所示。

表 5.17　假设 H3 的第二步回归分析

变量		因变量：自我效能感							
		模型 1		模型 2		模型 3		模型 4	
		β	sig	β	sig	β	sig	β	sig
控制变量	性别	−0.128*	0.016	−0.105*	0.026	−0.066	0.165	−0.041	0.328
	年龄	0.025	0.820	0.057	0.552	0.041	0.664	−0.001	0.990
	学历	0.113+	0.079	0.151**	0.008	0.151**	0.008	0.066	0.195
	工作职务	0.044	0.452	0.020	0.692	−0.013	0.807	−0.037	0.423
	工作时间	−0.308**	0.004	−0.265**	0.006	−0.179+	0.060	−0.101	0.236
	所在企业	0.206**	0.001	0.117*	0.033	0.163**	0.002	0.139**	0.004
自变量	A-CHRM			0.452**	0.000				
	M-CHRM					0.468**	0.000		
	O-CHRM							0.623**	0.000
df		6 348		7 347		7 347		7 347	
F		6.699**		21.400**		22.048**		40.196**	
Adj R^2		0.088		0.287		0.294		0.437	
ΔAdj R^2				0.199		0.206		0.349	

注：+p<0.1；*p<0.05，**p<0.01（双尾检验）；样本量 N=355。

在 H3 的第二步回归分析检验中，本研究将自我效能感作为因变量，首先将员工的性别、年龄、学历、工作职务、工作时间和所在企业等控制变量作为第一层变量放入回归方程（模型 1），其次依次将基于能力、基于动机和基于机会的合作型人力资源管理实践作为第二层变量放入回归方程（模型 2、模型 3、模型 4）。发现模型 2 中基于能力的合作型人力资源管理对自我效能感的回归系数是正向显著的（β=0.452，p<0.01），并且模型的显著性强度增加了（F=21.400，p<0.01），此外，模型整体的解释力度提高了 19.9%。因此，基于能力的合作型人力资源管理与自我效能感之间存在显著正相关的关系。同理，通过对模型 3 和模型 4 的回归分析结果的观察，发现基于动机和基于机会的合作型人力资源管理与自我效能感之间也显著正相关，因此可以开展对假设 H3 的第三步检验。

表 5.18　假设 H3 的第三步回归分析

变量		因变量: 个人学习							
		模型 1		模型 2		模型 3		模型 4	
		β	sig	β	sig	β	sig	β	sig
控制变量	性别	−0.124[*]	0.022	−0.037	0.350	−0.028	0.480	−0.030	0.448
	年龄	0.140	0.201	0.135[+]	0.092	0.128	0.110	0.121	0.132
	学历	0.155[*]	0.018	0.096[*]	0.046	0.091[+]	0.060	0.077	0.111
	工作职务	0.072	0.228	0.037	0.389	0.031	0.475	0.033	0.457
	工作时间	−0.250[*]	0.022	−0.045	0.576	−0.025	0.759	−0.026	0.753
	所在企业	0.110[+]	0.076	−0.045	0.321	−0.031	0.494	−0.031	0.504
自变量	A−CHRM			0.135[**]	0.002				
	M−CHRM					0.102[*]	0.023		
	O−CHRM							0.084	0.102
中介变量	自我效能感			0.626[**]	0.000	0.642[**]	0.000	0.640[**]	0.000
df		6 348		8 346		8 346		8 346	
F		4.602[**]		46.050[**]		44.908[**]		44.270[**]	
Adj R^2		0.058		0.504		0.498		0.494	
ΔAdj R^2				0.446		0.440		0.436	

注: [+]$p<0.1$; [*]$p<0.05$, [**]$p<0.01$ (双尾检验); 样本量 $N=355$。

在第三步中,本研究仍然以个人学习为因变量,首先将员工的性别、年龄、学历、工作职务、工作时间和所在企业等控制变量作为第一层变量放入回归方程 (模型 1),其次将自变量基于能力的合作型人力资源管理实践放入回归方程 (详见表 5.15 中模型 2),最后将中介变量自我效能感放入回归方程 (模型 2)。将基于能力的合作型人力资源管理实践依次替换为基于动机的合作型人力资源管理实践和基于机会的合作型人力资源管理实践,得到表 5.18 中的模型 3 和模型 4。在表 5.18 中,模型 2、模型 3 和模型 4 中的中介变量自我效能感的回归系数 β 都在 0.01 的显著性水平上正向显著;对比该表中的模型 2~模型 4 中的基于能力、基于动机和基于机会的合作型人力资源管理实践与表 5.15 中的三者的回归系数 β 发现,基于能力和基于动机的合作型人力资源管理实践的回归系数仍然显著,但明显变小,而基于机会的合作型人力资源管理实践的回归系数变得不显著,说明自我效能感部分中介基于能力和基于动机的合作型人力资源管理与个人学习之间的关系,H3a 和 H3b 得到验证;自我效能感完全中介基于机会的合作型人力资源管理与个人学习之间的关系，H3c 得到验证。综上，H3 得到验证。

在对 H4 和 H5 进行检验时，为了简化文字，本研究将上述的第二步和第三步合并进行逐步回归分析，分析结果见表 5.19 和表 5.20。

表 5.19　假设 H4 的第二步和第三步回归分析

变量		因变量：内外在动机				因变量：个人学习			
		模型 1	模型 2	模型 3	模型 4	模型 5	模型 6	模型 7	模型 8
		β (sig)	β (sig)	β (sig)	β (sig)	β (sig)	β (sig)	β (sig)	β (sig)
控制变量	性别	-0.133* (0.013)	-0.112* (0.021)	-0.068 (0.147)	-0.065 (0.169)	-0.124* (0.022)	-0.041 (0.327)	-0.031 (0.464)	-0.022 (0.592)
	年龄	0.003 (0.975)	0.033 (0.735)	0.021 (0.827)	-0.017 (0.862)	0.140 (0.201)	0.152+ (0.069)	0.143+ (0.092)	0.129 (0.118)
	学历	0.008 (0.900)	0.043 (0.459)	0.047 (0.406)	-0.029 (0.609)	0.155* (0.018)	0.167** (0.001)	0.160** (0.002)	0.134** (0.007)
	工作职务	0.010 (0.870)	-0.012 (0.820)	-0.049 (0.343)	-0.054 (0.302)	0.072 (0.228)	0.057 (0.209)	0.051 (0.265)	0.038 (0.405)
	工作时间	-0.347** (0.001)	-0.307** (0.002)	-0.214* (0.025)	-0.185* (0.054)	-0.250* (0.022)	-0.040 (0.636)	-0.016 (0.847)	0.008 (0.921)
	所在企业	0.123* (0.045)	0.041 (0.468)	0.079 (0.139)	0.071 (0.190)	0.110+ (0.076)	0.005 (0.918)	0.028 (0.561)	0.020 (0.662)
自变量	A-CHRM		0.417** (0.000)				0.186** (0.000)		
	M-CHRM			0.485** (0.000)				0.122* (0.010)	
	O-CHRM				0.487** (0.000)				0.223** (0.000)
中介变量	内外在动机						0.556** (0.000)	0.578** (0.000)	0.533** (0.000)
df		6 348	7 347	7 347	7 347	6 348	8 346	8 346	8 346
F		5.888**	17.481**	22.386**	21.491**	4.602**	38.491**	35.999**	39.546**
Adj R^2		0.092	0.246	0.297	0.288	0.058	0.459	0.442	0.466
ΔAdj R^2			0.154	0.205	0.196		0.401	0.384	0.408

注：+$p<0.1$；*$p<0.05$，**$P<0.01$（双尾检验）；样本量 $N=355$。此表中的模型 5 同表 5.15 中的模型 1。

观察表 5.19 中假设 H4 的第二步的回归分析结果可以发现，基于能力、基于动机和基于机会的合作型人力资源管理实践都在 0.01 的显著性水平上与内外在动机正向相关，回归系数 β 分别为 0.417、0.485 和 0.487，并且相对于模型 1，模型 2~模型 4 的显著性强度都增加了，整体的解释力度也得到了较大提升。因此，H4 中的自变量与中介变量显著正相关，可以开展下一步的分析。观察表 5.19 中第三步的回归分析结果可以发现，模型 5、模型 6 和模型 7 中的中介变量内外在动机的回归系数 β 都在 0.01 的显著性水平上正向显著，分别为 0.556、0.578 和 0.533；对比表 5.15 中的三个自变量的回归系数 β 发现，基于能力、基于动机和基于机会的合作型人力资源管理的回归系数仍然显著，但明显变小，说明内外在动机部分中介自变量与个人学习之间的关系，H4 得到验证。

表 5.20 假设 H5 的第二步和第三步回归分析

变量		因变量：组织承诺				因变量：个人学习			
		模型 1	模型 2	模型 3	模型 4	模型 5	模型 6	模型 7	模型 8
		β (sig)	β (sig)	β (sig)	β (sig)	β (sig)	β (sig)	β (sig)	β (sig)
控制变量	性别	-0.072 (0.196)	-0.045 (0.345)	0.010 (0.830)	0.007 (0.887)	-0.124* (0.022)	-0.088+ (0.060)	-0.074 (0.122)	-0.059 (0.203)
	年龄	-0.053 (0.639)	-0.016 (0.870)	-0.031 (0.732)	-0.076 (0.426)	0.140 (0.201)	0.176+ (0.064)	0.166+ (0.084)	0.143 (0.124)
	学历	-0.158* (0.018)	-0.115* (0.046)	-0.110* (0.042)	-0.201** (0.000)	0.155* (0.018)	0.229** (0.000)	0.226** (0.000)	0.178** (0.002)
	工作职务	0.109+ (0.075)	0.082 (0.118)	0.035 (0.473)	0.036 (0.490)	0.072 (0.228)	0.023 (0.656)	0.011 (0.836)	-0.002 (0.973)
	工作时间	-0.039 (0.724)	0.010 (0.915)	0.127 (0.163)	0.146 (0.127)	-0.250* (0.022)	-0.214* (0.023)	-0.184+ (0.056)	-0.134 (0.154)
	所在企业	0.080 (0.208)	-0.022 (0.682)	0.025 (0.624)	0.020 (0.715)	0.110+ (0.076)	0.035 (0.516)	0.065 (0.230)	0.052 (0.319)
自变量	A-CHRM		0.518** (0.000)			0.246** (0.000)			
	M-CHRM			0.606** (0.000)			0.192** (0.001)		
	O-CHRM				0.560** (0.000)				0.316** (0.000)
中介变量	组织承诺					0.332** (0.000)	0.348** (0.000)	0.298** (0.000)	
df		6 348	7 347	7 347	7 347	6 348	8 346	8 346	8 346
F		1.765	20.141**	29.231**	22.011**	4.602**	20.430**	18.554**	22.392**
Adj R^2		0.013	0.275	0.358	0.294	0.058	0.305	0.284	0.326
ΔAdj R^2			0.262	0.345	0.281		0.247	0.226	0.268

注：+$p<0.1$；*$p<0.05$，**$p<0.01$（双尾检验）；样本量 $N=355$。此表中的模型 5 同表 5.15 中的模型 1。

观察表 5.20 中假设 H5 的第二步的回归分析结果可以发现，基于能力、基于动机和基于机会的合作型人力资源管理实践都在 0.01 的显著性水平上与组织承诺正向相关，回归系数 β 分别为 0.518、0.606 和 0.560，并且相对于模型 1，模型 2~模型 4 的显著性强度都增加了，整体的解释力度也得到了较高提升。因此，H5 中的自变量与中介变量显著正相关，可以开展下一步的分析。观察表 5.20 中第三步的回归分析结果可以发现，模型 4、模型 5 和模型 6 中的中介变量组织承诺的回归系数 β 都在 0.01 的显著性水平上正向显著，分别为 0.332、0.348 和 0.298；对比表 5.15 中的三个自变量的回归系数 β 发现，基于能力、基于动机和基于机会的合作型人力资源管理的回归系数仍然显著，但明显变小，说明组织承诺部分中介自变量与个人学习之间的关系，H5a、H5b 和 H5c 同时得到验证。综上，H5 得到验证。

5.5.3　调节效应 H6~H8 的检验

根据上一章介绍的研究方法，为了检验 H6~H8，本研究采用调节回归分析的方法。在构建层次回归分析模型以前，本研究首先对调节变量工作自主权、任务复杂性、心理安全感、环境动态性和中介变量（调节效应中的自变量）自我效能感、内外在动机和组织承诺进行中心化的处理，以降低产生多重共线性的可能性（Aiken，West，and Reno，1991）。再使用中心化处理后的数据构建各个调节变量与中介变量的乘积项。

本研究先对 H6a~H6c 的调节效应进行检验，回归分析结果见表 5.21。使用逐步回归的方式，以个人学习为因变量，首先将员工的性别、年龄、学历、工作职务、工作时间和所在企业等控制变量作为第一层变量放入回归方程（模型 1）。其次，将此处的自变量自我效能感和调节变量工作自主权作为第二层变量放入回归模型（表 5.21 中省略该模型）。最后，将中心化后的自我效能感与工作自主权的乘积项作为第三层变量放入回归方程（模型 2）。将第二步和第三步的自我效能感依次替换为内外在动机和组织承诺后得到模型 3 和模型 4。

表 5.21　假设 H6a-H6c 的回归分析

变量		因变量：个人学习							
		模型 1		模型 2		模型 3		模型 4	
		β	sig	β	sig	β	sig	β	sig
控制变量	性别	-0.124*	0.022	-0.041	0.294	-0.048	0.249	-0.097*	0.038
	年龄	0.140	0.201	0.112	0.154	0.122	0.145	0.140	0.137
	学历	0.155*	0.018	0.074	0.117	0.138**	0.005	0.202**	0.000
	工作职务	0.072	0.228	0.029	0.498	0.055	0.221	0.012	0.812
	工作时间	-0.250*	0.022	-0.043	0.582	-0.034	0.689	-0.215*	0.022
	所在企业	0.110+	0.076	-0.007	0.883	0.053	0.262	0.097+	0.069
自变量	自我效能感（SE）			0.646**	0.000				
	内外在动机（IEM）					0.578**	0.000		
	组织承诺（OC）							0.382**	0.000
调节变量	工作自主权（JA）			0.173**	0.000	0.181**	0.003	0.228**	0.000
交互项	SE * JA			0.036	0.338				
	IEM * JA					-0.052	0.188		
	OC * JA							-0.035	0.430
df		6 348		9 345		9 345		9 345	
F		4.602**		43.476**		34.366**		18.529**	
Adj R^2		0.058		0.519		0.459		0.308	
ΔAdj R^2				0.461		0.401		0.250	

注：+ $p<0.1$；* $p<0.05$，** $p<0.01$（双尾检验）；样本量 $N=355$。

从表 5.21 的回归分析结果中可以发现，工作自主权对自我效能感与个人学习之间的关系起正向调节作用，对内外在动机、组织承诺与个人学习之间的关系起负向调节作用，但这些调节作用都不显著，H6a～H6c 未得到验证。

将上述步骤中的工作自主权依次替换为任务复杂性、内外在动机和环境动态性，对 H6d～H6f、H7 和 H8 进行检验，回归分析结果分别见表5.22、表 5.23 和表 5.24。

表 5.22　假设 H6d~H6f 的回归分析

变量		因变量：个人学习							
		模型 1		模型 2		模型 3		模型 4	
		β	sig	β	sig	β	sig	β	sig
控制变量	性别	−0.124*	0.022	0.014	0.697	−0.003	0.934	−0.020	0.649
	年龄	0.140	0.201	0.091	0.221	0.105	0.184	0.116	0.188
	学历	0.155*	0.018	0.056	0.204	0.129**	0.006	0.167**	0.002
	工作职务	0.072	0.228	−0.010	0.804	0.014	0.748	−0.038	0.427
	工作时间	−0.250*	0.022	−0.002	0.977	0.001	0.990	−0.159+	0.070
	所在企业	0.110+	0.076	−0.029	0.485	0.031	0.494	0.063	0.204
自变量	自我效能感（SE）			0.588**	0.000				
	内外在动机（IEM）					0.505**	0.000		
	组织承诺（OC）							0.351**	0.000
调节变量	任务复杂性（TC）			0.323*	0.000	0.298**	0.003	0.405**	0.000
交互项	SE * TC			−0.020	0.569				
	IEM * TC					−0.113**	0.003		
	OC * TC							0.037	0.385
df		6 348		9 345		9 345		9 345	
F		4.602**		54.276**		42.479**		27.199**	
Adj R^2		0.058		0.575		0.513		0.400	
ΔAdj R^2				0.517		0.455		0.342	

注：+$p<0.1$；*$p<0.05$，**$p<0.01$（双尾检验）；样本量 $N=355$。

从表 5.22 的回归分析结果中可以发现，任务复杂性对自我效能感和组织承诺与个人学习之间的关系的调节效应都不显著，H6d 和 H6f 未得到验证。任务复杂性对内外在动机与个人学习之间的关系起负向调节作用，且调节效应在 0.01 的显著性水平上显著，回归系数为−0.113，说明任务复杂性水平越高，员工的内外在动机对个人学习的正向影响就越小，与假设 H6e 的调节作用的方向相反，H6e 得到部分验证。综上，H6d~H6f 只得到部分验证。

表 5.23　假设 H7 的回归分析

变量		因变量：个人学习							
		模型 1		模型 2		模型 3		模型 4	
		β	sig	β	sig	β	sig	β	sig
控制变量	性别	−0.124*	0.022	−0.043	0.265	−0.050	0.219	−0.093*	0.036
	年龄	0.140	0.201	0.099	0.203	0.110	0.176	0.098	0.278
	学历	0.155*	0.018	0.108*	0.021	0.176**	0.000	0.232**	0.000
	工作职务	0.072	0.228	0.035	0.404	0.054	0.219	0.026	0.589
	工作时间	−0.250*	0.022	−0.007	0.933	0.004	0.957	−0.094	0.298
	所在企业	0.110+	0.076	0.001	0.988	0.058	0.209	0.083	0.104
自变量	自我效能感（SE）			0.587**	0.000				
	内外在动机（IEM）					0.513**	0.000		
	组织承诺（OC）							0.336**	0.000
调节变量	心理安全感（PS）			0.243**	0.000	0.268**	0.000	0.363**	0.000
交互项	SE * PS			−0.057	0.132				
	IEM * PS					−0.035	0.378		
	OC * PS							0.287**	0.000
df		6 348		9 345		9 345		9 345	
F		4.602**		45.911**		38.579**		24.539**	
Adj R^2		0.058		0.533		0.489		0.374	
ΔAdj R^2				0.475		0.431		0.316	

注：+ $p<0.1$；* $p<0.05$，** $p<0.01$（双尾检验）；样本量 $N=355$。

　　从表 5.23 的回归分析结果中可以发现，心理安全感只有对组织承诺与个人学习之间的关系的调节作用是显著的，在 0.01 的显著性水平上起正向调节作用（$\beta=0.287$）。说明在心理安全感水平较高时，员工的组织承诺对个人学习的正向影响较大，H7c 得到验证。综上，H7 只得到部分验证。

表 5.24　假设 H8 的回归分析

变量		因变量：个人学习							
		模型 1		模型 2		模型 3		模型 4	
		β	sig	β	sig	β	sig	β	sig
控制变量	性别	-0.124*	0.022	-0.020	0.601	-0.025	0.542	-0.073	0.110
	年龄	0.140	0.201	0.140+	0.076	0.152+	0.067	0.192*	0.039
	学历	0.155*	0.018	0.122*	0.012	0.192**	0.000	0.260**	0.000
	工作职务	0.072	0.228	0.048	0.262	0.069	0.125	0.028	0.579
	工作时间	-0.250*	0.022	-0.035	0.656	-0.024	0.778	-0.220*	0.017
	所在企业	0.110+	0.076	-0.028	0.535	0.031	0.503	0.058	0.267
自变量	自我效能感（SE）			0.640**	0.000				
	内外在动机（IEM）					0.569**	0.000		
	组织承诺（OC）							0.422**	0.000
调节变量	环境动态性（EU）			0.174**	0.000	0.190**	0.000	0.228**	0.000
交互项	SE * EU			0.000	0.993				
	IEM * EU					-0.075+	0.069		
	OC * EU							0.188**	0.000
df		6　348		9　345		9　345		9　345	
F		4.602**		43.106**		35.046**		20.461**	
Adj R^2		0.058		0.517		0.464		0.331	
ΔAdj R^2				0.459		0.406		0.273	

注：+$p<0.1$；*$p<0.05$，**$p<0.01$（双尾检验）；样本量 $N=355$。

从表 5.24 的回归分析结果中可以发现，环境动态性对自我效能感与个人学习间关系的调节作用不显著，环境动态性在 0.1 的显著性水平上负向调节内外在动机与个人学习之间的关系，在 0.01 的显著性水平上正向调节组织承诺与个人学习之间的关系。说明在外部环境动态性水平较高时，员工个人的内外在动机对个人学习的正向影响较小，组织承诺对个人学习的正向影响较大。H8a 未得到验证，H8b 得到部分验证，即虽然调节效应显著，但与预期的作用方向相反，H8c 得到验证。综上，H8 只得到部分验证。

综上所述，在对理论模型中的调节效应进行回归分析检验时，从 H6～H8 的 12 个假设中只有 H7c 和 H8c 得到了完全验证，H6e 和 H8b 得到了部分验证，与本研究中理论模型提出假设的调节作用方向相反。调节效应图见图 5.1、图 5.2、图 5.3、图 5.4。

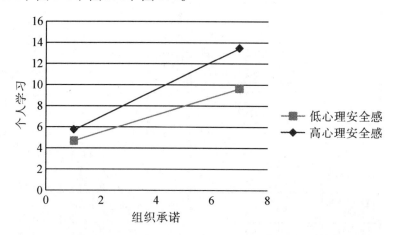

图 5.1　心理安全感对组织承诺与个人学习间关系的正向调节作用（H7c）

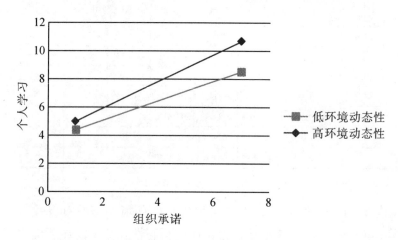

图 5.2　环境动态性对组织承诺与个人学习间关系的正向调节作用（H8c）

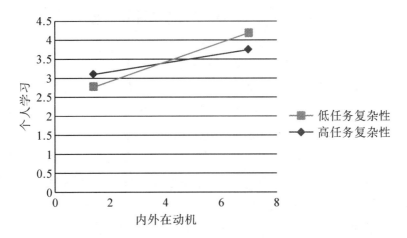

图 5.3 任务复杂性对内外在动机与个人学习间关系的负向调节作用（H6e）

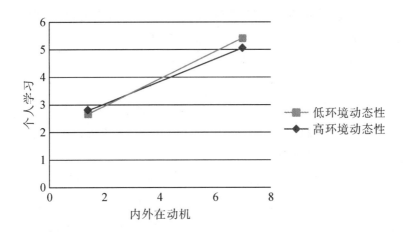

图 5.4 环境动态性对内外在动机与个人学习间关系的负向调节作用（H8b）

通过对理论模型的主效应、中介效应和调节效应的依次检验，本研究提出的绝大部分研究假设都获得了实证分析的支持。研究发现，基于 AMO 理论的合作型人力资源管理显著正向影响个人学习；基于能力、基于动机和基于机会的合作型人力资源管理实践分别通过个人的自我效能感、内外在动机和组织承诺的完全或部分中介作用影响而正向作用于员工的个人学习。其中，自我效能感部分中介基于能力和基于动机的合作型人力资源管理与个人学习之间的关系，完全中介基于机会的合作型人力资源管理与个人学习之间的关系；内外在动机部分中介基于能力、基于动机和基于机会的合作型人力资源管理实践与个人学习之间的关系；组织承诺部分中介基于能力、基于动机和基于机会的合作型人力资源管理实践与个人学习之间的关系。

本研究的理论模型的调节效应只得到了实证分析的部分支持。其中 H6a~H6d、H6f、H7a、H7b 和 H8a 的调节效应并不明显的原因可能是有时个人的工作特征、身处的工作氛围和工作的外部环境干扰了组织承诺对个人学习的正向影响，使个人在受到这些因素影响的时候无法平静地看待过去发生的事情，并进行知识总结，发现、发明和推广应用新的知识。例如，较高水平的工作自主权与较高水平的组织承诺的组合对员工个人学习的影响是混合的，既有可能促进个人的组织学习，也可能会在一定程度上阻碍员工的个人学习。这是因为当员工在工作中的自主权提升时，员工可能倾向于为了报答组织提供的条件和环境而努力增加自己与工作相关的知识储备，也可能因为会一直留在组织中而变得懒惰不愿意开展学习。此外，上述实证分析还发现，心理安全感对自我效能、内外在动机与个人学习间关系的调节作用未得到验证，这可能是因为心理安全感抵消了自我效能感和内外在动机对个人学习的正向影响：当人们相信自己可以在较短的时间内开展高效的学习，喜欢自己的工作，并且能够从工作中获得各种形式的回报，且相信自己不会轻易地因为言行不恰当而丢了工作时，他们就可能将原本的学习计划搁置一旁。

在层次回归分析中，分析结果显著的一些调节作用与理论模型预期的方向不一致，呈现显著负向调节，这也可能是由于上述原因导致的。工作本身的特征中的任务复杂性、外部环境特征的环境动态性可能在一定程度上抵消了内外在动机对个人学习的显著正向影响。当人们喜欢工作本身，也想通过从事工作取得一定的回报时，若工作任务太过复杂，外部环境的变化也较为复杂且难以预期时，人们就有可能在面对较难和变动较大的工作要求时，出现畏难的情绪，推迟实施工作行为，并且降低对自己工作的要求，在完成工作时心安理得地打折扣甚至推诿、拖延，直到工作的截止日期到来，工作任务失效。这种消极的工作态度和行为肯定会对员工个人的学习行为产生负面的影响，当员工不能在工作中取得成就和回报，他们就更加不屑于工作任务和工作要求，就不会为了达到工作目标而积极主动地学习知识、吸取经验。当任务复杂性和环境动态性的负面影响超过了内外在动机的正面影响，这种消极的应对策略的负面影响甚至会扩大，使得

内外在动机越强的个体，越不愿意在工作中开展学习，而盲目地相信自己
和要求回报。

5.6　本章小结

本章依据问卷调查所获得的研究数据，使用上一章介绍的详细的研究
方法，对调查问卷的效度和信度进行了分析，开展了同源方法偏差检验。
在确保 9 个主要研究变量所使用的测量量表的信度和效度较为理想，并不
存在可能的同源方法偏差的基础上，对数据进行了初步的描述性统计分析
和进一步的回归分析，对本研究理论模型中的各个研究假设开展了实证检
验。通过层次回归分析，发现本研究理论模型的主效应在较高的显著性水
平上获得了验证，理论模型所提出的中介效应也得到了实证分析的验证，
理论模型的调节效应获得了实证分析的部分验证。总的来说，几乎所有假
设都得到了验证。主效应中的假设 H1 和 H2，中介效应中的假设 H3、H4
和 H5 得到了实证研究的支持和验证，具体结果如下：

基于 AMO 理论的合作型人力资源管理对个人学习具有显著的正向影
响作用；

基于能力的合作型人力资源管理实践显著正向影响个人学习；

基于动机的合作型人力资源管理实践显著正向影响个人学习；

基于机会的合作型人力资源管理实践显著正向影响个人学习；

自我效能感、内外在动机和组织承诺等个人关键素质都对个人学习具
有显著的正向影响作用；

自我效能感显著正向影响个人学习；

内外在动机显著正向影响个人学习；

组织承诺显著正向影响个人学习；

基于 AMO 理论的合作型人力资源管理通过自我效能感、内外在动机
和组织承诺的完全或不完全中介作用正向影响个人学习。

但是，假设 H6~H8 中的部分子假设未取得实证分析的支持，部分假
设得到了实证检验的验证：

心理安全感正向调节组织承诺与个人学习间的正相关关系；

环境动态性正向调节组织承诺与个人学习间的正相关关系；

任务复杂性负向调节内外在动机与个人学习间的正相关关系；

环境动态性负向调节内外在动机与个人学习间的正相关关系。

最后，本章对调节效应只取得实证研究的部分支持的原因进行了分析。

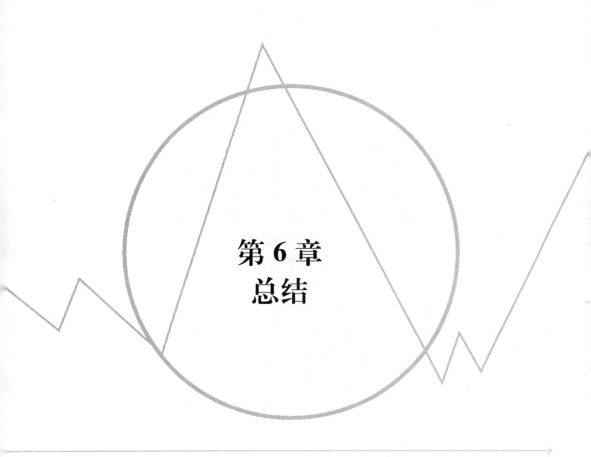

第 6 章
总结

21 世纪是知识经济的时代。随着经济全球化的进一步推进，人的能力、素质与知识在全球竞争中的重要性也进一步凸显。个人的学习能力和知识积累作为人力资本逐渐成为各类组织甚至国家的竞争优势的重要来源。

在管理学研究中，人力资源怎样和为谁创造价值是关键性的问题（Ehrnrooth and Björkman，2012）。作为企业战略规划的重要环节，人力资源管理的本质是要在企业运营的各个方面充分发挥人的能力和作用，使人的优势最终转换为组织的优势。而在挖掘人的潜力和发挥人的才能的过程中，个人的能力、动机以及获取的机会都是不可或缺的重要因素（Blumberg and Pringle，1982；Bailey，1993）。足够的能力使人有可能完成被分配的任务，解决了发挥人的作用的前提问题；正确的动机使人有干劲去完成任务，解决了发挥人的作用的激励问题；合适的机会给人创造完成任务的平台，解决了发挥人的作用的保障问题。这种认为个人绩效和组织绩效是个人的能力、动机、机会的作用函数的简约和严整思想来源于高绩效人力资源管理系统的 AMO 理论（Blumberg and Pringle，1982；Bailey，1993；Appelbaum，2000；Bailey，Berg，and Sandy，200）。

个人发挥作用离不开团队的力量，个人学习也离不开与他人的交流及合作。合作型人力资源管理重视在组织中构建非正式的互动关系，通过建立员工之间的互动模式和社会关系网络来对组织内部的社会资本进行管理，将企业资源配置于那些能够促进合作有效开展所需的员工的知识、技能和态度上，从而有助于组织内资源和信息的流动与利用，进而提升组织的创新能力和竞争优势（王红椿、刘学、刘善仕，2015）。

本研究从拓展和完善 AMO 理论的角度提出了基于 AMO 理论的合作型人力资源管理，并建立了基于能力的合作型人力资源管理实践、基于动机的合作型人力资源管理实践与基于机会的合作型人力资源管理实践，通过自我效能感、内外在动机和组织承诺等工作场合的个人关键素质的中介，作用于员工个人学习的理论模型。在模型中，个人关键素质与个人学习间的关系还受到工作本身的特征，如工作自主权和任务复杂性、工作场所的氛围，以及工作所根植的外部环境的调节。

本章将对本研究的研究结论进行梳理和总结，对基于研究结论的理论贡献和管理启示进行介绍，并对本研究的局限性和未来方向进行探讨。

6.1　研究结论

为了使 AMO 理论不再仅作为人力资源管理对绩效作用的解释机制而存在，本研究运用 AMO 理论思想将同一主题的人力资源管理实践进行分类，提出了基于 AMO 理论的合作型人力资源管理的构念，并将能力、动机和机会本身作为自变量，考察其对从前被忽视的个人层面的微观行为——个人学习的影响。

本研究建立并验证了基于 AMO 理论的合作型人力资源管理促进员工个人学习的过程模型，提出了个人感知到的提高合作能力、激发合作动机和提供合作机会的人力资源管理实践对于个人学习的正向影响，考察了个人的自我效能感、内外在动机和组织承诺在其中所起的中介作用，并介绍工作自主权、任务复杂性、心理安全感和环境动态性对这些关系的调节作用。

本研究通过问卷调查收取了 420 份问卷，其中有效问卷 355 份。本研究使用层次回归分析方法对来自这些问卷的调查数据进行了实证分析，对理论模型中的一系列假设开展检验。通过对理论模型的主效应、中介效应和调节效应的依次检验，实证分析验证了本研究所提出的绝大部分研究假设。证实了基于能力的合作型人力资源管理实践、基于动机的合作型人力资源管理实践和基于机会的合作型人力资源管理实践，通过对个人的自我效能感、内外在动机和组织承诺的影响而正向作用于员工的个人学习。尽管理论模型的调节效应未全部得到验证，且部分调节作用与理论模型预期的作用方向不一样，本研究也发现了任务复杂性、心理安全感和环境动态性对个人关键素质，包括内外在动机和组织承诺对个人学习影响所起的调节作用。最终的研究结论如表 6.1 所示。

表 6.1　本研究的主要结论

研究假设	研究结论
H1a：基于能力的合作型人力资源管理实践与个人学习显著正相关	支持
H1b：基于动机的合作型人力资源管理实践与个人学习显著正相关	支持
H1c：基于机会的合作型人力资源管理实践与个人学习显著正相关	支持

表6.1(续)

研究假设	研究结论
H2a：自我效能感与个人学习显著正相关	支持
H2b：内外在动机与个人学习显著正相关	支持
H2c：组织承诺与个人学习显著正相关	支持
H3a：自我效能感中介基于能力的合作型人力资源管理实践与个人学习之间的关系	部分中介
H3b：自我效能感中介基于动机的合作型人力资源管理实践与个人学习之间的关系	部分中介
H3c：自我效能感中介基于机会的合作型人力资源管理实践与个人学习之间的关系	完全中介
H4a：内外在动机中介基于能力的合作型人力资源管理实践与个人学习之间的关系	部分中介
H4b：内外在动机中介基于动机的合作型人力资源管理实践与个人学习之间的关系	部分中介
H4c：内外在动机中介基于机会的合作型人力资源管理实践与个人学习之间的关系	部分中介
H5a：组织承诺中介基于能力的合作型人力资源管理实践与个人学习之间的关系	部分中介
H5b：组织承诺中介基于动机的合作型人力资源管理实践与个人学习之间的关系	部分中介
H5c：组织承诺中介基于机会的合作型人力资源管理实践与个人学习之间的关系	部分中介
H6a：工作自主权正向调节自我效能感与个人学习间的正相关关系	不支持
H6b：工作自主权正向调节内外在动机与个人学习间的正相关关系	不支持
H6c：工作自主权正向调节组织承诺与个人学习间的正相关关系	不支持
H6d：任务复杂性正向调节自我效能感与个人学习间的正相关关系	不支持
H6e：任务复杂性正向调节内外在动机与个人学习间的正相关关系	负向调节
H6f：任务复杂性正向调节组织承诺与个人学习间的正相关关系	不支持
H7a：心理安全感正向调节自我效能感与个人学习间的正相关关系	不支持
H7b：心理安全感正向调节内外在动机与个人学习间的正相关关系	不支持
H7c：心理安全感正向调节组织承诺与个人学习间的正相关关系	支持
H8a：环境动态性正向调节自我效能感与个人学习间的正相关关系	不支持

表6.1(续)

研究假设	研究结论
H8b：环境动态性正向调节内外在动机与个人学习间的正相关关系	负向调节
H8c：环境动态性正向调节组织承诺与个人学习间的正相关关系	支持

如表6.1所示，本研究的具体结论如下。

第一，基于AMO理论的合作型人力资源管理显著正向影响个人学习。具体来说，基于能力的、基于动机的和基于机会的合作型人力资源管理实践都对个人学习具有显著的影响，组织中致力于提高合作能力、激发合作动机和提供合作机会的人力资源管理实践的水平越高，员工个人的学习水平越高。

第二，自我效能感、内外在动机和组织承诺这些影响工作绩效的个人素质也对员工的个人学习产生显著的正向影响。自我效能感水平越高，个人学习水平越高；个人的工作内外在动机水平越高，个人学习水平越高；个人的组织承诺水平越高，个人学习水平越高。

第三，个人的自我效能感、内外在动机和组织承诺在基于AMO理论的合作型人力资源管理系统影响个人学习的过程中起到中介作用。组织中致力于提高合作能力、激发合作动机和提供合作机会的人力资源管理实践的水平越高，个人的自我效能感水平、内外在动机水平和组织承诺水平越高，进而组织成员的个人学习水平也越高。

第四，工作设计、工作氛围和外部环境会对个人的内外在动机和组织承诺影响个人学习的过程产生影响。具体来说，个人的任务复杂性、心理安全感和所面临的环境动态性在内外在动机和组织承诺作用于个人学习的过程中起调节作用。任务复杂性负向调节内外在动机与个人学习间的正相关关系，个人工作的任务复杂性水平越高，内外在动机对个人学习的正向影响越小；心理安全感正向调节组织承诺与个人学习间的正相关关系，个人的心理安全感水平越高，组织承诺对个人学习的正向影响越大；环境动态性负向调节内外在动机与个人学习间的正相关关系，外部环境的动态性水平越高，内外在动机对个人学习的正向影响越小；环境动态性正向调节组织承诺与个人学习间的正相关关系，外部环境的动态性水平越高，组织承诺对个人学习的正向影响越大。

6.2　理论贡献

无论是在 AMO 理论本身的发展历程中还是在众多研究者的后续跟进中，大多相关和类似研究都存在两点局限。一是停留在检验人力资源管理系统或具体人力资源实践与各层面绩效之间的关系上，发现组织的人力资源战略通过作用于个人的能力、动机和机会而影响员工绩效，进而影响组织绩效（Blumberg and Pringle，1982；Bailey，1993；Appelbaum，2000；Bailey，Berg，and Sandy，2001；Delery and Shaw，2001；Lepak et al.，2006；Jiang et al.，2012）。二是已有研究的重点都放在将 AMO 理论作为人力资源管理与绩效关系的中间变量和作用机制上（王朝晖、罗新星，2008），AMO 理论的三个方面仍然主要被认为是人力资源系统作用于绩效的三条路径（Jiang et al.，2012）。战略人力资源管理研究者们的思维定式和约定俗成的研究范式限制了 AMO 理论的使用范围，使其丧失了其他的可能性和在其他研究领域绽放光芒的机会。本研究拓展了经典的 AMO 理论的使用范围，使其不再仅作为人力资源管理对绩效作用的解释机制而存在。本研究创新性地运用 AMO 理论思想将同一主题的人力资源管理实践进行分类，并创新性地将能力、动机和机会本身作为自变量，考察了其对从前被忽视的个人层面的微观行为——个人学习，这一创新性运用的结果变量的影响。

除了揭示基于 AMO 理论的合作型人力资源管理如何在组织中的个人层面发生作用，本研究还强调了人力资源管理研究中常常被忽视的个人感知视角的重要性。由于对人力资源管理的研究多采用自上而下的组织视角，忽视了不同个人对同一人力资源管理战略或具体实践的不同理解（张剑、徐金梧、王维才，2009；Kehoe and Wright，2013），本研究使用自下而上的个体视角对人力资源管理进行研究以弥补这一研究缺口。具体来说，现有研究中的人力资源管理这一变量多由组织中的领导层或人力资源管理人员进行评估，而本研究从个体感知的角度对具体的人力资源管理实践进行定义和测量，由员工个人根据自己的感受和理解评估企业所施行的人力资源管理实践。这种充分考虑个体差异的研究设计将有助于丰富战略人力资源管理研究理论的细节，排除以往常用的统一的研究视角带来的误差的干扰，并弥补可能的研究精确度损失。

　　总的来说，本研究尝试打破 AMO 理论文献的局限，首次将高绩效人力资源管理系统的 AMO 理论用于人力资源管理绩效以外的关系检验，选取对于组织保持活力和竞争优势十分重要的个人学习作为结果变量，并依据 AMO 理论将人力资源管理实践本身分为致力于提高能力、激发动机和提供机会的三个方面，直接考察能力、动机和机会本身对于个人层面的学习行为的影响。

　　本研究在对 AMO 理论进行详细完整和批判性地文献回顾的基础上，结合已有研究对合作型人力资源管理系统的定义，提出了基于 AMO 理论的合作型人力资源管理系统的构念，并对其基于能力的、基于动机的和基于机会的合作型人力资源管理实践的三个子维度进行了区分和探讨。在此基础上建立了基于 AMO 理论的合作型人力资源管理系统促进个人学习的路径模型，包括个人关键素质在其中所起的中介作用和工作特征、工作氛围及外部环境对于模型作用的影响，并提出了一系列的研究假设。使用问卷调查的方法，通过对三家位于北京市内的服务业企业收取的研究数据进行回归分析，检验了理论模型的主效应、中介效应和调节效应，验证了基于 AMO 理论的合作型人力资源管理通过个人自我效能感、内外在动机和组织承诺正向影响个人学习的作用路径，考察并讨论了任务复杂性、心理安全感和环境动态性在模型中所起的正向和负向调节作用。

　　本研究所使用的创新做法除了有助于拓展 AMO 理论的应用范围，还弥补了以往 AMO 理论只是用于解释人力资源管理与绩效间关系，而且几乎都是作为作用路径或中介机制而存在的单一性研究的缺陷。本研究有利于开启和推动 AMO 理论的跨研究领域应用，促进其简约、严整、经典思想的进一步发扬光大。同时，还对组织学习、战略人力资源管理研究领域都有重要的理论贡献：本研究首次运用 AMO 理论的思想来考察和分析推动个人学习的组织因素和前提条件，认为人力资源管理实践提供的能力、动机和机会能够通过一定的心理机制对员工的个人学习产生影响，且考察了工作场合中不同层面因素对个人素质与个体学习间关系的调节作用，增加了对影响个人学习的重要个人素质产生作用的边界条件的考虑。这种全新的研究视角是对个人学习研究前因变量的补充和丰富，对丰富组织学习，尤其是个人学习的相关理论有重大的意义。本研究探讨了合作型人力资源管理实践对于个人学习的作用和影响机制，不仅引入了具体的人力资源管理模式，还不再局限于对人力资源管理引起的组织层结果的改变，而是着眼于人力资源管理对个人层面行为和态度的改变，从新的研究层面拓展了人力资源管理效用的相关研究，丰富了人力资源管理研究理论。

6.3　管理启示

本研究具体考察了人力资源管理实践在提高能力、激发动机和提供机会三个方面对个人学习的影响。实证研究发现组织在为个人能力提升、动机改善和机会提供中所做的努力有助于个人学习的开展，而个人学习对于企业保持活力和长远发展至关重要。因此企业应当有针对性地从这三个方面入手进行人力资源管理，为员工提升个人学习能力创造条件和提供平台，解决其积累知识的能力、动机和机会的问题，从而为企业创新和效率提升提供助力。例如，邀请外部专家定期到企业进行交流并为员工提供培训，调整员工的工资组成结构，对考取相关专业证书的员工采取奖励或工资调级的措施，设置员工间定期交流和分享的学习沙龙等。

本研究发现，基于 AMO 理论的合作型人力资源管理可以通过提升个人的自我效能感、内外在动机和组织承诺而提升个人学习。组织成员高效的合作有助于组织的进一步发展。本研究认为，企业可以通过采取特定的人力资源管理措施来帮助员工提高能力、激发动机和提供机会，从而促进个人在组织中的合作。例如，采用师父带徒弟的方式或者导师制的方式来帮助员工成长，对员工的考核标准包括其在团队中的合作态度和行为，鼓励员工使用团队方式解决问题等，从而提升组织中每个成员的自我效能感、内外在工作动机和组织承诺水平，进而促进员工个人学习的开展。

本研究发现工作特征主要是任务复杂性、工作氛围（员工的心理安全感）、外部环境（主要是环境动态性）调节内外在动机和组织承诺对个人学习的影响。这可能是由于这些特征对个人关键素质的作用与个人关键素质对个人学习的提升效应相抵消了。因此有可能出现当任务复杂性和环境动态性水平较高时，即当人们的工作是困难且常常变化的，工作的外部环境也是复杂变化并且难以预期的时，人们往往不愿意开展学习的局面。为了避免这一极端局面的出现，更好地提升员工与工作相关的个人素质，促进员工的个人学习，企业还应当从工作设计、工作氛围建设和外部环境适应等方面着手，采取有效的措施，使个人可以更好地贡献于组织发展。例如，在工作任务和工作自主权的分配方面，可以根据具体情况适当地调整某些岗位的任务分配，使工作内容更为丰富和更富挑战性；在企业当中培养活泼的、宽松的氛围，建立团结友爱、互相帮助的组织文化，以帮助员工建立在工作中的心理安全感，但同时也应当明确对工作中的消极和失败行为的惩罚措施和追责制度；在适应外部环境方面，企业可以采用行业通用的标准来安排自身的一些制度，例如采取不低于行业平均的薪资水平，对员工在研发或技术上的创新给予奖励等，以更好地应对外部环境的变化，更为灵活地满足市场需求。

6.4 研究局限性与未来研究方向

最后，和所有的研究一样，本研究虽然取得了一定的研究成果，提供了一些有意义的理论贡献和管理启示，但是仍然存在一些局限。本节将对这些研究局限性一一进行分析，并对未来的研究方向提出一些意见和期待。

第一，本研究的结论来自有限样本，只代表使用样本的情况，结论普适性还有待进一步检验。希望未来的研究可以使用不同的研究样本对本研究提出的理论模型进行进一步的检验和完善。

第二，本研究使用的是同一被试自我汇报的数据，尽管也采用了同源偏差检验证明数据的偏差是在可以接受的范围内，但并不能完全消除其影响。这是本研究所使用的问卷调查方法的一个天然缺陷（陈晓萍、徐淑英、樊景立，2008）。今后，若仍然使用问卷调查法进行实证研究，应当避免过度依赖于问卷调查，而尽量从不同行业、不同来源获取数据，对任务复杂性、环境动态性等变量的测量也应当尽量采用客观的数据和指标。

第三，本研究使用横截面数据开展分析，并在此基础上对理论模型进行检验。由于同一时点收取的数据的回归分析难以保证模型中的因果关系，因此在未来的研究中，希望能够收集和使用纵向数据对本研究提出的理论模型中各变量的因果关系进行进一步的检验，以更好地推动理论研究发展并指导管理实践。

第四，本研究所提出的理论模型中的调节效应只在实证检验中得到了部分支持，并且实证分析发现一些调节效应的作用方向与理论预期相反，本研究只对导致这一结果的原因进行了初步的分析和讨论。未来的研究可以进一步对其作用机理和原因进行探索和梳理，以进一步修正和完善本研究所提出的理论模型。

第五，本研究只关注和探讨了基于 AMO 理论的合作型人力资源管理对个人学习产生影响的作用路径。未来的研究还可以使用 AMO 理论思想对其他类型的战略人力资源管理系统或模式进行分析，并通过实证研究考察其对个人、团队和组织层面变量的作用路径。

参考文献

安智宇，程金林，2009. 人力资源管理对企业绩效影响的实证研究：组织学习视角的分析 [J]. 管理工程学报 (3)：135-138，141.

陈国权，王晓辉，2012. 组织学习与组织绩效：环境动态性的调节作用 [J]. 研究与发展管理，24 (1)：52-59.

陈国权，周为，2009. 领导行为、组织学习能力与组织绩效关系研究 [J]. 科研管理 (5)：148-154，186.

陈国权，2004. 学习型组织的组织结构特征与案例分析 [J]. 管理科学学报，7 (4)：12.

陈国权，2007. 学习型组织的学习能力系统、学习导向人力资源管理系统及其相互关系研究：自然科学基金项目 (70272007) 回顾和总结 [J]. 管理学报 (6)：719-728，747.

陈国权，2008. 复杂变化环境下人的学习能力：概念、模型、测量及影响 [J]. 中国管理科学，16 (1)：147-157.

陈国权，2009. 组织学习和学习型组织：概念、能力模型、测量及对绩效的影响 [J]. 管理评论，21 (1)：107-116.

陈国权，2006. 组织行为学：21 世纪清华 MBA 精品教材 [M]. 北京：清华大学出版社.

陈晓萍，徐淑英，樊景立，2012. 组织与管理研究的实证方法 [M]. 2 版. 北京：北京大学出版社.

陈星汶，张义明，2015. AMO 理论视角下员工参与管理研究 [J]. 中国人力资源开发 (9)：34-39.

陈永霞，贾良定，李超平，等，2006. 变革型领导、心理授权与员工的组织承诺：中国情景下的实证研究 [J]. 管理世界 (1)：96-105，144.

杜海东，严中华，2013. 环境动态性对战略导向与产品创新绩效关系的调节作用：基于珠三角数据的实证研究 [J]. 研究与发展管理，25 (6)：

27-33.

樊耘，张旭，颜静，2013. 基于理论演进角度的组织承诺研究综述 [J]. 管理评论, 25 (1)：101-113.

冯永春，周光，2015. 领导包容对员工创造行为的影响机理研究：基于心理安全视角的分析 [J]. 研究与发展管理, 27 (3)：73-82.

奉小斌，2012. 研发团队跨界行为对创新绩效的影响：任务复杂性的调节作用 [J]. 研究与发展管理, 24 (3)：56-65.

顾琴轩，王莉红，2015. 研发团队社会资本对创新绩效作用路径：心理安全和学习行为整合视角 [J]. 管理科学学报, 18 (5)：68-78.

黄海艳，2014. 交互记忆系统与研发团队的创新绩效：以心理安全为调节变量 [J]. 管理评论 (12)：91-99.

蒋春燕，赵曙明，2004. 企业特征，人力资源管理与绩效：香港企业的实证研究 [J]. 管理评论, 16 (10)：22-31, 63-64.

焦豪，周江华，谢振东，2007. 创业导向与组织绩效间关系的实证研究：基于环境动态性的调节效应 [J]. 科学学与科学技术管理, 28 (11)：70-76.

乐国安，尹虹艳，王晓庄，2006. 组织承诺研究综述 [J]. 应用心理学, 12 (1)：84-90.

李珲，丁刚，2015. 员工创新行为的心理因素：基于 AMO 理论的整合研究 [J]. 中国人力资源开发 (7)：39-45.

李栓久，陈维政，2007. 个人学习、团队学习和组织学习的机理研究 [J]. 西南民族大学学报 (人文社会科学版) (9)：214-218.

李伟，梅继霞，2012. 内在动机、工作投入与员工绩效：基于核心自我评价的调节效应 [J]. 经济管理, 34 (9)：77-90.

凌文辁，张治灿，方俐洛，2000. 中国职工组织承诺的结构模型研究 [J]. 管理科学学报, 3 (2)：76-81.

刘得格，时勘，王永丽，2009. 人力资源管理实践与企业绩效关系研究述评 [J]. 首都经济贸易大学学报, 11 (3)：23-30.

刘井建，2011. 创业学习、动态能力与新创企业绩效的关系研究：环境动态性的调节 [J]. 科学学研究, 29 (5)：728-734.

刘善仕，周巧笑，2004. 高绩效工作系统与绩效关系研究 [J]. 外国经济与管理, 26 (7): 19-23.

刘善仕, 刘小浪, 陈放, 2015. 差序式人力资源管理实践: 基于广州 Z 公司的扎根研究 [J]. 管理学报, 12 (1): 11-19.

刘善仕, 刘小浪, 张光磊, 等, 2003. 人力资源构型与企业生命周期: 中国情境下的探索 [C] //第八届中国管理学年会: 中国管理的国际化与本土化论文集: 1-12.

刘小平, 1999. 组织承诺研究综述 [J]. 心理学动态 (4): 31-37.

卢小君, 张国梁, 2007. 工作动机对个人创新行为的影响研究 [J]. 软科学, 21 (6): 124-127.

陆昌勤, 方俐洛, 凌文辁, 2001. 管理者的管理自我效能感 [J]. 心理学动态, 9 (2): 179-185.

马文聪, 朱桂龙, 2011. 环境动态性对技术创新和绩效关系的调节作用 [J]. 科学学研究, 29 (3): 454-460.

孟晓飞, 刘洪, 2001. 学习型组织的人力资源开发与管理 [J]. 科学管理研究, 19 (4): 23-25, 54.

彭程, 郭丽芳, 2015. 新生代员工高绩效人力资源管理实践研究 [J]. 经济体制改革 (6): 124-129.

彭说龙, 谢洪明, 陈春辉, 2005. 环境变动、组织学习与组织绩效的关系研究 [J]. 科学学与科学技术管理, 26 (11): 106-110.

彭正银, 2003. 人力资本治理模式的选择: 基于任务复杂性的分析 [J]. 中国工业经济 (8): 76-83.

卿涛, 凌玲, 闫燕, 2012. 团队领导行为与团队心理安全: 以信任为中介变量的研究 [J]. 心理科学, 35 (1): 208-212.

邱皓政, 林碧芳, 2009. 结构方程模型的原理与应用 [M]. 北京: 中国轻工业出版社.

施文捷, 2013. 人力资源管理效能与企业外部绩效: 中国企业的现实优势与未来挑战 [J]. 前沿 (21): 139-142, 159.

孙锐, 张文勤, 陈许亚, 2012. R&D 员工领导创新期望、内部动机与创新行为研究 [J]. 管理工程学报, 26 (2): 12-20, 11.

谭亚莉, 2003. 促进组织内知识分享的人力资源管理对策 [J]. 科学管理研究, 21 (5): 102-104, 108.

唐国华，孟丁，2015. 环境不确定性对开放式技术创新战略的影响 [J]. 科研管理，36 (5)：21-28.

唐建生，和金生，2005. 组织学习与个人学习的知识发酵模型研究 [J]. 科学管理研究，23 (1)：85-88.

王斌，2007. 我国企业科技人才创新行为研究 [D]. 南京：河海大学.

王才康，胡中锋，刘勇，2001. 一般自我效能感量表的信度和效度研究 [J]. 应用心理学，7 (1)：37-40.

王朝晖，罗新星，2008. 战略人力资源管理内部契合及中介机制研究：一个理论框架 [J]. 管理科学，21 (6)：57-65.

王朝晖，2014. 基于 AMO 理论的人力资源管理实践对情境双元性影响机制研究 [J]. 安徽行政学院学报 (5)：65-72.

王红椿，陈盛均，刘小浪，等，2015. 人力资源构型与企业组织结构的研究：中国情境下的匹配 [J]. 华南师范大学学报（社会科学版）(4)：19-24.

王红椿，刘学，刘善仕，2015. 合作型人力资源管理的构念及其影响效应研究 [J]. 管理学报，12 (11)：1614-1622.

王丽敏，2012. 基于 AMO 模式的房地产行业高绩效工作系统研究 [J]. 经营管理者 (3)：1-10.

吴国斌，党苗，吴建华，等，2015. 任务复杂性下目标差异对沟通行为和应急合作关系的影响研究 [J]. 中国软科学 (5)：149-159.

吴维库，王未，刘军，等，2012. 辱虐管理、心理安全感知与员工建言 [J]. 管理学报，9 (1)：57-63.

吴志平，陈福添，2011. 中国文化情境下团队心理安全气氛的量表开发 [J]. 管理学报，8 (1)：73-80.

谢洪明，刘常勇，陈春辉，2006. 市场导向与组织绩效的关系：组织学习与创新的影响：珠三角地区企业的实证研究 [J]. 管理世界 (2)：80-94，143.

谢洪明，2005. 市场导向与组织绩效的关系：环境与组织学习的影响 [J]. 南开管理评论，8 (3)：47-53.

谢卫红，2003. 结构视角的组织柔性化研究 [D]. 广州：华南理工大学.

姚梅林，2003. 从认知到情境：学习范式的变革 [J]. 教育研究，24

（2）：60-64.

于海波，方俐洛，凌文辁，2003. 我国企业学习取向的初步研究［J］. 中国管理科学，11（6）：95-100.

于海波，方俐洛，凌文辁，2007. 组织学习及其作用机制的实证研究［J］. 管理科学学报，10（5）：48-61.

张鼎昆，方俐洛，凌文辁，1999. 自我效能感的理论及研究现状［J］. 心理学动态，7（1）：39-43.

张剑，宋亚辉，刘肖，2016. 削弱效应是否存在：工作场所中内外动机的关系［J］. 心理学报（1）：73-83.

张剑，徐金梧，王维才，2006. 战略性人力资源管理作用机制研究综述［J］. 科研管理，27（3）：135-140，145.

张瑞娟，孙健敏，2011. 人力资源管理实践对员工离职意愿的影响：工作满意度的中介效应研究［J］. 软科学，25（4）：87-90，95.

张一弛，李书玲，2008. 高绩效人力资源管理与企业绩效：战略实施能力的中介作用［J］. 管理世界（4）：107-114，139.

张映红，2008. 动态环境对公司创业战略与绩效关系的调节效应研究［J］. 中国工业经济（1）：105-113.

张正堂，2006. 人力资源管理活动与企业绩效的关系：人力资源管理效能中介效应的实证研究［J］. 经济科学，2：43-53.

AIKEN L S, WEST S G. 1991. Multiple regression: testing and interpreting interactions ［M］. London: SAGE Publications.

ALEWELL D, HANSEN N K, 2012. Human resource management systems: a structured review of research contributions and open questions ［J］. The German journal of industrial relations（1）：90-123.

ALLEN N J, MEYER J P, 1990. The measurement and antecedents of affective, continuance and normative commitment to the organization ［J］. Journal of occupational psychology, 63（1）：1-18.

AMABILE T M, 1993. Motivational synergy: toward new conceptualizations of intrinsic and extrinsic motivation in the workplace ［J］. Human resource management review, 3（3）：185-201.

AMABILE T M, HILL K G, HENNESSEY B A, et al., 1994. The work preference inventory: assessing intrinsic and extrinsic motivational orientations [J]. Journal of personality and social psychology, 66 (5): 950-967.

APPELBAUM E, 2000. Manufacturing advantage: why high-performance work systems pay off [M]. Ithaca, NY: Cornell University Press.

APPELBAUM E, BAILEY T, BERG P, et al., 2001. Do high performance work systems pay off? [M]. Bradford, UK: Emerald Group Publishing Limited.

ARGOTE L, MCEVILY B, REAGANS R, 2003. Managing knowledge in organizations: an integrative framework and review of emerging themes [J]. Management science, 49 (4): 571-582.

ARGYRIS C, SCHÖN D A, 1997. Organizational learning: atheory of action perspective [J]. Reis (77/78): 345-348.

ARNOLD R, RANCHOR A V, DEJONGSTE M J L, et al., 2005. The relationship between self-efficacy and self-reported physical functioning in chronic obstructive pulmonary disease and chronic heart failure [J]. Behavioral medicine, 31 (3): 107-115.

ARTHUR J B, 1992. The link between business strategy and industrial relations systems in American steel minimills [J]. ILR review, 45 (3): 488-506.

ARTHUR J B, 1994. Effects of human resource systems on manufacturing performance and turnover[J]. Academy of management journal, 37(3): 670-687.

BAER M, FRESE M, 2003. Innovation is not enough: climates for initiative and psychological safety, process innovations, and firm performance [J]. The international journal of industrial, occupational and organizational psychology and behavior, 24 (1): 45-68.

BAILEY T, 1993. Organizational innovation in the apparel industry [J]. Journal of economy and society, 32 (1): 30-48.

BAILEY T, BERG P, SANDY C, 2001. The effect of high-performance work practices on employee earnings in the steel, apparel, and medical electronics and imaging industries [J]. ILR review, 54 (2A): 525-543.

BAINBRIDGE H, 2015. Devolving people management to the line: how different rationales for devolution influence people management effectiveness [J]. Personnel review, 44 (6): 847-865.

BAL P M, DE LANGE A H, 2015. From flexibility human resource management to employee engagement and perceived job performance across the lifespan: a multisample study [J]. Journal of occupational and organizational psychology, 88 (1): 126-154.

BANDURA A, 1977. Self-efficacy: toward a unifying theory of behavioral change [J]. Psychological review, 84 (2): 139-161.

BANDURA A, 1993. Perceived self-efficacy in cognitive development and functioning [J]. Educationalpsychologist, 28 (2): 117-148.

BANDURA A, 2006. Guide for constructing self-efficacy scales [J]. Self-efficacy beliefs of adolescents, 5 (1): 307-337.

BARNEY J, 1991. Firm resources and sustained competitive advantage [J]. Journal of management, 17 (1): 99-120.

BARON R M, KENNY D A, 1986. The moderator-mediator variable distinction in social psychological research: conceptual, strategic, and statistical considerations[J]. Journal of personality and social psychology, 51 (6): 1173.

BATT R, 2002. Managing customer services: human resource practices, quit rates, and sales growth [J]. Academy of managementjournal, 45 (3): 587-597.

BECKER B E, HUSELID M A, 2006. Strategic human resources management: where do we go from here? [J]. Journal of management, 32(6): 898-925.

BECKER B, GERHART B, 1996. The impact of human resource management on organizational performance: progress and prospects [J]. Academy of management journal, 39 (4): 779-801.

BECKER H, 1960. Notes on the concept of commitment [J]. American journal of sociology (66): 32-42.

BELL G D, 1966. Predictability of work demands and professionalization as determinants of workers' discretion [J]. Academy of management journal, 9 (1): 20-28.

BIRD A, BEECHLER S, 1995. Links between business strategy and human resource management strategy in US-based Japanese subsidiaries: an empirical investigation [J]. Journal of international business studies (26): 23-46.

BLUMBERG M, PRINGLE C D, 1982. The missing opportunity in organizational research: some implications for a theory of work performance [J]. Academy of management review, 7 (4): 560-569.

BONNER S E, 1994. A model of the effects of audit task complexity [J]. Accounting, organizations and society, 19 (3): 213-234.

BOSELIE P, DIETZ G, BOON C, 2005. Commonalities and contradictions in HRM and performance research [J]. Human resource management journal, 15 (3): 67-94.

BOS-NEHLES A C, VAN RIEMSDIJK M J, KEES LOOISE J, 2013. Employee perceptions of line management performance: applying the AMO theory to explain the effectiveness of line managers' HRM implementation [J]. Human resource management, 52 (6): 861-877.

BOXALL P, ANG S H, BARTRAM T, 2011. Analysing the 'black box' of HRM: uncovering HR goals, mediators, and outcomes in a standardized service environment [J]. Journal of management studies, 48 (7): 1504-1532.

BOXALL P, MACKY K, 2009. Research and theory on high-performance work systems: progressing the high-involvement stream [J]. Human resource management journal, 19 (1): 3-23.

BOXALL P, PURCELL J, 2000. Strategic human resource management: where have we come from and where should we be going? [J]. International journal of management reviews, 2 (2): 183-203.

BREAUGH J A, 1985. The measurement of work autonomy [J]. Human relations, 38 (6): 551-570.

BRISLIN R W, 1970. Back-translation for cross-cultural research [J]. Journal of cross-cultural psychology, 1 (3): 185-216.

BROWN S P, JONES E, LEIGH T W, 2005. The attenuating effect of role overload on relationships linking self-efficacy and goal level to work performance [J]. Journal of applied psychology, 90 (5): 972-979.

BROWN S P, LEIGH T W, 1996. A new look at psychological climate and its relationship to job involvement, effort, and performance [J]. Journal of applied psychology, 81 (4): 358.

BUTTS M M, VANDENBERG R J, DEJOY D M, et al., 2009. Individual reactions to high involvement work processes: investigating the role of empowerment and perceived organizational support [J]. Journal of occupational health psychology, 14 (2): 122-136.

CAMPBELL D J, 1988. Task complexity: a review and analysis [J]. Academy of management review, 13 (1): 40-52.

CARMELI A, BRUELLER D, DUTTON J E, 2009. Learning behaviours in the workplace: the role of high-quality interpersonal relationships and psychological safety [J]. The official journal of the international federation for systems research, 26 (1): 81-98.

CARMELI A, GITTELL J H, 2009. High-quality relationships, psychological safety, and learning from failures in work organizations [J]. The international journal of industrial, occupational and organizational psychology and behavior, 30 (6): 709-729.

CERASOLI C P, NICKLIN J M, FORD M T, 2014. Intrinsic motivation and extrinsic incentives jointly predict performance: a 40-year meta-analysis [J]. Psychological bulletin, 140 (4): 980-1008.

CHADWICK C, CAPPELLI P, 2000. The performance effects of competing human resource systems [J]. Unpublished manuscript.

CHANG S, GONG Y, WAY S A, et al., 2013. Flexibility-oriented HRM systems, absorptive capacity, and market responsiveness and firm innovativeness [J]. Journal of management, 39 (7): 1924-1951.

CHANG Y Y, GONG Y, PENG M W, 2012. Expatriate knowledge transfer, subsidiary absorptive capacity, and subsidiary performance [J]. Academy of management journal, 55 (4): 927-948.

CHEN G, GULLY S M, EDEN D, 2001. Validation of a new general self-efficacy scale [J]. Organizational research methods, 4 (1): 62-83.

CHEN G, KIRKMAN B L, KIM K, et al., 2010. When does cross-cultural motivation enhance expatriate effectiveness? A multilevel investigation of the moderating roles of subsidiary support and cultural distance [J]. Academy of management journal, 53 (5): 1110-1130.

CHEN Z X, FRANCESCO A M, 2003. The relationship between the three components of commitment and employee performance in China [J]. Journal of vocational behavior, 62 (3): 490-510.

CHIPPERFIELD J G, SEGALL A, 1996. Seniors' attributions for task performance difficulties: implications for feelings of task efficacy [J]. Journal of aging and health, 8 (4): 489-511.

CHIVA R, 2014. The common welfare human resource management system: a new proposal based on high consciousness [J]. Personnel review, 43 (6): 937-956.

CHOW I H, TEO S T T, CHEW I K H, 2013. HRM systems and firm performance: the mediation role of strategic orientation [J]. Asia pacific journal of management, 30: 53-72.

Clark N M, DODGE J A, 1999. Exploring self-efficacy as a predictor of disease management [J]. Health education & behavior, 26 (1): 72-89.

CLEGG C, SPENCER C, 2007. A circular and dynamic model of the process of job design [J]. Journal of occupational and organizational psychology, 80 (2): 321-339.

COHEN A, 2007. Commitment before and after: an evaluation and reconceptualization of organizational commitment [J]. Human resource management review, 17 (3): 336-354.

COLLINS C J, SMITH K G, 2006. Knowledge exchange and combination: the role of human resource practices in the performance of high-technology firms [J]. Academy of management journal, 49 (3): 544-560.

COMBS J, LIU Y, HALL A, et al., 2006. How much do high-performance work practices matter? A meta-analysis of their effects on organizational performance [J]. Personnel psychology, 59 (3): 501-528.

DELERY J E, DOTY D H, 1996. Modes of theorizing in strategic human resource management: tests of universalistic, contingency, and configurational performance predictions[J]. Academy of management journal, 39 (4): 802-835.

DELERY J E, SHAW J D, 2001. The strategic management of people in work organizations: review, synthesis, and extension [J]. Research in personnel and human resources management (20): 165-197.

DESS G G, BEARD D W, 1984. Dimensions of organizational task environments [J]. Administrative science quarterly, 29 (1): 52-73.

DETERT J R, BURRIS E R, 2007. Leadership behavior and employee voice: is the door really open? [J]. Academy of management journal, 50 (4): 869-884.

DEVANNA M A, FOMBRUN C, TICHY N, 1981. Human resources management: a strategic perspective [J]. Organizational dynamics, 9 (3): 51-67.

DONALDSON S I, GRANT-VALLONE E J, 2002. Understanding self-report bias in organizational behavior research [J]. Journal of business andpsychology, 17: 245-260.

DOWNEY H K, HELLRIEGEL D, SLOCUM JR J W, 1975. Environmental uncertainty: the construct and its application [J]. Administrative science quarterly, 20 (4): 613-629.

DRORY A, VIGODA-GADOT E, 2010. Organizational politics and human resource management: a typology and the Israeli experience [J]. Human resource management review, 20 (3): 194-202.

DUNCAN R B, 1972. Characteristics of organizational environments and perceived environmental uncertainty [J]. Administrative science quarterly, 17 (3): 313-327.

DUNHAM R B, GRUBE J A, CASTANEDA M B, 1994. Organizational commitment: the utility of an integrative definition [J]. Journal of applied psychology, 79 (3): 370-380.

DYER L, 1984. Studying human resource strategy: an approach and an agenda [J]. A journal of economy and society, 23 (2): 156-169.

DYER L, REEVES T, 1995. Human resource strategies and firm performance: what do we know and where do we need to go? [J]. International journal of human resource management, 6 (3): 656-670.

EDMONDSON A C, KRAMER R M, COOK K S, 2004. Psychological safety, trust, and learning in organizations: a group-level lens [J]. Dilemmas and approaches, 12 (2004): 239-272.

EDMONDSON A, 1999. Psychological safety and learning behavior in work teams [J]. Administrative science quarterly, 44 (2): 350-383.

EHRNROOTH M, BJÖRKMAN I, 2012. An integrative HRM process theorization: beyond signalling effects and mutual gains [J]. Journal of management studies, 49 (6): 1109-1135.

FRIED Y, FERRIS G R, 1987. The validity of the job characteristics model: a review and meta-analysis [J]. Personnel psychology, 40 (2): 287-322.

GAGNÉ M, FOREST J, GILBERT M H, et al., 2010. The motivation at work scale: validation evidence in two languages [J]. Educational and psychological measurement, 70 (4): 628-646.

GARDNER T M, WRIGHT P M, MOYNIHAN L M, 2011. The impact of motivation, empowerment, and skill-enhancing practices on aggregate voluntary turnover: the mediating effect of collective affective commitment [J]. Personnel psychology, 64 (2): 315-350.

GAUR A S, MUKHERJEE D, GAUR S S, et al., 2011. Environmental and firm level influences on inter-organizational trust and SME performance [J]. Journal of management studies, 48 (8): 1752-1781.

GERHART B, 2005. Human resources and business performance: findings, unanswered questions, and an alternative approach [J]. Management revue, 16 (2): 174-185.

GIST M E, 1987. Self-efficacy: implications for organizational behavior and human resource management [J]. Academy of management review, 12 (3): 472-485.

GREMBOWSKI D, PATRICK D, DIEHR P, et al., 1993. Self-efficacy and health behavior among older adults [J]. Journal of health and social behavior, 34 (2): 89-104.

GRIMES A J, KLEIN S M, SHULL F A, 1972. Matrix model: A selective empirical test [J]. Academy of management journal, 15 (1): 9-31.

GUEST D E, 1987. Human resource management and industrial relations [J]. Journal of managementstudies, 24 (5): 503-521.

GUEST D E, 1997. Human resource management and performance: a review and research agenda [J]. International journal of human resource management, 8 (3): 263-276.

HACKMAN J R, OLDHAM G R, 1974. The job diagnostic survey: an instrument for the diagnosis of jobs and the evaluation of job redesign projects [J]. Technical report (4): 1-87.

HACKMAN J R, OLDHAM G R, 1975. Development of the job diagnostic survey [J]. Journal ofapplied psychology, 60 (2): 159-170.

HAIR J, BLACK W, BABIN B, et al., 2009. Multivariate data analysis [M]. New Jersey, US: Prentice Hall.

HAN J K, KIM N, SRIVASTAVA R K, 1998. Market orientation and organizational performance: is innovation a missing link? [J]. Journal of marketing, 62 (4): 30-45.

HANNAH S T, SCHAUBROECK J M, PENG A C, 2016. Transforming followers' value internalization and role self-efficacy: dual processes promoting performance and peer norm-enforcement [J]. Journal of applied psychology, 101 (2): 252.

HARRELL-COOK G, 2001. Manufacturing advantage: why high-performance work systems pay off [J]. Journal of engineering and technology management (18): 91-96.

HARRIS S G, 1990. "The fifth discipline: the art and practice of the learning organization", by Peter M. Senge [J]. Human resource management, 29 (3): 343-349.

HREBINIAK L G, 1974. Job technology, supervision, and work-group structure [J]. Administrative science quarterly (2): 395-410.

HUBER G P, 1991. Organizational learning: the contributing processes and the literatures [J]. Organization science, 2 (1): 88-115.

HUSELID M A, 1995. The impact of human resource management practices on turnover, productivity, and corporate financial performance [J]. Academy of management journal, 38 (3): 635-672.

INNOCENTI L, PILATI M, PELUSO A M, 2011. Trust as moderator in the relationship between HRM practices and employee attitudes [J]. Human resource management journal, 21 (3): 303-317.

JEFFREY HILL E, GRZYWACZ J G, ALLEN S, et al., 2008. Defining and conceptualizing workplace flexibility [J]. Community, work and family, 11 (2): 149-163.

JEHN K A, 1995. A multimethod examination of the benefits and detriments of intragroup conflict [J]. Administrative science quarterly, 40 (2): 256-282.

JEX S M, GUDANOWSKI D M, 1992. Efficacy beliefs and work stress: an exploratory study [J]. Journal of organizational behavior, 13 (5): 509-517.

JIANG K, LEPAK D P, HAN K, et al., 2012. Clarifying the construct of human resource systems: relating human resource management to employee performance [J]. Human resource management review, 22 (2): 73-85.

JIANG K, TAKEUCHI R, LEPAK D P, 2013. Where do we go from here? New perspectives on the black box in strategic human resource management research [J]. Journal of managementstudies, 50 (8): 1448-1480.

JUDGE T A, BONO J E, 2001. Relationship of core self-evaluations traits-self-esteem, generalized self-efficacy, locus of control, and emotional stability-with job satisfaction and job performance: a meta-analysis [J]. Journal of applied psychology, 86 (1): 80-92.

KAHN W A, 1990. Psychological conditions of personal engagement and disengagement at work [J]. Academy of management journal, 33 (4): 692-724.

KANG S C, Snell S A, 2009. Intellectual capital architectures and ambidextrous learning: a framework for human resource management [J]. Journal of management studies, 46 (1): 65-92.

KANG S C, SNELL S A, SWART J, 2012. Options-based HRM, intellectual capital, and exploratory and exploitative learning in law firms' practice groups [J]. Human resource management, 51 (4): 461-485.

KATOU A A, 2008. Measuring the impact of HRM on organizational performance [J]. Journal of industrial engineering and management, 1 (2): 119-142.

KATOU A A, BUDHWAR P S, 2007. The effect of human resource management policies on organizational performance in Greek manufacturing firms [J]. Thunderbird international business review, 49 (1): 1-35.

KATOU A A, BUDHWAR P S, 2010. Causal relationship between HRM policies and organisational performance: evidence from the Greek manufacturing sector [J]. European management journal, 28 (1): 25–39.

KAUFMAN B E, 2010. SHRM theory in the post–Huselid Era: why it is fundamentally misspecified [J]. A journal of economy and society, 49 (2): 286–313.

KEHOE R R, WRIGHT P M, 2013. The impact of high–performance human resource practices on employees' attitudes and behaviors [J]. Journal of management, 39 (2): 366–391.

KESSLER E H, BIERLY P E, GOPALAKRISHNAN S, 2000. Internal vs. external learning in new product development: effects on speed, costs and competitive advantage [J]. R&dmanagement, 30 (3): 213–224.

KIM K Y, PATHAK S, WERNER S, 2015. When do international human capital enhancing practices benefit the bottom line? An ability, motivation, and opportunity perspective[J]. Journal of international business studies, 46: 784–805.

KIM Y, BAE J, YU G C, 2013. Patterns and determinants of human resource management change in Korean venture firms after the financial crisis [J]. The international journal of human resource management, 24 (5): 1006–1028.

KIRMEYER S L, SHIROM A, 1986. Perceived job autonomy in the manufacturing sector: effects of unions, gender, and substantive complexity [J]. Academy of management journal, 29 (4): 832–840.

KIRMEYER S L, SHIROM A, 1986. Perceived job autonomy in the manufacturing sector: effects of unions, gender, and substantive complexity [J]. Academy of management journal, 29 (4): 832–840.

KRAMAR R, 2014. Beyond strategic human resource management: is sustainable human resource management the next approach? [J]. The international journal of human resource management, 25 (8): 1069–1089.

KRISHNAN R, MARTIN X, NOORDERHAVEN N G, 2006. When does trust matter to alliance performance? [J]. Academy of management journal, 49 (5): 894–917.

KUHN T, POOLE M S, 2000. Do conflict management styles affect group decision making? Evidence from a longitudinal field study [J]. Human communication research, 26 (4): 558-590.

LADO A A, WILSON M C, 1994. Human resource systems and sustained competitive advantage: a competency-based perspective [J]. Academy of management review, 19 (4): 699-727.

LEPAK D P, LIAO H, CHUNG Y, et al., 2006. A conceptual review of human resource management systems in strategic human resource management research [J]. Research in personnel and human resources management, 25: 217-271.

LEPAK D P, SNELL S A, 2002. Examining the human resource architecture: the relationships among human capital, employment, and human resource configurations [J]. Journal of management, 28 (4): 517-543.

LEVINTHAL D A, MARCH J G, 1993. The myopia of learning [J]. Strategic management journal, 14 (S2): 95-112.

LEWIN A Y, MASSINI S, PEETERS C, 2011. Microfoundations of internal and external absorptive capacity routines [J]. Organization science, 22 (1): 81-98.

LI M, SIMERLY R L, 1998. The moderating effect of environmental dynamism on the ownership and performance relationship [J]. Strategic management journal, 19 (2): 169-179.

LIANG J, FARH C I C, FARH J L, 2012. Psychological antecedents of promotive and prohibitive voice: a two-wave examination [J]. Academy of management journal, 55 (1): 71-92.

LIAO H, TOYA K, LEPAK D P, et al., 2009. Do they see eye to eye? Management and employee perspectives of high-performance work systems and influence processes on service quality [J]. Journal of applied psychology, 94 (2): 371.

LIN C Y, KUO T H, 2007. The mediate effect of learning and knowledge on organizational performance [J]. Industrial management & data systems, 107 (7): 1066-1083.

LONIAL S C, RAJU P S, 2001. The impact of environmental uncertainty on the market orientation–performance relationship: a study of the hospital industry? [J]. Journal of economic & social research, 3 (1): 5-27.

LOPEZ – CABRALES A, PÉREZ – LUÑO A, CABRERA R V, 2009. Knowledge as a mediator between HRM practices and innovative activity [J]. Human Resource Management, 48 (4): 485-503.

MACDUFFIE J P, 1995. Human resource bundles and manufacturing performance: organizational logic and flexible production systems in the world auto industry [J]. ILR Review, 48 (2): 197-221.

MARIAPPANADAR S, KRAMAR R, 2014. Sustainable HRM: the synthesis effect of high performance work systems on organisational performance and employee harm [J]. Asia–Pacific journal of business administration, 6 (3): 206-224.

MEYER J P, ALLEN N J, SMITH C A, 1993. Commitment to organizations and occupations: extension and test of a three–component conceptualization [J]. Journal of applied psychology, 78 (4): 538-551.

MILLER D, 1987. The structural and environmental correlates of business strategy [J]. Strategic management journal, 8 (1): 55-76.

MINBAEVA D B, 2008. HRM practices affecting extrinsic and intrinsic motivation of knowledge receivers and their effect on intra–MNC knowledge transfer [J]. International business review, 17 (6): 703-713.

MINBAEVA D B, 2013. Strategic HRM in building micro–foundations of organizational knowledge–based performance [J]. Human resource management review, 23 (4): 378-390.

MINBAEVA D, PEDERSEN T, BJÖRKMAN I, et al., 2003. MNC knowledge transfer, subsidiary absorptive capacity, and HRM [J]. Journal of international business studies (34): 586-599.

NEMBHARD I M, EDMONDSON A C, 2006. Making it safe: the effects of leader inclusiveness and professional status on psychological safety and improvement efforts in health care teams [J]. The international journal of industrial, occupational and organizational psychology and behavior, 27 (7): 941-966.

NG K Y, ANG S, CHAN K Y, 2008. Personality and leader effectiveness:

a moderated mediation model of leadership self-efficacy, job demands, and job autonomy [J]. Journal of applied psychology, 93 (4): 733.

NONAKA I, 1994. A dynamic theory of organizational knowledge creation [J]. Organization science, 5 (1): 14-37.

NORDHAUG O, 1992. International human resource management: an environmental perspective [J]. The international journal of human resource management, 3 (1): 1-14.

OGUNYOMI P, BRUNING N S, 2016. Human resource management and organizational performance of small and medium enterprises (SMEs) in Nigeria [J]. The international journal of human resource management, 27 (6): 612-634.

PAAUWE J, 2009. HRM and performance: achievements, methodological issues and prospects [J]. Journal ofmanagement studies, 46 (1): 129-142.

PARÉ G, TREMBLAY M, 2007. The influence of high-involvement human resources practices, procedural justice, organizational commitment, and citizenship behaviors on information technology professionals' turnover intentions [J]. Group & organization management, 32 (3): 326-357.

PARK R, SEARCY D, 2012. Job autonomy as a predictor of mental well-being: the moderating role of quality-competitive environment [J]. Journal of business and psychology (27): 305-316.

PFEFFER J. The human equation: building profits by putting people first [M]. Harvard: Harvard Business Press, 1998.

PODSAKOFF P M, ORGAN D W, 1986. Self-reports in organizational research: problems and prospects [J]. Journal of management, 12 (4): 531-544.

POPPER M, LIPSHITZ R, 1998. Organizational learning mechanisms: a structural and cultural approach to organizational learning [J]. The journal of applied behavioral science, 34 (2): 161-179.

PRIETO I M, PILAR P S M, 2012. Building ambidexterity: the role of human resource practices in the performance of firms from Spain [J]. Human resource management, 51 (2): 189-211.

PURCELL J, 2015. Strategy and Human Resource Management [M]. 4th ed. New Jersey, US: Blackwell.

RASOOL B, SHAH A, 2015. Evaluating the impact of human resources on firm performance: a literature review [J]. Journal of behavioural sciences, 25 (2): 25-46.

REICHERS A , 1985. A review and reconceptualization of organizational commitment [J]. Academy of management review, 10 (3): 465-476.

REINHOLT M I A, PEDERSEN T, FOSS N J, 2011. Why a central network position isn't enough: the role of motivation and ability for knowledge sharing in employee networks [J]. Academy of management journal, 54 (6): 1277-1297.

RYAN R M, DECI E L, 2000. Intrinsic and extrinsic motivations: classic definitions and new directions [J]. Contemporary educational psychology, 25 (1): 54-67.

SADRI G, ROBERTSON I T, 1993. Self-efficacy and work-related behaviour: a review and meta-analysis [J]. Applied psychology, 42 (2): 139-152.

SAKSIDA T, ALFES K, SHANTZ A, 2017. Volunteer role mastery and commitment: can HRM make a difference? [J]. The international journal of human resource management, 28 (14): 2062-2084.

SARKAR U, ALI S, WHOOLEY M A, 2007. Self-efficacy and health status in patients with coronary heart disease: findings from the heart and soul study [J]. Psychosomatic medicine, 69 (4): 306-312.

SAVANEVICIENE A, STANKEVICIUTE Z, 2010. The models exploring the "black box" between HRM and organizational performance [J]. Engineeringeconomics, 21 (4): 426-434.

SAVANEVICIENE A, STANKEVICIUTE Z, 2011. Human resource management practices linkage with organizational commitment and job satisfaction [J]. Economics &management (16): 921-928.

SCHAUBROECK J, MERRITT D E, 1997. Divergent effects of job control oncoping with work stressors: the key role of self-efficacy [J]. Academy of management journal, 40 (3): 738-754.

SCHEIN E H, 1985. Organizational culture and leadership [M]. San Francisco: Jossey-Bass.

SCHEIN E, BENNIS W G, 1965. Personal and organizational change through group methods: the laboratory approach [M]. New York: JohnWiley and Sons.

SCHULER R S, JACKSON S E, 1988. Linking remuneration practices to innovation as a competitive strategy [J]. Asia pacific journal of human resources, 26 (2): 6-20.

SCHWARZER R, BÄßLER J, KWIATEK P, et al., 1997. The assessment of optimistic self-beliefs: comparison of the German, Spanish, and Chinese versions of the general self-efficacy scale [J]. Applied psychology, 46 (1): 69-88.

SEKIGUCHI T, 2013. Theoretical implications from the case of performance-based human resource management practices in Japan: management fashion, institutionalization and strategic human resource management perspectives [J]. The international journal of human resource management, 24 (3): 471-486.

SHAW M E, 1981. Group dynamics, the psychology of small group behavior [M]. 3rd ed. New York: Mc Graw Hill.

SHIN S J, JEONG I, BAE J, 2018. Do high-involvement HRM practices matter for worker creativity? A cross-level approach [J]. The international journal of human resource management, 29 (2): 260-285.

SIU O, LU C, SPECTOR P E, 2007. Employees' well-being in Greater China: the direct and moderating effects of general self-efficacy [J]. Applied psychology, 56 (2): 288-301.

SLATER S F, NARVER J C, 1995. Market orientation and the learning organization [J]. Journal of marketing, 59 (3): 63-74.

SNAPE E, REDMAN T, 2010. HRM practices, organizational citizenship behaviour, and performance: a multi-level analysis [J]. Journal of management studies, 47 (7): 1219-1247.

SNELL S A, 1992. Control theory in strategic human resource management: the mediating effect of administrative information [J]. Academy of management Journal, 35 (2): 292-327.

STAJKOVIC A D, LUTHANS F, 1998. Self-efficacy and work-related performance: a meta-analysis [J]. Psychological bulletin, 124 (2): 240.

STERLING A, BOXALL P, 2013. Lean production, employee learning and workplace outcomes: a case analysis through the ability-motivation-opportunity framework [J]. Human resource management journal, 23 (3): 227-240.

STOCK R M, 2006. Interorganizational teams as boundary spanners between supplier and customer companies [J]. Journal of the academy of marketing science, 34 (4): 588-599.

SUBRAMONY M, 2009. A meta-analytic investigation of the relationship between HRM bundles and firm performance [J]. Human resource management, 48 (5): 745-768.

SWAMIDASS P M, NEWELL W T, 1987. Manufacturing strategy, environmental uncertainty and performance: a path analytic model [J]. Management science, 33 (4): 509-524.

TANGUMA J, 2001. Effects of sample size on the distribution of selected fit indices: a graphical approach [J]. Educational and psychological measurement, 61 (5): 759-776.

TOH S M, MORGESON F P, CAMPION M A, 2008. Human resource configurations: investigating fit with the organizational context [J]. Journal of applied psychology, 93 (4): 864.

WARR P, COOK J, WALL T, 1979. Scales for the measurement of some work attitudes and aspects of psychological well-being [J]. Journal of occupational psychology, 52 (2): 129-148.

WOOD R E, 1986. Task complexity: definition of the construct [J]. Organizational behavior and human decision processes, 37 (1): 60-82.

WRIGHT P M, BOSWELL W R, 2002. Desegregating HRM: a review and synthesis of micro and macro human resource management research [J]. Journal of management, 28 (3): 247-276.

WRIGHT P M, MCMAHAN G C, 1992. Theoretical perspectives for strategic human resource management [J]. Journal of management, 18 (2): 295-320.

XIAO Z, BJÖRKMAN I, 2006. High commitment work systems in Chinese organizations: a preliminary measure [J]. Management and Organization Review, 2 (3): 403-422.

YANG B, WATKINS K E, 2004. The construct of the learning organization: dimensions, measurement, and validation [J]. Human resource development quarterly, 15 (1), 31-55.

ZHOU Y, HONG Y, LIU J, 2013. Internal commitment or external collaboration? The impact of human resource management systems on firm innovation and performance [J]. Human resource management, 52 (2): 263-288.

ZHOU Y, LIU X Y, HONG Y, 2014. When Western HRM constructs meet Chinese contexts: validating the pluralistic structures of human resource management systems in China [M]. London: Routledge.

ZIMMERMAN B J, 2000. Self-efficacy: an essential motive to learn [J]. Contemporary educational psychology, 25 (1): 82-91.

附录 企业管理调查问卷

尊敬的先生/女士：您好！

我们正在进行国家自然科学基金项目的研究，探讨企业管理中的相关议题。我们邀请您自愿参与本次问卷调查。请您基于您和所在企业的实际情况，根据第一感觉进行回答。本调查完全用于科学研究的目的，回答问题没有对错、好坏之分。请您放心填写。我们会对您的回答加以保密。本问卷内容较多，请您耐心填写，在回答完所有问题之后提交。衷心感谢您的大力支持！祝您工作顺利，生活幸福！

清华大学经济管理学院

1. 您的性别：（1）男 （2）女

2. 您的年龄：＿＿＿＿＿＿岁

3. 您的学历：（1）初中及以下 （2）高中及中专 （3）大专
（4）大学本科 （5）硕士 （6）博士

4. 您工作的总时间为：＿＿＿＿＿＿年；您在目前这家公司（单位）的工作时间为：＿＿＿＿＿＿年

5. 您的工作部门是：（1）产品研发部 （2）技术支持部 （3）销售部 （4）财务部 （5）综合管理部 （6）企业发展部 （7）高管团队 （8）其他（请说明）＿＿＿＿＿＿

6. 您在目前这家企业的工作时间为（＿＿＿＿＿＿年）：

1 年或以下	2 年	3 年	4 年
6 年	7 年	8 年	9 年
11 年	12 年	13 年	14 年
16 年	17 年	18 年	19 年
21 年	22 年	23 年	24 年
26 年	27 年	28 年	29 年
31 年	32 年	33 年	34 年

7. 请您根据实际情况回答以下问题（每行限选一项）：［矩阵量表题］
［必答题］

	非常不符合	不符合	有些不符合	一般	有些符合	符合	非常符合
（1）本企业在招募我时看重我与企业价值观、企业文化的匹配	1	2	3	4	5	6	7
（2）我在本企业接受的培训内容包括如何保持良好的人际关系	1	2	3	4	5	6	7
（3）本企业在招募我时的招募标准看重我的合作能力和团队工作能力	1	2	3	4	5	6	7
（4）我在本企业接受了跨职能培训或工作轮换	1	2	3	4	5	6	7
（5）我在本企业接受的培训内容包括团队建设和团队合作	1	2	3	4	5	6	7
（6）我是新员工时，本企业为我提供了多部门轮岗的机会	1	2	3	4	5	6	7
（7）我进入本企业后，有师父带领我了解和熟悉工作，帮助我成长	1	2	3	4	5	6	7
（8）我的薪酬浮动部分与整个企业的绩效相关	1	2	3	4	5	6	7
（9）我的整体工作绩效由多个评价者考核	1	2	3	4	5	6	7
（10）本企业对我的考核标准包括我在团队中的合作态度和行为	1	2	3	4	5	6	7
（11）本企业为我提供较多的晋升机会	1	2	3	4	5	6	7
（12）我的薪酬浮动部分与所在项目团队的绩效相关	1	2	3	4	5	6	7
（13）本企业在考虑我的晋升时，使用的标准包括我在团队中的合作态度和行为	1	2	3	4	5	6	7

表(续)

	非常不符合	不符合	有些不符合	一般	有些符合	符合	非常符合
(14) 在本企业,如果我的团队合作意识强,我更容易得到加薪	1	2	3	4	5	6	7
(15) 我可以参与到自我管理团队或项目团队中	1	2	3	4	5	6	7
(16) 我可以使用团队方式解决问题	1	2	3	4	5	6	7
(17) 我可以自主安排工作	1	2	3	4	5	6	7
(18) 我与团队外成员(如技术专家、会计师等)沟通非常顺畅	1	2	3	4	5	6	7
(19) 我与团队内成员沟通非常顺畅	1	2	3	4	5	6	7
(20) 本企业举行各种活动促进我和其他员工间相互接触和建立关系	1	2	3	4	5	6	7

8. 您认为下列陈述与您的实际情况的符合程度是(每行限选一项):

[矩阵量表题] [必答题]

	非常不符合	不符合	有些不符合	一般	有些符合	符合	非常符合
(1) 我能够实现我为自己设定的大多数目标	1	2	3	4	5	6	7
(2) 面对困难的任务时,我确信自己能够完成它	1	2	3	4	5	6	7
(3) 总的来说,我认为自己能够取得对我来说重要的结果	1	2	3	4	5	6	7
(4) 我相信自己下决心努力去做的事情大多都能成功	1	2	3	4	5	6	7
(5) 我能够成功地克服很多挑战	1	2	3	4	5	6	7
(6) 我相信自己能够有效地完成许多不同类型的任务	1	2	3	4	5	6	7
(7) 与其他人相比,我能够很好地完成大多数任务	1	2	3	4	5	6	7
(8) 即便遇到困难的事情,我也能很好地完成它	1	2	3	4	5	6	7

9. 您认为下列陈述与您的实际情况的符合程度是（每行限选一项）：
[矩阵量表题] [必答题]

	非常 不符合	不符合	有些 不符合	一般	有些 符合	符合	非常 符合
（1）我希望我的工作能给我提供增加知识和技能的机会	1	2	3	4	5	6	7
（2）我想要知道到底能把工作做得多好	1	2	3	4	5	6	7
（3）对我来说，最重要的是能乐在工作中	1	2	3	4	5	6	7
（4）对我而言，有自我表现的渠道是重要的	1	2	3	4	5	6	7
（5）无论计划的执行结果如何，只要我能从中获得新的经验，我也会感到满足	1	2	3	4	5	6	7
（6）当我能为自己设定目标时，我会更加愉快	1	2	3	4	5	6	7
（7）我十分清楚自己所要达到的目标（譬如职位升迁等）	1	2	3	4	5	6	7
（8）能获得别人的肯定对我有强烈的激励作用	1	2	3	4	5	6	7
（9）我想要别人知道我到底能把工作做得多出色	1	2	3	4	5	6	7
（10）我非常清楚自己追求的目标（譬如收入等）	1	2	3	4	5	6	7
（11）对我而言，成功就是比别人做得更好	1	2	3	4	5	6	7
（12）我在乎别人对我的想法有何反应	1	2	3	4	5	6	7

10. 您认为下列陈述与您的实际情况的符合程度是（每行限选一项）：
[矩阵量表题] [必答题]

	非常 不符合	不符合	有些 不符合	一般	有些 符合	符合	非常 符合
（1）我很乐意以后一直在这家企业工作	1	2	3	4	5	6	7
（2）我确实觉得企业的问题好像就是我自己的问题	1	2	3	4	5	6	7
（3）我对这家企业有强烈的归属感	1	2	3	4	5	6	7

表(续)

	非常 不符合	不符合	有些 不符合	一般	有些 符合	符合	非常 符合
(4) 我对这家企业有感情	1	2	3	4	5	6	7
(5) 我觉得自己是本企业这个大家庭里的一份子	1	2	3	4	5	6	7
(6) 这家企业对我个人来说具有很重要的意义	1	2	3	4	5	6	7
(7) 目前，留在这家企业对我来说既是我的需要，也是我的意愿	1	2	3	4	5	6	7
(8) 即使我现在想要离开这家企业，也是很难做到的	1	2	3	4	5	6	7
(9) 如果我现在决定离开这家企业，我生活的太多的方面都会受到干扰	1	2	3	4	5	6	7
(10) 我几乎没有别的工作选择，所以我不能考虑离开这家企业	1	2	3	4	5	6	7
(11) 如果我还没有全身心投入这家企业，那我可能会考虑去其他地方工作	1	2	3	4	5	6	7
(12) 离开现在企业的负面后果之一，就是我没有其他可选择工作的企业	1	2	3	4	5	6	7
(13) 我感觉自己有义务留在本企业	1	2	3	4	5	6	7
(14) 即使对我有利，但我认为现在离开本企业是不对的	1	2	3	4	5	6	7
(15) 如果现在离开本企业，我会有负疚感	1	2	3	4	5	6	7
(16) 这家企业值得我对它忠诚	1	2	3	4	5	6	7
(17) 因为我感觉对这家企业里的人有义务，所以我现在不会离开	1	2	3	4	5	6	7
(18) 我感觉亏欠本企业许多	1	2	3	4	5	6	7

11. 您认为下列陈述与您的实际情况的符合程度是（每行限选一项）：
［矩阵量表题］［必答题］

	非常 不符合	不符合	有些 不符合	一般	有些 符合	符合	非常 符合
(1) 我能及早准确地发现与自己工作有关的各种新变化、新动向	1	2	3	4	5	6	7
(2) 我能及早准确地发现自己工作上的机会	1	2	3	4	5	6	7

表（续）

	非常不符合	不符合	有些不符合	一般	有些符合	符合	非常符合
（3）我能及早准确地发现自己工作上潜在的问题、挑战或危险	1	2	3	4	5	6	7
（4）我能针对自己工作方面的各种变化想出新的应对措施	1	2	3	4	5	6	7
（5）我善于提出新点子	1	2	3	4	5	6	7
（6）我善于提出有创意的措施	1	2	3	4	5	6	7
（7）我在工作上面临多个考虑或方案时，能做到正确的比较、取舍和选择	1	2	3	4	5	6	7
（8）我在工作上面临多个考虑或方案时，能做到高效的比较、取舍和选择	1	2	3	4	5	6	7
（9）我在工作上面临多个考虑或方案时，能做出合适和有效的决策	1	2	3	4	5	6	7
（10）我能将自己工作上的想法转化成具体行动	1	2	3	4	5	6	7
（11）我能将自己工作上的计划有效地贯彻执行	1	2	3	4	5	6	7
（12）我能将自己工作上的想法最终变成现实	1	2	3	4	5	6	7
（13）我能将自己工作上好的经验在自己工作上多方面运用，并获益	1	2	3	4	5	6	7
（14）我能吸取自己工作上失误的教训，使自己工作中类似失误不重复发生	1	2	3	4	5	6	7
（15）我在工作中善于举一反三	1	2	3	4	5	6	7
（16）我在工作中具有总结和反思的习惯	1	2	3	4	5	6	7
（17）我善于对以前的工作进行反思，总结出经验或教训	1	2	3	4	5	6	7
（18）我善于从以前工作上发生的事情中探索出有规律性的东西	1	2	3	4	5	6	7
（19）我善于从外部获取工作上相关的知识和经验	1	2	3	4	5	6	7
（20）我善于从外部得到工作上的咨询意见和指导	1	2	3	4	5	6	7
（21）我善于通过各种渠道（如书、刊物、网站等）获取工作上的知识/经验	1	2	3	4	5	6	7
（22）我能有效地通过沟通向同事传播我的理念、知识和经验	1	2	3	4	5	6	7

表（续）

	非常不符合	不符合	有些不符合	一般	有些符合	符合	非常符合
（23）我能有效地通过写文章向同事传播我的理念、知识和经验	1	2	3	4	5	6	7
（24）我能有效地用我的理念、知识和经验影响我的同事	1	2	3	4	5	6	7
（25）我平时注意记录和积累我点滴的想法、知识和经验	1	2	3	4	5	6	7
（26）我将我的知识和经验采用文档或电子化方法进行管理	1	2	3	4	5	6	7
（27）我将自己的知识和经验整理得井井有条、保存和使用都方便	1	2	3	4	5	6	7

12. 您认为下列陈述与您的工作的实际情况的符合程度是（每行限选一项）：［矩阵量表题］［必答题］

	非常不符合	不符合	有些不符合	一般	有些符合	符合	非常符合
（1）作为员工，我有决定做什么的自由	1	2	3	4	5	6	7
（2）作为员工，我有决定怎样开展工作的自由	1	2	3	4	5	6	7
（3）作为员工，我负责决定怎样完成工作	1	2	3	4	5	6	7
（4）作为员工，我对工作上发生的事情有很大的发言权	1	2	3	4	5	6	7
（5）作为员工，我有决定什么时候休息的自由	1	2	3	4	5	6	7
（6）作为员工，我有决定与谁一起工作的自由	1	2	3	4	5	6	7
（7）作为员工，我有决定工作速度的自由	1	2	3	4	5	6	7

13. 您认为下列陈述与您的工作的实际情况的符合程度是（每行限选一项）：［矩阵量表题］［必答题］

	非常不符合	不符合	有些不符合	一般	有些符合	符合	非常符合
（1）我的工作包含多样化的任务	1	2	3	4	5	6	7
（2）我的工作主要是解决复杂的问题	1	2	3	4	5	6	7

表(续)

	非常 不符合	不符合	有些 不符合	一般	有些 符合	符合	非常 符合
(3) 我的工作几乎没有常规性的 任务	1	2	3	4	5	6	7
(4) 我的工作需要对大量的信息或 可选择的方案进行评估	1	2	3	4	5	6	7
(5) 我在工作中需要做很多不同方 面的事情	1	2	3	4	5	6	7

14. 您认为下列陈述与您的实际情况的符合程度是（每行限选一项）：
[矩阵量表题] [必答题]

	非常 不符合	不符合	有些 不符合	一般	有些 符合	符合	非常 符合
(1) 在本企业，我能表达自己关于 工作的真实感受	1	2	3	4	5	6	7
(2) 在本企业，我能自由地表达我 的想法	1	2	3	4	5	6	7
(3) 在本企业，我表达自己的真实 感受是受欢迎的	1	2	3	4	5	6	7
(4) 在本企业，即使我持有不同意 见，也没人会因此为难我	1	2	3	4	5	6	7
(5) 在本企业，我不担心表达出自 己的真实想法会给自己带来不利的 后果	1	2	3	4	5	6	7

15. 您认为下列陈述与您所在企业的实际情况的符合程度是（每行限
选一项）：[矩阵量表题] [必答题]

	非常 不符合	不符合	有些 不符合	一般	有些 符合	符合	非常 符合
(1) 本企业所在行业的特征是进入 门槛低	1	2	3	4	5	6	7
(2) 本企业所在的市场的特征是变 化快和需求难以预测	1	2	3	4	5	6	7
(3) 本企业所在行业的技术标准是 快速变化的	1	2	3	4	5	6	7

问卷到此结束，请您检查后提交，衷心感谢您的帮助！

致　谢

　　衷心感谢我的导师陈国权教授给予我的学习机会和在学习期间对我的细心悉心指导。从本科起，我就跟随陈老师学习，老师严谨的治学态度、高效的工作方法和精益求精的工作作风带给了我极大的影响和帮助。在学业上，陈老师亲自为我们制订培养计划，挑选专业课程，指导我们开展科研工作和撰写学术论文。尤其是本研究的每一步都是在陈老师的悉心指导下完成的：从讨论选题到理论模型调整，从定稿调查问卷到去企业收集研究数据，陈老师带领我们完成了一步步工作并耐心解答了相关问题。在生活上，陈老师也给予了我极大的关心和帮助。再次感谢您的辛勤栽培和殷切教诲，我将永远铭记师恩，奋发前行。

　　感谢我的师兄师姐在研究方法上对我的指导和给予我的鼓励支持。感谢同学们的相互鼓励和陪伴。感谢我的好朋友们对我的关心和鼓励。感谢我担任辅导员的经23、经24班的学生们，你们给了我持续努力并争做榜样的力量。感谢我的家人给予的理解和支持。

　　感谢国家自然科学基金项目（71121001，71421061）的支持。